전쟁미망인,
한국현대사의 침묵을 깨다

전쟁미망인, 한국현대사의 침묵을 깨다

구술로 풀어 쓴 한국전쟁과 전후 사회

이임하 지음

cum libro
책과함께

일러두기

1. 이 책의 구술에는 군경미망인 24명과 그 자녀 6명, 피학살자미망인 6명과 그 자녀 4명, 상이군인미망인 5명 등 총 45명이 참여했다. 구술자의 인권 보호 차원에서 45명의 이름을 모두 가명으로 처리했다.

2. 구술자의 증언을 생생하게 전달하기 위해 인용문에 등장하는 구술자의 말은 최대한 있는 그대로 살리고자 했다. 단, 독자의 이해를 돕기 위해 해설이 필요한 부분은 (   )를, 생략된 어휘와 구는 [   ]를 사용해 보충 설명했다.

책을 내면서

박사학위 논문을 쓰기 전에는 한국 사회에서 '전쟁미망인'이 어떠한 위치에 있었는지 알지 못했다. 한국현대사 그리고 한국전쟁을 공부하면서도 한 번도 '전쟁미망인'과 관련시켜 전쟁을 고민했던 적은 없었다. 1950년대와 여성을 함께 고민하면서 '전쟁미망인'이 한국 사회 한가운데 있음을 비로소 알게 되었다.

전쟁의 한가운데 위치했던 '전쟁미망인'은 전쟁 뒤 변두리에 머물러 있었다. 그리고 영화나 드라마, 소설에 등장한 그녀들은 동정의 대상 또는 풍기문란을 일으키는 타자로 소비되었다. 따라서 내가 수집했던 기록 문서에서 전쟁미망인은 하나의 수식어에 불과했다. 그래서 '전쟁미망인'은 내 가슴 한켠에 간직한 채 남겨두었다.

가슴 한켠에 남겨둔 '전쟁미망인'을 만날 수 있는 기회는 곧 찾아왔다. 한국학술진흥재단 기초 연구 과제로 한성대학교 전쟁과평화연구소에서 〈한국에서의 전쟁 경험과 생활 세계 연구〉라는 프로젝트를 진행하게 되었다. 이곳에서 나는 전쟁미망인의 경제활동 그리고 가족에 대해 고민했다.[1] 이 연구는 문헌 자료를 뒤지는 대신 직접 당사자들을 만나 그들로부터 채록한 구술 자료를 토대로 진행했다. 구술사라는 연구 방법론을 배워 연구에 적용하게 된 것이다.

이 작업은 힘들었지만 또한 매우 즐거웠다. 나는 구술자들을 만나지 않았더라면 평생 가보지 못했을 동네의 이 골목 저 골목을 기웃거렸다. 막상 대문을 열고 들어갈 때는 가슴이 울렁거렸다. 구술자들이 쏟아내는 주옥 같은 이야기에는 삶의 고통과 기쁨 그리고 희망이 녹아 있었다. 함께 호흡하고 싶었지만 그 호흡이란 쉽지 않았다. 전쟁미망인의 눈에 눈물이 그렁그렁할 때, 목소리가 잠겨 잠잠할 때, 흥분해서 목소리가 올라갈 때 나는 굳은 표정으로 그들을 바라보았다. 그런 나의 모습이 마음에 들지 않았지만, 나는 그들이 말하고 싶었던 이야기를 쏟아내고 좀 더 가뿐한 마음이 되기를 바랐다. 그래서 가능하면 개입하지 않고 그들의 이야기를 들었다.

구술은 근거리 샷으로 풍경을 감상하면서 슬로우 모션으로 인물을 느릿느릿하게 찍으며 화면을 구성하는 것과 같다. 이러한 화면 구성은 사람들의 눈에 지금 눈물이 맺혔는지 분노로 눈을 흘기는지, 입을 앙다물었는지 입술이 파르르 떨리는지, 두려움에 몸서리치는지 회한에 젖어 가라앉았는지 등 다양한 모습을 가까이에서 느낄 수 있게 해준다. 그들은 풍경이 아니라 감정을 담은 주인공이다. 구술자들은 한국전쟁과 관련해 우리가 미처 들어보지 못한 이야기를 쏟아냈다. 전쟁의 한복판에 있었던 사람들, 그들이 겪은 고통들이 구술을 통해 전해졌다.

나는 구술을 통해 연구 대상만 얻진 않았다. 이들과 대화를 하면서 삶을 살아가는 법 그리고 삶이 오롯이 녹아 있는 표현과 철학을 배웠다.

"내가 여관 주인아주머니 방에서 자고 아침에 나왔다니까", "겨울에도 짠지 단지는 파가지고 가야 햐" 따위의 언급은 위급한 순간을 어떻게 대처해 나갔는지, 자신이 겪은 부당한 일을 어떤 재치로 넘기고 절망을 해소했는지를 잘 보여준다.

그들이 쏟아내는 함축적인 말들 속에는 삶이 그대로 담겨 있었다. 아버지가 학살당한 후부터 그 모든 짐을 짊어져야 했던 어머니에 대한 그리움은 "아부지, 이제 엄마 날 오이소"라는 말로 표현되었고, 상이군인과 평생을 살았기에 평생 전쟁과 함께할 수밖에 없었던 여성들의 한은 "다시 생각하고 싶지 않거든요"라는 간단명료한 대답으로 돌아왔다. 친가도 외가도 모두 전쟁으로 대가 끊겨 아들 넷을 낳은 딸에게 항상 "자지 네 개만 보고 살아라"라고 말했던 어머니에 대한 기억, "내가 전쟁을 맞으며 다녔어요"라고 말했던 전쟁미망인의 언어들은 그들이 살아낸 삶이 함축적으로 담긴 말들이었다. 해학, 풍자, 위트, 유머가 그들의 언어 속에 담겨 있었고, 그들은 고통을 견뎌내지 못한 사람들이었다면 결코 할 수 없었던 말들을 쏟아냈다.

어느 군경미망인의 아들이었던 노동조합 활동가는, 지금은 은퇴하여 집에 머물러 있지만, 박사와 석사가 가득했던 작업장에서 고졸 노조위원장이었다. 그가 노조위원장을 하게 된 데에는 여러 가지 계기가 있었지만 아버지의 부재와 원호 정책(?)도 그를 그 길로 이끄는 데 한몫을 했다. 그는 활동을 하면서 사람의 능력에 대해 배웠다고 했다.

──── 삼성전자에 잠깐 있었던 적이 있는데, 거기 수원여고 졸업한 아가씨가 마지막 검사를 했어요. 맨 마지막에 완성된 것들을 검사해서 내보내는데 그 라인에 앉아 있었죠. 아가씨가 이 불량인 거를 체크하는데 스피커 불량이라고 찾아냈어요. 그래갖고 쫙 빼놨어요. 족보에다가 스피커 불량이니까 교체하라고 딱 빼놨는데, 들어보니까 아무 이상이 없는 거예요. …… 수리도 않고 '수리 OK' 해서 보냈어요. 그런데 라인으로 들어오는 게 딱 한 대가 아니잖아요. 섞여 들어온다고요. 제대로 된 거에다가 고친 거 하나씩 어쩌다가 수리되는 대로 껴 들어오는데 족보도 안 보고 막 체크하다보니까 또 불량이 나오는 거예요. 그래가지고 두 번째 다시 써서 보냈어요. 제가 들어보니까 괜찮은데 불량이 났다고, 멀쩡한 거 가지고 그런다고 성질을 팍 내고서는 다시 '수리 OK' 해서 보냈는데 세 번째 와서 또 걸렸어요.

그 사람 앞에 불량품이 세 번째 들어오니까 이 사람이 그 제품을 가지고 갔어요. 라인을 스톱을 시켜놓고. "아까부터 이 앞에 앉아 있는 이 친구가 스피커 불량이라고 해서 빼놓으면 자꾸 고쳐주지도 않고 거짓말로 OK를 쓴다." …… 나도 방송국에 한 40년을 있으면서 오디오맨을 했지만 송곳으로 스피커 구멍 뚫어놓은 거랑 안 뚫어놓은 거랑 갖다놓고 소리 구분하라고 그러면 저도 잘 못해요. 그런데 그 아가씬 그 구분을 해낸 거예요. 분명히 이상 있지 않느냐. 그래.

사람 능력이 그렇게까지 가요. 일반 사람이 그렇거든요. …… 수원여고니까 공업 계열이 아니라 일반 인문계 나와서 "여기서 일 제대로 못하면 너는 쫓겨날 수밖에 없어. 너는 퇴직해야 돼!" 그거 압력밖에 받은 게 없는데 신경 쓰고 노력하니까 그렇게 되는 거예요. 그것까진 몰랐죠. 나중에 철학 공부를 하다보니까 사람의 능력이 그런 거라고. …… 그러니깐 보통 사람들 누구라도 그렇게 자기 몸과 마음을 집중해서 노력할 수 있으면 뛰어난 능력이 생긴다는 걸 알게 되었죠. 그런 세상이 되면 좋을 것 같아요. 그래야지 딴 사람들이 하는 것, 딴 나라 사람들이 하듯 우월한 물건을 만들 수 있고 우월한 예술을 할 수 있다고 생각해요.

"누구든지 자기 몸과 마음을 집중해서 노력하면 뛰어난 능력이 생기고, 그런 세상이 되었으면 좋겠다"는 마지막 한마디는 아직도 내게 깊은 여운으로 남아 있다.

오래전부터 고민했던 이 책이 나오기까지 많은 사람들의 도움을 받았다. 이 책은 마흔다섯 분과 함께 썼다고 해도 틀린 말이 아니다. 내가 만났던 마흔다섯 분의 구술이 없었다면 그리고 그분들이 낯선 이에게 사심 없이 말해주지 않았다면 나는 결코 이 책을 쓸 수 없었을 것이다. 여전히 대한민국전몰군경미망인회의 지회장님으로 활동하고 계시는 '전쟁미망인'을 만날 수 있었던 것은 나에게 더없는 행운이었으며 더구나 강남 지역에서 활동하신 지회장님의 특별한 배려는 이 책을 쓰는 데 큰 힘이 되었다. 또한 길을 잘못 들어 늦게 도착했는데 점심을 안 드시고 한상 차려 기다렸던 피학살자 유가족을 만날 때는 죄송스러운 마음이 그지없었다. 이 자리를 빌려 마흔다섯 분의 구술자들에게 감사의 마음을 전하고 싶다.

한국현대사를 연구하면서 '전쟁미망인'을 고민하게 된 것은 박사학위 논문을 쓸 무렵이었다. 지도교수였던 서중석 선생님께서 이 문제는 더 깊은 연구가 필요하다며 조언을 해주셨지만 연구를 더 진행하는 것은 내 능력 밖이었다. 그렇지만 선생님의 조언은 전쟁과 전후 사회 그리고 전쟁미망인을 고민하도록 했다. 고민의 실타래는 한성대학교 전쟁과평화연구소에서 작업하면서 풀려갔다. 여기에서 이미 구술사라는 방법론을 도입해 연구를 해온 김귀옥, 조은, 이태주, 윤충로 선생님을 만났다. 구술사라는 방법론을 전혀 몰랐던 필자에게는 소중한 배움의 기회이자 자리였다.

구술자들을 만날 수 있도록 배려하고 다리를 놓아주셨던 정금원 님, 김랑성 님, 박만순 님, 송유승 님, 박종길 님에게도 고마운 마음을 전하고 싶다. 이분들은 오랫동안 감추어져 왔던 한국전쟁의 다른 측면을 밝혀내는 데 큰 역할을 하고 있으며 이들의 활동과 도움으로 책을 쓸 수 있었다. 그리고 홍순권 선배님에게도 감사의 인사를 하고 싶다.

오랫동안 함께 공부하고 여러 문제들을 논의하고 풀어갔던 동료 김득중은 작업하는 동안 여러 관점을 제기해 힘이 되어주었으며, 강성현, 김학재, 김춘수, 연정은 후배는 자료를 제공하고 구술자들을 소개해주었다. 이들의 든든한 도움이 작업을 쉽게 하는 데 힘이 되어주었다.

나의 가사 노동을 덜어주신 엄마, 긴장감을 갖게 한 딸 희준, 녹취를 풀고 함께 다녔던 남편에게도 고마움을 전한다.

끝으로 이 책을 기꺼이 발간해주신 도서출판 책과함께 류종필 사장님을 비롯하여 함께 일하는 모든 분들에게도 고마움을 전하고 싶다.

한국전쟁과 '전쟁미망인,

1
전쟁,
그 뒤로도 오랫동안
사람들에게 남긴 상처

—— 저희가 3인 전사자예요. 시아주버니가 한 분 계시고 또 시동생이
한 분 〔전사하고〕. 〔시동생은〕 훈련을 받고 6·25 나던 해 3월에 저 강원
도로다 배치가 된 거야. 그리고 나서 6·25 나서 집에 못 왔어요. 못
오고 전사를 했어요. …… 근데 우리 시아주버님은 피난 나가서 계시
는데, 우리가 피난을 시집에서 잘못 갔어요. 피난을 아랫녘으로 가야
되는데 가평으로 간 거예요, 고향이라고. …… 선발대가 가는데 탄알
져다주고, 밥 져다주고, 지금 말하자면 예비군(노무대를 말한다). 그렇
게 가서 그 부대가 선발대기 때문에 평양까지 갔대요. 평양에 가서 선
발대기 때문에 포위가 된 거야. …… 우리도 군인 나이가 지났는데
(남편도 군대 갈 나이가 지났는데) 1·4후퇴에 제2국민병이라고 뽑아 갔
어요. …… 철원 가서 전투를 하다가 부상을 당했대요. 그래서 거기
서 전사를 한 거예요. |김숙자|

—— 50세의 전쟁미망인입니다. 25세 때인 6·25 때 남편이 경북 영일 전투에서 전사한 뒤 생후 9개월짜리와 세 살 난 두 아들을 혼자 힘으로 길러왔습니다. 세월은 흘러 맏아들도 자기 아버지만큼 장성했습니다. 육군 하사관으로 입대, 월남에 파병까지 됐습니다. 그러나 이게 무슨 괴변입니까. 아들이 정신병으로 의병제대를 하는 것이었습니다. 제대 후 벌써 5년, 집을 때려 부수고 이웃에 행패를 부리고……. 차마 보다 못한 이웃 주민들이 병원 보증금을 주선해 장남을 병원에 입원시켰으나 매달 치료비를 댈 수 없는 처지이니 나가라는 성화가 불같습니다. 둘째 놈마저 입대한 뒤라 저는 쓰러질 듯한 몸을 이끌고 새벽부터 밤늦게까지 인쇄 공장 직공으로 일해 겨우 입에 풀칠을 하고 있습니다. 남편을 국가에 바친 미망인이라는 긍지로 억척스럽게 살아오던 생활이 허무하기만 합니다. 부끄럼도 염치도 모르는 저의 호소에 구원의 손길은 없겠습니까?[1]

—— 아버지가 내가 초등학교 다닐 때 돌아가셨어요. 동네 사람들이 나를 보면 수군거렸는데 나중에 알았죠. 아버지가 병으로 돌아가신 것이 아니라 자살했다는 것을. 나중에 제가 결혼하고 나니까 그제야 아버지 이야기를 해주더라고요. 6·25 때 〔아버지의〕 형님이 그런 분이 었는데 도망가지 못하고 숨어 있었대요. 가족들이 계속 경찰에 시달리니까 할머니가 결국 숨어 있는 곳을 알려주었다고 하더군요. 그때부터 아버지는 일도 하지 않고 집에만 계셨다고 하더라고요. |김영희|

첫 번째는 한국전쟁 때 삼 형제가 군인으로, 노무대로, 제2국민병으로 나갔다가 모두 전사했다는 이야기이고, 두 번째는 한국전쟁으로 남편을 잃은 전쟁미망인의 호소인데 베트남 전쟁에 나간 큰아들은 정신병을 얻고 둘째 아들은 군대에 가 있어서 생계를 꾸리기가 힘들다는 이야기이다. 세 번째는 20년이 지난 뒤에도 가족 간의 전쟁 상처를 치유하지 못해 결국 자살로 생을 마감한 아버지의 이야기이다.

이 이야기들은 전쟁으로 인한 가족의 해체, 한국전쟁에서 베트남 전쟁으로 이어진 아버지와 아들의 전쟁 경험, 20여 년 동안 지속되어온 전쟁 트라우마 따위를 들려준다. 곧 전쟁으로 인한 상처를 오랫동안 치유받지 못하고 살아왔음을 알려준다. 우리에게 한국전쟁이 그러하다. 전쟁의 고통과 피해를 뒤돌아보고 그것을 넘어서려는 작업이 과연 얼마나 진행되었는가? 오히려 다양한 전쟁 경험을 억누르고 오직 하나의 경험만을 공식 기억으로, 기록으로 남기려 하지 않았는가? 해마다 6월이 오면 전쟁을 기념하지만 정작 전쟁의 고통과 상처를 보듬는 기념사는 어디에도 찾아볼 수 없다.

—— 1년 전 오늘에 공산 괴뢰군이 오랫동안 계획했던 전쟁을 아무 핑계 없이 개시한 것입니다. …… 우리 평민과 군인들이 각각 가진 것을 다 사용해서 세계 모든 자유민의 원수를 일심으로 오늘까지 싸워온 것입니다. …… 모든 한인들이 한 번 다시 유일한 독립정부 밑에서 한 백성이 되어가지고 자유로 살게 될 때까지는 이 전쟁을 쉬지 않을 것입니다. …… 지금은 지나간 1년 동안에 귀한 생명을 희생한 모든 영혼을 잠깐 추도할 것입니다. 우리 한인들은 우리를 도와준 유엔과 특별히 그중에도 군사를 파송한 16개 국가들의 은공을 영원히 감

사할 것입니다.[2]

───── 13년 전 오늘 불법적인 대거 남침을 감행하여 사상 그 유례를 보기 드문 유혈의 참극을 초래하고야 말았던 것입니다. …… 본인은 전 국민과 더불어 조국의 자유를 위하여 희생된 10만 국군 장병과 우방 각국의 전우들 영령 앞에 겸허한 묵수를 올려 명복을 비는 바입니다. 오늘 6·25를 기념하는 의의는 이러한 그들의 침략적 야욕을 전 세계의 자유 인민과 더불어 다시금 깊게 인식하고 가능한 어느 침략에[든] 대비할 새로운 결의와 각오를 확고히 하려는 데 있는 것입니다. 혁명이 불가피하였던 5·16 이전의 위급한 사태를 다시 한 번 상기함으로써 더욱 철저한 승공 태세를 확립하여야 할 것입니다.[3]

한국전쟁 기념사는 대개 '북의 침략'은 자유를 위협하는 행위이므로 세계가 '침략자를 분쇄'했음을 강조하는 것으로 시작해서 당면한 과제를 제기하는 것으로 끝맺는다. 한국전쟁 기념사는 매년 이러한 형식을 취했는데 '국군 장병'과 '유엔군'을 추모하는 것 이외에 어디에도 전쟁을 겪은 '국가'로서의 전쟁 피해자와 희생자들에 대한 이야기는 찾아볼 수 없다.

전쟁 피해자와 희생자들의 이야기는 전쟁의 원인뿐 아니라 전쟁의 과정과 끝나지 않은 전쟁에 대해 들려준다. '가족이 어떻게 파괴되었는지', '(국가) 폭력이 일상생활에서 어떻게 작동되었는지', '전쟁 뒤에도 폭력은 어떻게 재생산되었는지', '얼마나 오랫동안 지워지지 않는 전쟁의 고통에서 살아왔는지', '그 고통을 말하지 못하고 왜 침묵해야 했는지',

'침묵하면서도 새로운 삶을 일구기 위해 어떻게 노력했는지', '전쟁이 여성들의 삶을 어떻게 바꾸어 놓았는지', '어려움 속에서 어떻게 생계를 유지할 수 있었는지'. 이들의 이야기는 국가의 공식 기억인 '원인과 그에 대한 책임'이라는 구도와 다르게, 전쟁 동안 그리고 전쟁 뒤에도 끝나지 않았던 한국전쟁의 잊힌 역사를 들려줄 것이다.

2
왜 '전쟁미망인'인가?

한국전쟁은 잦은 전선의 이동으로 인한 피해, 무차별적인 공중 폭격, 민간인에 대한 학살 따위로 수많은 사상자를 낳았다. 이는 남성 부재의 현실을 가져왔고 그 결과 여성이 중심이 된 가족이 크게 늘어났다. 여성이 중심이 된 가족이란 여성이 가족의 생계뿐 아니라 이웃관계나 사회관계를 이끌어가는 가족을 뜻한다.

여성 중심 가족의 대표적인 사례가 '전쟁미망인'이 이끄는 가족이다. 전쟁미망인은 가족의 생계뿐 아니라 여성의 사회 진출을 앞당기는 데 큰 몫을 담당했다. 전후 사회에서 전쟁미망인은 '계바람', '치맛바람', '춤바람'으로 가족의 울타리를 벗어난 여성을 비웃는 곳에 언제나 등장했고, 소설이나 영화에서도 전쟁미망인은 약방의 감초처럼 자리 잡았다.

물론 전쟁미망인의 삶은 부양할 자녀들이 있고 경제활동을 해야 한다는 점에서 남편과 사별한 여성들의 삶과 크게 다르지 않다. 그러나 외형적인 삶의 모습이 비슷할지라도 전쟁미망인이 한국 사회에 미친 사회적 파장은 사뭇 다르다.

먼저, 전쟁미망인에 대한 사회적 관심은 무엇보다도 전쟁미망인의 수와 관련 있다. 한국전쟁으로 양산된 전쟁미망인은 최소 30만 명 이상으로 추정되며,[4] 1952년 3월 전국적으로 실시한 난민 등록에 따르면 전쟁미망인은 10만 1835명이었다.[5] 전쟁미망인은 긴 시간을 두고 늘어난 것이 아니었다. 전쟁을 계기로 30만 명이 넘는 여성들이 혼자가 되었고, 이들은 부양가족의 생계를 책임져야 했다.

둘째, 전쟁이 여성들을 전쟁미망인이라는 위치로 옮겨놓았다. 피난가다가 길거리에서 강제징집당해 돌아오지 않은 군인의 부인이든 민간인 학살로 발생한 피학살자의 부인이든, 그이들의 생활이 바뀐 계기는 모두 국가 폭력이 작용한 결과이다. 10년이 넘어서야 남편이 학살당했음을 안 피학살자의 부인이든 강제징집당해 3년이 지나서야 남편이 행방불명이 되었다는 소식을 들은 부인이든, 국가 폭력은 '남편 없음'을 개인의 슬픔만으로는 삼킬 수 없는 상처를 남겼고 전쟁미망인은 침묵을 강요당했다. 국가 폭력이 여성들의 삶을 바꾸어놓았다.

그 결과 전쟁미망인은 한국 사회에서 잊힌 존재로 살아왔다. 이는 단편적 사실에서도 확인 가능하다. 전쟁미망인 수가 전쟁 전과 비교해서 급증했는데도 가장 기초적인 실태 조사조차 이루어지지 않았다. 당연히 그들에 대한 정책도 체계적으로 시행되지 않았다. 전쟁미망인에 대한 담론은 전후 사회에서 '춤바람'과 '계바람' 따위로 사회의 풍기문란을 조장하는 그릇된 존재로 소비되다가, 1970년대 '여성 노동자들'이 그 자리를 메우면서 전쟁미망인이 언제 존재한 적이라도 있었냐는 듯이 자취를 감추었다. 그 많던 전쟁미망인은 한국 사회에 더 이상 존재하지 않았다. "전국의 미망인 수가 50만 4877명으로 여자 26명에 미망인 한 명 꼴이며 기혼 여자 10명에 한 명꼴"[6]이라고 기술한 기사는 나왔지만, 이들의 대다수가 전쟁미망인이라는 사실은 더 이상 말하지 않았다.

한국 사회에서 전쟁미망인이 잊힌 존재가 된 것은 한국전쟁의 전후 처리 과정과 긴밀한 관련이 있다. 일본의 경우, 연합군 점령기를 제외하고는 전쟁미망인은 잊힌 존재라기보다 가와구치 에미코(川口惠美子)가 지적하는 것처럼 "사회 정세에 따라 피해자 또는 가해자로 변천"하는 존재였다.[7] 반면 전후 한국 사회에서는 전쟁을 극복하고자 하는 다양한 시도들이 억압되고 '북진 통일'이라는 오직 하나의 이슈와 정책만이 추구되었기 때문에 전쟁미망인의 존재는 가려져야만 했다.

국가의 개입으로 전쟁미망인은 소수의 군경미망인과 전재미망인으로 구분되었다. 한때 50만 명이라던 전쟁미망인 수는 1963년 2만 7000여 명으로 축소되었다. 군경미망인과 전재미망인의 구분은 국가가 소수의 군경미망인만을 최소한의 관리 대상으로 고려했음을 뜻하며, 전재미망인은 점차 전쟁과 관련 없는 일반미망인으로 불렸다. 전쟁미망인에 대한 위계화는 여성이 입은 전쟁 피해를 최소화하면서 국가의 책임을 개인에게 떠넘기려는 의도 아래 이루어졌다. 이는 비슷한 처지에 있는 여성들의 힘을 분산시켰을 뿐만 아니라 그들이 역사적 주체로 나아가지 못하게 막았다.

한국근현대사에서 여성들은 교육을 통하지 않더라도 노동, 곧 경제활동을 통해 사회 주체로 떠올랐고 전후 사회를 움직이는 커다란 역할을 했음에도 불구하고, 무지 몽매한 여성으로 계몽이 필요한 대상으로 여겨

졌다. 국가가 요구한 여성상의 재정립은 전쟁미망인의 활동에 맞서는 반
작용으로 작용했고 그 과정은 여성들의 경험을 침묵하게 하는 방식으로
이루어졌다.

전쟁미망인을 비롯한 여성들의 목소리에 재갈을 채우는 침묵의 강요
는 한국전쟁 60주년이 가까워 왔는데도 그들에 대한 변변한 기록 또는
연구조차 드문 현실을 낳았다. 전쟁미망인에 대한 연구는 국가 폭력, 전
쟁 경험, 트라우마, 침묵, 성찰, 가족(의 해체), 젠더 등과 관련된 폭넓은
지점들을 제공하고 한국전쟁사를 새롭게 이해하는 장을 제공할 것이다.

3
어떻게 들을 것인가?

가와구치 에미코는 일본의 전쟁미망인 연구가 다른 주제에 비해 적은 까닭은 그들이 말하지 않았기 때문이라 지적했다. 한국의 경우에는 전쟁미망인이 말하지 않았다기보다는 누구도 전쟁미망인에게 전쟁과 생활에 대해 묻지 않았다는 데 그 원인이 있다. 그리고 이런 여건은 한국에서 여성이 역사 주체로서 자리매김하지 않은 현실을 여실히 보여준다.

말할 수 없었던 그리고 묻지도 않았던 전쟁미망인의 전쟁 경험이나 전후 삶을 남긴 기록은 거의 없다. 실태 조사도 이루어지지 않은 상황에서 당연한 결과이다. 따라서 전쟁미망인에 대한 단편적인 기록을 찾는 것은 쉽지 않으며, 그러한 기록에서조차도 전쟁미망인의 전쟁 경험은 찾을 수 없다. 따라서 이 글은 전쟁미망인들의 구술로 이루어졌다.

역사 연구에 구술사가 어떠한 위치를 점하는지는 구술사를 기반으로 하는 연구들이 이미 지적한 바 있다.

—— 구술사의 유용성은 그 자체가 구체적인 역사적 사실을 보여준다
는 점에서뿐 아니라 구술자의 인식을 파악할 수 있게 해준다는 점에
서도 찾아진다.[8]

—— 공식 역사나 주류 역사에서 소외되어온 약자와 소수자의 경험들
을 역사화하는 데 구술은 결정적 기여를 해왔다.[9]

—— 구술사는 계급적 · 계층적 약자(민중사 · 농민사 · 노동사), 공간적 약
자(지방사), 사회적 약자(여성사) 그리고 일상생활과 주변적 문화를 그
들 자신의 시선에 입각해서 재현할 수 있는 방법론으로서 주목받고
있다.[10]

—— 민중에게 강요된 기억의 허구성을 폭로하고 그 내면에 간직된 기
억을 드러냄으로써 지배 이데올로기에 의해 구성된 역사를 허물고 민
중의 기억으로 다시 쓰는 대안적 역사 서술을 해나가려는 것이다.[11]

—— 일본군 위안부 경험을 역사화한다는 것은 위안부 여성의 경험을
여성들의 역사로 되가져오는 작업이자 경험 당사자의 시선과 기억으
로 민족을 다시 보려는 시도이다.[12]

구술은 주류가 아닌 소수자의 시선을 중시하기, 행위자 중심의 역사
구성, 남성 중심의 역사에 대항하기, 기억 저편에 있는(심층에 있는) 민중
의 기억 읽기, 경험에 내재된 권력 읽기[13] 등을 제기한다고 구술사 연구

자들은 지적하고 있다.

이처럼 구술사는 이미 여러 연구자들(문화인류학·사회학·여성학·역사학)에 의해 그 유용성이 논증되었다. 구술사는 이제 역사학에서 생소한 방법론이 아니라 역사 연구에 필요한 작업의 하나로 자리 잡았다. 구술이 객관성을 갖고 자료로서 가치가 있느냐 하는 논쟁은 이미 해묵은 것이 되었다. 이제 구술사와 관련된 논쟁은 어떻게 듣고 해석할 것인지로 중심 이동할 만큼 다양한 주제와 분야에서 연구들이 쏟아졌다. 나아가 구술사와 관련된 여성주의 연구 방법론이 다양하게 제기되었는데,[14] '어떻게 이야기되는가' 뿐 아니라 '왜 이렇게 이야기하는가' 곧 '어떻게'와 연관된 젠더 경험의 내용이 중층적으로 연관된 구조를 읽어낼 수 있는 방법론적 과제를 제시하면서 생애사 재구성 방법론을 제안하는 것으로 나아갔다.[15]

어떤 문제의식을 가지고 어떤 연구 주제를 선택할 것인지를 정하고, 그 연구 주제를 가장 잘 다룰 수 있는 연구 방법을 선택하는 것이 정도라고 한 지적은[16] 전쟁미망인의 전쟁 경험과 생애를 가장 잘 포착할 수 있는 방법론이 구술사라는 점을 새삼 강조해주고 있다.

— 한명화의 아들: 어머님 말씀이 무슨 도움이 좀 돼요?
   한명화의 며느리: 어렵게 찾아오셨는데 자료나 이런 게 크게 도움이 못 되는 거 같아서. 어머님 얘기는 평상시 어머님 얘기 그런 건데.

일상생활에서 매양 하는 구술자의 이야기가 무슨 도움이 되느냐는 질문과 염려는 기존 역사 서술의 질문과 닮아 있다. 소수자 그리고 전쟁 피해자의 시선으로 읽어내는 전쟁 경험과 전후 생활, 바로 그것 때문에 구술사가 의미 있는 것이다. 이 책을 준비하면서 필자는 사건이나 주제 중심이 아닌 생애사 중심으로 구술을 진행했다.

4

누구를 만났는가?
—'전쟁을 맞으며' 살아온 여성들

'미망인'은 남편과 함께 죽어야 하는데 아직 죽지 아니한 아내라는 뜻을 갖고 있다. 예로부터 미망인이라는 용어는 남편과 사별한 여성들이 타인에게 자신을 낮추어 말할 때 사용되었다. 그래서 타인이 남편과 사별한 여성을 부를 때는 미망인이 아니라 과부라 했다. 남편과 사별한 여성을 미망인이라 부른 것은 일제강점기 일간지에서 명망가의 부고를 알리는 기사에 '아무개 씨 미망인'이라고 표기하면서부터였다. 자신을 낮추어 박덕하고 박복한 위치를 나타냈던 미망인이라는 용어는 부고한 명망가의 부인을 부를 때 사용되면서부터 남편과 사별한 여성의 '고귀한' 지위를 표현하는 것으로 변질되었다.

여기에 한국전쟁으로 일제히 '전재미망인', '군경미망인', '전시미망인', '순직경찰미망인'이라는 호칭이 등장하면서 미망인은 남편과 사별하는 여성을 지칭하는 보통명사로 바뀌었다. 따라서 전쟁미망인이라는 호칭은 독립적 주체로서 여성을 인정하지 않고 죽은 자가 산 자의 지위를 결정하는 성차별적인 뜻을 갖고 있다.

이러한 명칭의 사용에 대해 대한민국전몰군경미망인회에서도 "대한전몰군경미망인회 명칭 중 '미망인'이라는 문맥은 남편이 죽고 홀로 사는 부인으로 아직 죽지 못한 사람이라는 뜻이 내재되어 있음으로 국가유공자의 대우로서 호칭이 적합지 않으므로 '대한전몰군경부인회' '전몰군경유공자부인회' 등으로 명칭을 변경해줄 것을 회원들로부터 동의 받았다"라며[17] 변경하려는 움직임을 보인 적도 있지만 지금도 여전히 이 명칭을 그대로 사용하고 있다.

이 글에서는 '전쟁미망인'이라는 용어가 성차별적 용어임에도 전후 여성들의 지위를 드러내는 용어라 생각하여 역사적 맥락에서 사용하고자 한다.

어떤 여성이 전쟁미망인인가? 전쟁미망인이라 불리는 여성들에는 군인과 경찰관으로서 전사 또는 행방불명된 자들의 부인, 제2국민병으로 모집되어 사망 혹은 행방불명된 자들의 부인, 민간인으로 전쟁 중 인민군 또는 군인과 경찰, 미군에 의해 학살당한 자의 부인, 군인과 경찰관 가운데 전쟁 후유증으로 사망한 자들의 부인이 포함되었다. 그러나 전쟁미망인의 문제가 현실적으로 여성 자신과 그에 딸린 부양가족의 생계 문제라고 할 때, '남편의 부재'가 가장 중요하게 고려되어야 한다. 이런 의미에서 납치자나 행방불명자들의 부인과 좌익과 관련된 활동으로 인한 사망자·행방불명자·월북자들의 부인도 여기에 포함될 수 있다.[18]

이들 가운데 '군경미망인'과 국민보도연맹 등으로 학살당한 '피학살자미망인' 그리고 '상이군인미망인'을 중심으로 구술이 이루어졌다. '군경미망인'이라는 용어는 1950년대 널리 쓰였지만 '피학살자미망인'과 '상이군인미망인'이라는 용어는 사용된 적이 없다. 이들은 종래 '전쟁미망인' 범주에 포함되지 않았지만, 위에서 밝혔듯이 전쟁미망인 범주에 포함시켜야 한다는 측면에서 이 용어를 역사적 맥락에서 사용하겠다.

구술은 2006년부터 2009년까지 진행했으며, 군경미망인 스물네 명과 그 자녀 여섯 명, 상이군인미망인 다섯 명, 피학살자미망인 여섯 명과 자녀 네 명으로 총 마흔다섯 명을 만났다. 군경미망인과 피학살자미망인은 대개 1924~30년인 1920년대 후반에 출생했고, 상이군인미망인은 1930~35년인 1930년대 초중반에 출생했다. 군경미망인은 서울과 경기가 네 명, 충청도 열 명, 전라도 세 명, 경상도 일곱 명이고, 피학살자미망인은 충청도 두 명, 전라도 한 명, 경상도 세 명이며, 상이군인미망인은 전라도 두 명, 충청도 두 명, 황해도 한 명이다. 이들의 출신지는 충청도 지역이 많지만 고루 분포되어 있다.

군경미망인에 대한 구술은 비교적 쉽게 이루어졌다. 전쟁미망인으로 아직까지 현장에서 활동하고 계시는 지회장님의 특별한 배려와 관심으로 다른 회원들을 소개받을 수 있었고 구술을 할 수 있는 장소도 제공받았다. 물론 늘 순조로웠던 것은 아니다. 며느리의 반대로 구술자의 집 근처에서 거절당하기도 했다. 상이군인미망인은 쉽게 만날 수 없었다. '다시는 생각하고 싶지 않은 기억'임을 강조하며 만나기를 거절했지만, 적극적으로 자신의 삶을 이야기했던 몇 분을 만날 수 있었던 것은 행운이었다. 반면 피학살자미망인의 경우는 생존자가 드물고 생존해 있더라도 구술할 정도로 건강한 분을 만나기가 힘들었다.

면담을 위해 미리 질문지를 준비했지만 질문지는 크게 도움이 되지 않았다. 먼저 구술자가 자신의 생애 이야기를 하도록 했다. 대개 구술자들은 10~30분가량 숨 가쁘게 자신의 이야기를 해주었다. 감정이 솟구쳐 올라 잠시 쉬기도 했지만 액셀을 밟고 언덕길을 올라가는 자동차의 뻑뻑함이 느껴졌다. 가끔 그 숨 가쁨을 미안해하면서 응시한 채 들었다. 이렇게 구술자들의 이야기를 들은 뒤 이야기 도중 지나친 부분이나 보충 설명이 필요한 부분을 되물었다.

첫 숨이 길었던 것은 군경미망인보다 피학살자미망인이었다. 군경미망인은 자기 속내를 비슷한 처지에 있는 사람들의 계모임이나 전몰군경미망인회 조직을 통해 한 번 정도 털어놓은 적이 있기 때문인지 숨이 길게 늘어지지는 않았다. 반면 피학살자미망인은 훨씬 길게 숨을 내쉬었다. 심지어 한 시간이 넘도록 이야기를 해서 면담자가 끼어들 틈이 없을 정도였다.

"내가 뭐 할 말이 있나"라고 운을 떼면서도 "왜 이제야 왔나"라고 말하는 것 같은 착각을 일으킬 정도였다.

―― 아―(한숨) 그래가 참 살아나는 기 이때까지 살아났는데, 내가 참― 뭐― 정신이 없어가, 잊어버려가, 못한 얘기가 빠져가지고 많고 많은데 …… 내가 …… 할 얘기도 많더니만 하려고 시작하니까 생각이 안 나네. …… 매사 잊어불고 생각 다 뭐 건너뛰고, 되도 안 하네. 허허― 차근차근 해줘야 되는데. 생각이 안 나가지고 정말 …… (침묵) …… 차근차근 해줘야 하는데, 차근차근 못 해줘가지고 …… 잊어불고. |이경순|

—— 아니 진짜 나도 속이 시원하네. 살아온 역사를 누가 물어보는 사람
도 없었는데, 이렇게 물어봐주시고 찾아주셔서 감사합니다. |강경순|

얼마나 오랫동안 침묵당해 왔는지, 자신들의 존재가 얼마나 오랫동안
잊힌 채 살아왔는지를 항변하듯이 그렇게 말문을 열었다.

내가 만난 구술자들은 대개 1920년대 후반에서 1930년 전반에 출생
한 여성들이다. 이들은 대개 1930년대 후반과 1940년대 초반인 전시체제
시기에 10대를 보내고 1950년대 20대에 한국전쟁을 겪었으며 1960~70
년대에 30~40대를 보냈고 현재 70대 후반에서 80대 초반의 연령에 이르
렀다.

—— 30대의 사람들 특히 여성들은 착실하고 온건한 정신과 사고방식
을 갖고 있는 것이 아닐까 생각된다. …… 로맨티시즘이 꽃피어나던
신문화 시절—그 시대에 속하는 사람들이 지녔던 꿈과 과격함은 이
들과 별로 인연이 없다. 비교적 엄격한 교육을 받고 자랐으며 일정(일
제)의 전체주의적 훈련을 지켰고 사상적으로는 현모양처를 실질적으
로는 능률적인 일꾼을 지향하며 커왔던 것이다. …… 지금 30대에 속
하는 여성은 …… 대부분 8·15를 전후하여 결혼하였고 그래서 6·
25의 참변을 겪고 난 후에는 가장 많은 그리고 가장 젊은 미망인이 생
기고 만 세대가 되었다.[19]

이 연령대의 여성들은 생애의 절반을 전쟁과 함께 살아왔다고 할 수
있다. "난 전쟁 맞으며 댕겼어요. 일본 가서 대동아전쟁 때 가서 또 해방

돼가지고 나왔지. 나와가지고 또 한 3년 살다 또 6 · 25사변 났지. 그래 전쟁 맞으며 댕겼다카네. 전쟁 맞으며 댕겼어. 허허허— 내가 전쟁 맞으며 댕겼다칸다." |양희선| 이들은 대개 일제 강제 동원기에 10대를 보내면서 정신대 동원을 피하기 위해 앞뒤 가릴 것 없이 16~17세에 결혼했지만 몇 년 살아보지 못하고 전쟁으로 남편을 보냈다. 또 베트남 전쟁 때는 자식을 다시 전쟁터에 보내야 하는 설움을 맛봐야 했다. "전쟁을 맞으며 다녔다"는 구술자의 말처럼 반평생을 전쟁과 함께했다. 이들의 말에서 전쟁이 어떻게 여성의 삶을 결정했는지 가늠할 수 있다. 그래서 더욱 이들의 구술은 한국현대사에 중요한 위치를 차지할 것이다.

1부

전쟁과 집 밖 세상

전쟁은 집 안, 동네 어귀에 머물렀던 여성들을 집 밖 세상으로 내몰았다. 전쟁미망인들의 전쟁 경험은 한결같지 않다. 10대냐 20대냐(연령), 접전 지역이냐 비접전 지역이냐(지역), 국민이냐 비국민이냐(남편의 지위)에 따라 달랐다. 결정적 조건은 남편의 지위였다. 남편의 지위에 따라 전쟁미망인의 전쟁 경험에 대한 기억과 기억을 말하는 방식이 결정되었다.

'군경미망인'의 전쟁은 남편과 헤어지는 순간과 피난길에서 시작되었다. 피난길에서의 임신과 출산은 다른 경험에 앞서 몸이 기억하고 있었다. 고생스러운 몸의 기억일지라도 이들은 자신의 생애를 자랑스러워했다.

—— 상장. 그냥 뒀다고. 하도 오래돼서 그냥 노랗게 절었어요. 그래도 내가 그거 하나라도, 내가, 받아놔서 이 다음에 손주들한테도, 내가 이렇게 혼자 살아서 이렇게 했다는 걸 보여주려고 내가 그걸 뒀어요.
| 김예분 |

기억이 나지 않아 자세하게 말해주지 못할 때마다 안타까워했지만, 적극적으로 자신의 생애를 말했다. 손자들에게 할머니가 어떻게 살아왔는지에 대해 말해주려고 젊은 시절 받은 효부상을 아직도 간직하고 있는

것처럼, 자신의 생애에 대해서도 자식들에게 떳떳하게 이야기했다.

반면 '피학살자미망인'은 "기억나지 않는다", "잊어 버렸다", "자식에게도 말하지 않았다"라고 자신의 생애 이야기의 서두를 꺼냈다.

— 면담자: 할머니 살아오신 거에 대해서 손자 손녀들이라든가 후세 사람들한테 남겨두고 싶은 말 없으세요?

구술자: 옛날에 했던 거 지금 기억력이 하나도 없어서 …… 아니유. 나는 손자들한테 절대 이런 말 안 해유. …… 나는 아들한테도 그런 말 못했어요. 뼈아프게 뭐 하러 그런 얘기 하느냐구 아들한티두 그런 얘기 안 했어유. 나 혼자만 고통 겪고 마는 거지 뭐 하러 자식까장. 나는 안 했는디 우리 동생이 우리 아들한티 얘기해서 알더라구. 나는 입 두 벙끗 안 했지, 아들한테두. …… 나는 아들한티 여적지 니 아버지가 어떻게 해서 죽었다, 나 어떻게 살아나왔다, 느그들을 살리라구 내가 밥바가지 들구 밥 얻어다 느그 먹여가면서 살렸다, 절대 안 했어유. 여적지 안 해유. 내가 안 해유. | 박광자 |

— 구술자: 너무 오래돼가지고 이자는(이제는) 다 잊어버렸잖아요. 다 잊어버려요.

면담자: 생각나시는 것만 얘기해주시면 돼요.

구술자: 그 당시의 일을?

면담자: 예. 다 잊어버려도 뭐 몇 가지라도 생각나시는 거 있으면 그거 얘기해주시면 돼요.

구술자: 그 더구나 왜 잊어버렸나 하면, 그 사변 이후에 20년 동안을

참 고생했어요. 육체 고생보다는 마음고생을 했어요. 그랬는데 20년 후에는 예수 믿게 됐어. 예수 믿게 돼서 40년 동안을 교회 안에서, 교회서 살았어요. 그래 지금 은퇴하고 이 아들네 집에 온 지가 한 달, 얼마 안 됐어요. …… (한숨) 그 당시 일을 생각하면은 그거야 뭐 당한 사람 외에는 알 수가 없지. 그런데 그때도 무슨 이렇게 예고도 있고 뭐(전쟁이 일어났다고 미리 알리지 않고), 시국이 동란이, 동란이 일어나니까 '어떻게 이렇게 해야 되겠다' 이런 그것도 없이, 예고도 없이 (한숨) 그러니까 그 전에 얘기를 조금 하면은. |나금영|

옛일을 모두 '잊어버렸다'고 한 구술자는 그렇게 말문을 열면서 면담자가 끼어들 틈도 없이 한 시간 내내 이야기했다. 이야기에 열중하느라 얼굴에 엷게 홍조가 배어나왔고 숨 가쁘게 이어갔다. 다 잊어버렸다던 아니 잊으려고 노력했던 그래서 다른 사람에게 말하지 않았던 그 일들을 이야기했다. 다른 구술자도 크게 다르지 않았다.

상이군인미망인의 이야기 방식은 군경미망인의 드러냄과 피학살자미망인의 감춤이란 서사 방식과 다르게 '경계와 머뭇거림'으로 발현되었다. 이들은 대개 1935년 전후로 출생했으며 결혼은 1950년대 중후반에 했다. 전쟁미망인과 다르게 직접 전쟁 경험을 하지는 않았지만 "그래 전쟁한 건 잘 모르고 그냥 전쟁터에서 다친 양반 만나가지고 이렇게 오늘날까지 살아온" 것처럼 상이군인과 결혼해 평생 전쟁과 함께하는 생활을 하게 되었다.

"어린애를 둘을 낳고 있었는데, 그런데 그 뒤로 인제 계속 그냥 말할 수도 없죠, 고생한 것이. 어떻게 그냥 기억을 하기도 싫거든요.

…… 그 생각도 하기 싫거든요, 제가"라고 말할 정도로 그들에게는 생각하고 싶지도 말하고 싶지도 않은 '지난 일'들이었다. 정끝남은 남편의 상이와 습관에 대해 묻는 질문에 남 말하듯 대답했다.

— 구술자: 전쟁 전에 군대 갔다가 인제 스물네 살인가, 스물네 살에 제대했다. …… 다리랑 다 다쳤지.

　　면담자: 오른쪽 다리.

　　구술자: 그런갑소…….

　　면담자: 반 되면 꽤 많은 양인데. 몸이 힘드셔서.

　　구술자: 모르겠소. 그래서 그랬는가. 막걸리 반 되, 언제든지 퇴근 시간 오면은 반 되씩 받아놨다가 주거든. | 정끝남 |

　이들의 서사 방식은 군경미망인의 그것과 사뭇 달랐다. 군경미망인은 '어려움'에 대해 호소하면서도 자부심과 고집이 곳곳에 묻어 있다. 반면 상이군인과 결혼했던 여성들의 이야기는 '자신 없음'이 도드라져 있다.

　같은 시간과 공간에서 살았지만 전쟁미망인의 전쟁 경험은 연령, 지역, 남편의 지위에 따라 달랐고, 그들의 기억과 서사 방식도 달랐다.

1
군경미망인의
전쟁 경험

1 | 남편과의 이별 그리고 전사 통지서

군경미망인이 전쟁 경험을 말할 때 가장 먼저 그리고 가장 세밀하게 이야기하는 부분이 남편과 헤어지는 순간이다. 남편과 헤어지는 '순간'이 멈추어진 시간처럼 긴 여운을 남긴 까닭은 아래 소설처럼 최전선에 가기 전 부부간에 나눈 애틋한 감정에서 연유하기 때문인가?

—— 올 늦여름에 소집장을 받고 군에 입대한 형수가 그동안 대구에서 훈련을 마치고 이번에 일선에 출동하게 된 것이다.
"저는 훌륭한 성적으로 훈련을 마치고 이번에 계급도 일등병이 되었습니다. 모두가 다 부모님의 덕택인 줄로 압니다."
내 귀한 아들이 일등병정이 되었다는 말에 부모의 마음은 여간만 즐거운 것이 아니다. 남편이 계급이 올랐다는 말에는 옥림이도 부모들 못지않게 반가웠다. …… 시아버지는 재떨이에 담뱃재를 툭툭 떨고 나드니 햇기침을 두어 번 하고 나서 입을 연다.

"나는 몸 성히 잘 있으니께 걱정 말라고 일선에 가거던 부디 잘 싸워서 그놈들을 강 밖으로 몰아낼 계교를 하라 카는 기라 그리고 쓸 없이 울어서는 절대적 안 대는 기라. 그러면 차라리 안 만나보는 것만 못한 기라."

일선으로 출동하는 두 시간을 앞두고 형수는 아내가 누었는 산병원에서 갓난아가의 얼굴을 들여다보다가는 벙글벙글 웃으면서 손가락으로 아가의 얼굴을 건드려본다. …… 두 사람은 또 서로 바라보며 웃는다.[1]

이 소설은 영장 소집을 받은 병사가 훈련을 끝내고 최전선에 가기 전 부인이 면회 와서 다정한 한때를 보내는 모습을 그리고 있다. '일등병으로 올랐다고 자랑스러워하는 남편', '늠름한 군인', '눈물을 보이지 말라는 시아버지의 당부', '다정한 부부 관계' 따위는 우리에게 익숙한 장면이다. 그러나 전쟁에 참가하기 전 '결기에 찬' 군인과 그를 배웅하는 아내의 모습을 군경미망인의 전쟁 이야기에서는 들을 수 없었다. 군경미망인들은 남편과 헤어지기 전 그렇게 애절한 감정 표현은 고사하고 미소지을 만한 시간도 여력도 없었다.

::"어디 가요?"

—— 그해 여름, 그렇게 내가 열아홉 살, 열아홉 살 돼가지고, 7월 달에 친정에를 인자, 내가 생일이 7월 보름날인데 그 전에 7월 초열흘 돼가지고, 우리 아버지가 "야야— 친정 함 오느라." 우리 남동생 학교 다니니, 남동생[이] 와[서] "아버지가 오라카드라." 그래가 그카니까네, 가을 그때 모심기도 다 하고 밭 매는 것도 다 매고 이래봐 놓니까 [시부모가] "가라" 케가지고, 신랑도 [나보고] 가라 카고, 그래가 갔다가 가가지고 하루 이틀 있다가 올라 카니까네 "야야 니 생일이 내일모렌데 미역국이라도 한 그릇 끓여가 먹여가 보내라." 우리 아버지가 못 가게 해가 하룻밤 더 자고, 7월 보름날 미역국 끓여가 먹고, 사과 이만 한 보따리 하나 얻어가 이고, 강아지 한 마리 얻어가 안고, 그래 우리 엄마가 저까지 인자 [배웅을 나왔어]. 좌우간에 한 20리 돼요. 친정 가는 길이. 그땐 차가 없으니까 걸어, 이렇게 걸어. 올라가니까네 막 사람들이 막 한없이 내려와. 그 길이 비좁도록. 붙들려가 오는 사람이. 그럴 때는 영장 나오고 이게 아니고. 바쁘니께. 강제로 인자 가가지고 집에 사람이, 젊은 사람은 다 붙들어 갔그든. 그러니까 우리 엄마가 하는 말이 "아이구— 다 내려와도 우리 김 서방은 안 오겠지" 이카고, 이래 한 저만치 가가, 한 5리 길인가 남겨놓고 인자 엄마가 "야야 이제 니 가그라. 나도 지나갈 때가 됐으니까네, 나는 집에 가꾸마" 이카드라고. 그래가 엄마 보내고 나 혼자 인자 보따리 이고, 강아지 안고 올록올록 올라가. 신랑 되는 사람이 헐떡헐떡 내려와. 그래 내려오면서 막 사람들이 내려오는데 섞여가 내려와. 이래 보니까네

암말도 안 하고— 아무 소리도 안 하고 지나 내려가. "어디 가요?" 이카니께네 "성공하러 가요" 이케, 성공. 경상도 말로 '성공했다' 머 이카잖아. "성공하러 가요" 이카면서 내려가. 그래 가만 서가 있었다, 이래 섰으니까네 그래 인자, 친척 되는 사람이 내려가. 그래 내가 그럴 적에는 "어디 가요?" 하니까, 이제 시동생 되는 사람인께, 그카니 "아—! 성공하러 가요, 우리 갔다 올게요" 이카메, 그러면 한눈 팔지도 못해. 중간 중간에 사람이 빨리 가자고 재촉하고 따라가니. 그래가— 보내놓고, 그 강아지를 안고 가만—이 서가 정신없이 서 있으니까네 동서 되는 사람이 오드라고—, …… 쉬고 누버 자다가 붙들려가. "밥도 안 먹고 그래 갔다" 이케. 그카며 날 원망 비슴—하니 하드라고. "아— 일찍이 안 오고, 왔으면 (밥이라도 먹고 갔을 텐데) 그 할 긴데" 그래. "밥도 안 먹고 그리 갔다"고 이카드라고. |이경순|

이경순은 생일을 보내느라 친정집에서 며칠 묵었다가 사과 보따리를 이고 강아지를 안고 집으로 가는 길이었다. 젊은 사람들이 집에 있다가 영장 없이 강제로 붙들려 갔던 바로 그 좁은 길로 한없이 사람들이 내려왔다. 남편도 다른 사람들과 함께 내려왔는데 "암말도 안 하고— 아무 소리도 안 하고 지나 내려"갔다. 이경순이 남편에게 "어디 가요?"라고 묻자 남편은 "성공하러 가요"라고 답하고 내려갔고, 그녀는 그 모습을 정신없이 서서 보았다. 그 뒤로 남편은 소식이 없었다.

이경순의 남편을 비롯한 대구-왜관-영천-안강-포항 일대의 남성들은 낙동강 공방전(1950년 8~9월)을 계기로 강제징집되었다. 미군사에는 영덕 공방전이 시작되기 전까지는 주로 지형상의 이유로 이 방면의 전세

낙동강 공방전(1950년 8~9월).

를 별로 염려하지 않았다고 한다.[2] 그러나 북한 인민군의 8월 총공세를 맞아 치열한 공방전이 전개되었고 그 과정에서 인근 지역 청장년층이 징집되었다. 이러한 상황은 "전투가 치열해짐에 따라 1950년 8월 9일에는 근 20만 명이라는 방대한 숫자의 장정이 소집되었다"는 자료를 통해서도 잘 드러난다.[3] 이 과정에서 이경순의 남편처럼 집에서 누워 있다가 길거리 등지에서 강제징집되었다.

이경순의 삶을 결정했던 것은 '찰나'였다. 결의에 찬 출정식도, '훌륭한 성적을 거둘 만한' 훈련 과정도 없었다. '잘 갔다 오라'고 인사할 시간도 없었다. 인간의 기억은 관심 있는 사건에 따라 시간과 독립적으로 생성되듯이,⁴ 이경순은 남편이 말없이 스쳐간 짧은 순간을 설명하기 위해 정지된 시간처럼 세밀하게 헤어진 앞뒤의 시간을 말했다. 그 뒤 이경순은 친정에서 늦게 돌아온 탓에 밥도 안 먹이고 남편을 전쟁터로 보냈다는 원망을 내내 들었다.

양희선도 이경순의 처지와 크게 다르지 않았다. 양희선의 남편은 담배를 사러 갔다가 소식이 끊겼다.

—— 우리 피난 갔는데 …… 대구 사는 사람은 보국대(군을 지원하기 위해 조직된 노무대) 나오라 카니께네, 보국대를 우리 피난민을 사 넣었어요. 하루 그때 돈 1000원이지. 요즘 같으면 1만 원도 안 돼요. …… 부역 나오라니까 돈을 사 넣었는데, 우리 시숙하고 우리 신랑하고 하루 1000원씩 받고 보국대 갔거든. 팔달구까지 가서 보국대 하고 오고 오고. 그렇게 하고 며칠 댕기다가 하루는 이제 오늘은 안 가, 해방된 날이라고. 8월 15일 날 해방됐잖아요? 8월 15일 날 해방돼가 그날 일하러 갔드니만 오늘은 쉬고 내일 오라고 한다카메 형제간에 왔어. 왔는데, 그때만 해도 사람 붙드는 줄 아는 사람은 알고 모르는 사람은 몰랐는데 …… 친구는 서른두 살 먹고 우리 신랑은 스물아홉 살 먹고 그랬는데, 둘이 담배 사러 나갔대요. 양키 시장에. 그날 노니께 담배 사러 나가니께, 그때 붙드는 사람이 아는 사람은 알고 모르는 사람은 모르고, 그때 붙들어 가 막 전쟁터 갖다 넣는 기라. 그래가 붙들었는데, 그때 2000명 붙들었다 캤잖아. 하루 붙들은 게, 8월 15일 날. 그래가 사람이 안 오는 거죠. 우리 신랑은 안 왔어. …… 그래가 그날 붙들려 가구, 붙들렸다고 3일 돼도 사람이 안 오는 기요, 담배 사러 간 사람이.

…… 닷새 지나도 안 와. 그래가 한 며칠 있으니께 우리 신랑 친구가
왔어. 서른두 살 먹은 사람이, 우리 피난한 데 우리 집에 와가지구 우
리 신랑 이름을 부르매, 아무거시는 그래 피난증 보자고 하더니마는
…… 그래가 피난증을 뵌께 그 사람은 서른둘이고, 스물아홉을 얹어
노니께 그 사람은 가라카고 이 사람은 지프차 태워가 갔다 이카는기
야. …… 그 사람이 와가지고 나한테 얘기하더라고. "아무개는 지프차
태워 가고 아는 서른둘이라고 해서 안 가고." 스물아홉 살 먹으니께
고만. 그래 닷새가 있어도 안 와, 열흘이 있어도 안 와. | 양희선 |

보국대 다니던 양희선의 남편은 8월 15일 해방일을 맞아 하루 쉬었
다. 그녀의 남편은 쉬는 날 친구와 함께 대구 양키 시장에 담배를 사러
갔다가 붙들렸다. 담배 사러 간 남편이 3일이 지나도 닷새가 지나도 소식
이 없었는데, 그나마 소식을 전해준 사람은 함께 담배 사러 간 친구였다.
양희선은 남편 친구에게 소식을 접한 뒤에도 편지 한 통 못 받고 이듬해
(1951년) 정월 초사흘 날 전사 통지서를 받았다. 양희선은 이에 대해 "훈
련도 시키지도 안 하고 한 일주일 훈련받고 막 잡아다 넣었어. 우리 신랑
같은 사람 막 잡아다 넣어가지고 대부분 전사했잖아요"라고 억울한 심정
을 토로했다. 시장이나 길거리를 막고 한 곳에서 하루에 2000명을 붙잡
아 갔던 강제징집은 전국적으로 진행되었다.
　양희선의 남편처럼 길거리에서 강제징집당하지는 않았지만, 곽희숙
의 남편이 전쟁터에 가는 과정도 강제징집과 크게 다르지 않았다.

──── 6 · 25 때 우리 남편이 그때 스물아홉 되던 정월 달이거든요. 그랬

는데 딸은 다섯 살 먹은 거, 세 살, 백날 되는 거 그거 두고 갑자기, 그때는 벌어야 먹고사니께, 낮에는 나가서 일하고 들어왔는데, 밤에는 갑자기 영장이 나왔다고 데리러왔어요. 그래가지고서는 말 한마디 못하고 그냥 나갔거든요. 나가가지고서는 저 논산에 가서 훈련을 아마한 5개월 받았나봐요. 음력 정월 달에 나갔는데 5월 달에 일선 지구로 갔거든요. 그래 일선 지구로 가자마자 그냥 전사를 당했다고 연락이 왔더라고요. …… 그러니까 나이 스무 살에 그 소를 끌고 댕겼어요. 그러니까 만날 새벽이면 갔다가 저녁 때 늦게 들어오고. 그렇게 하고서는 살았는데. 그러다가 보니까는 딸내미들은 셋씩 생기고, 그러니까 또 더군다나 안 할 수 있어요? 또 인제 쉬지도 못허구 하는 거예요. 그날 군인 끌려 나갈 적에도, 그날 나가서 소 부리고, 소 끌고 가서 일하고 온 사람을 그냥 저녁에 데리고 나갔어요. 그때—. …… 53년 되던 정월, 음력으로 정월. 날도 안 잊어버려요. 정월 초열하루 날 나갔어요. | 곽희숙 |

휴전회담이 진행 중이던 1953년에도 병사를 동원하는 방식은 전혀 달라지지 않았다. 한국전쟁 시기 병력 동원은 초기에는 무리하게 집행되었지만 곧 "병역법을 개정하여 예비역·국민역을 모집할 때에는 연령과 소집 기간 등을 국무원 공고로 공고하여 인권침해가 발생하지 않도록 조치했다"고 하면서 "소집은 군의 계획에 따라 병사구사령관이 소집영장을 발급하고 응소자는 지정된 시일에 지정된 장소에 집합하여 신병보충대에 인계되었다"며 전쟁 초기 병력 동원의 폐단이 수정되었다고 한다.[5] 그러나 곽희숙의 남편은 "군인 끌려 나갈 적에"도 "소 끌고 가서 일하고 온 사람을" 갑자기 영장이 나왔다며 "저녁에" 데리고 나갔다. 곽희숙은 다섯 살, 세 살, 백일 지난 아이들이 있었고 매일 벌어 생계를 유지해야 했음에도 그런 개인(가족)의 생계는 전혀 고려의 대상이 아니었다. 강제적인 병력 동원은 사실 사회문제를 낳았다. 극심한 생활고를 견디지 못한 여성들은 자녀들과 함께 동반 자살하거나 자식을 살해하기도 했다.[6] 국가는 동원으로 인한 생활고로 가족이 해체될 위기에 있는데도 그 사정을 고려하지 않았다. 그 때문인지 "우리 친정아버지가 만날 …… '그 바보 같은 놈이지. 여— 여이— 문전(처갓집 앞)을 지내야 하는 놈이, 우리 처갓집에 잠깐 들여다보고 올 꼬마 이카고 쏙 빠져나가면 될 텐데 …… 그 바보 같은 놈이 따라갔다' 고 …… 시골에서 아무것도 모르고, 배운 것도 없고 골짜기에서 살아놔 노니 그리 그리 ……" 되었다고 이경순은 말한다.

:: "도민증을 뺏어 갔으니까"

—— 〔피난민 수용소에서〕 겨울을 나고서는 〔수원에〕 4월 달인가 왔어. 와 가지곤. 애를 인제 여덟 살이 됐어. 다섯 살이 된 걸 데리구 가가지고선 여덟 살이 됐어. "그래도 공부를 가르쳐야지 되지 않느냐?" 구 학교에 넣더라구. 그래 넣는데 그냥 며칠을 못 댕기구, 잊어버리지도 않아. 5월 13일 날 새벽에, 동사무소에다 기류계를 올렸지, 피난민들두. 그랬더니 새벽에 3시, 1시나 돼서 어떤 사람이 셋이 왔어. 그래서 "아무개냐구?" 그래서 "그렇다" 고 그랬더니 주민등록을 내놓으래. 그 〔때〕만 해도 홍제동이 그때는 고양군 땅이래서 도민증이에요. 서울은

시민증이구. 그래서 그거를 내놓으니까 붙잡아 갔어. 세 마리가 붙잡아 가면설랑, 아니 붙잡아 간 게 아니라 주민등록을 뺏어 갔으니까 사람이 저거할 수가 없잖아요. 그러니까 모레, 15일 날 경찰서 앞으로 모이라구 그러더라구. 그래서 15일 날 어머니는 큰놈 손목을 붙잡고 나는 다섯 살 먹은 걸 업구 경찰서 문 앞을 가니까 세상에 버스가 45

충청남도 도민증 앞면과 뒷면으로 1953년 3월 1일 발행되었다.

석 자리가 다섯, 여섯 대가 와 있습디다. 그러니 그걸 거기서 다 집합을 해가지고 태워가지고 가. …… 그래서 남들은 저거하구 도망질도 쳐오고 그런 놈도 있는데 우두커니 그저 애를 젖을 먹이고 앉았으니까 어떤 사람이 왔어. 세 명이 왔어. 그래서 "아이구 애 아버지한테서 연락이 왔느냐?"고 그러니까 말을 못 해. 그래서 "아이구 어떻게 된 거예요. 얘기 좀 해주세요?" 그랬더니 "좋지 않은 소린데요" 이러는 거야. 그래서 내가 거기서 대성통곡을 했어. 노인네는 계시고 세상에 어떻게 사느냐 그러고. 그러구설랑 연금통장인가, 아니 죽었다는 통지서 하고. …… 〔1953년〕 5월 13일 날 와가지고 5월 15일 날 나갔어요. 그래가지고 가서 죽은 걸 보니까는 겨우 한 달 살은 거여. 인제로 가서 그랬답니다. 그러니까 같이 나간 사람들이 한 6개월 그때는 노무자는 6개월을 저거를 했어. 군인이 아니니까는. | 임정기 |

임정기 남편의 전사 통지서

임정기 남편의 전사 확인증으로 1953년 6월 20일부로
전사했다고 기록되어 있다. 노무자로 간 지 1개월 만
에 전사했다. 전사 확인증은 1956년 12월 26일에서야
본인에게 전달되었다.©

임정기는 소개령으로 인해 고향으로 돌아가지 못하고 전쟁 동안 피난민 수용소에서 지내다가 남편이 수원 근처에 살 집을 마련하여 그곳으로 옮겼다. 1953년 4월이었다. 큰아이를 학교에 보내기 위해 5월 13일 기류계를 올렸더니 새벽에 동사무소에서 나와 남편의 도민증을 빼앗아 갔다. 도민증은 자신이 '국민'임을 증명하는 신분증이었고 자유롭게 이동할 수 있는 증명서였다. 생계를 위해서 도민증은 반드시 필요했고, 도민증을 찾기 위해 일러주는 대로 이틀 뒤 경찰서 앞으로 갔는데 그 길로 노무자로 끌려갔다. 노무자로 끌려간 지 1개월 만에 전사했다.

노무자는 민간인으로 지게에 보급품을 짊어지고 가파른 산악 지대에 있는 전선 부대에 식량, 탄약 등을 보급하고, 진지 구축·도로 보수·교량 보수 따위의 일을 했다. 매주 3000명을 각 시·군·구·읍·면으로 배정하고 시·읍·면에서는 경찰이 개입하여 배정된 인원을 강제로 뽑았는데, 동원 대상자는 제2국민병 대상이 아닌 만 35~45세까지의 남자로 6개월을 복무 기간으로 했다.[7] 남성들은 대부분 가장들로서 자신이 동원될 경우 가족의 생계가 막연했기 때문에 동원을 기피했다. 그러나 동

노무자들이 전선으로 짐을 나르는 모습

노무자를 적극적으로 활용하기 위해 노무대를 만들어 장년 남성들을 동원한 모습

원에 나선 경찰은 실적 채우기에 급급하여 길거리나 농촌에서 마구잡이
식으로 연행하여 동원했다.

─── 어제 밤중에 경찰이 와서 내 아들을 잡아갔소, 내 남편을 잡아갔

소, 어떻게 좀 살려달라고 쫓아왔어요. 그래서 무슨 이유냐 물으니까 아마 노무 징용자를 잡으러 온 모양인데 섣달 그믐날 저녁 밤중에 들어가서 자고 있는 놈을 잡어서 끌어내가지고 전부 포승으로 포박을 해가지고 거기에다 갖다두기는 어디다 갖다두었는고 하니 경찰서 유치장 속에 전부 이 사람들을 가둬놓고 정월 초하룻날 아침에 이 사람들을 트럭에 실어서 경찰서로 보냈다는 이런 말을 들었습니다. 그래서 제가 거기 지서를 찾아나갔어요. 그래 지서 주임께 묻기를 간밤에 이러한 사실이 있느냐 정말이요? 하니까. 정말이올시다 그래.[8]

밤에 자고 있는 사람을 데려가고 새벽에 와서 도민증을 빼앗아 가는 행위는 국가의 폭력적인 동원이 어떻게 집행되었는지 짐작하게 한다. 임정기의 남편은 1953년 5월에, 곽희숙의 남편은 동년 정월에 강제 동원이 집행되어 전선으로 나갔다. 1953년도에도 폭력적인 동원이 이루어졌다면 전쟁 초기에 병력이나 노무 등에 대한 각종 동원이 어떻게 자행되었는지 짐작이 간다.

국민방위군으로 끌려간 사람들의 처지도 크게 다르지 않았다. 국방부는 각 지역별로 병사구사령부를 설치하는 동시에 제2국민병 등록을 실시하여 1950년 11월 15일까지 238만 9730명을 등록시켰다.[9] 국민방위군은 제2국민병으로 소집된 만17세부터 만40세까지의 청장년 남성이었다. 1951년 7월 군(軍) 보도과의 발표에 따르면, 국민방위군으로 징집된 총수는 68만 350명이고 이들 가운데 지정된 교육대 52개소에 수용된 인원은 그 절반에 해당하는 29만 8142명이었다.[10]

─ 구술자: 아니 그때는 제2국민병이라고 있어요. …… 11월 달에, 그러니까 그때는 인제 해당되는 사람은 죄 나오라고 소집이 나온 거죠.

면담자: 동네 사람들 모아가지고?

구술자: 소집을 하는데 내가 또 웃기는 소리 할게요. "너, 너 간다" 이게 아니라 자기가 자신 있는 사람은 갈라서라고 하더래요(건강한 사람과 건강하지 않은 사람으로 나누어 줄을 서라고 지시함). 그러니까는 자기는 워낙 신체가 좋으니까 이런 데로 갈라섰다가 "아이, 왜 여기 가지?" 그럴까봐, 그러니까는 저 '도독고양이가, 밤눈 어두운 고양이가 어떻다'는 식으로 차라리 일루(건강하지 않은 사람들 쪽으로) 섰으면 군인을 안 나갔다고 그러더라고.

면담자: 아─ 그러니까 운동장에 소집해서 건강한 사람하고 건강하지 않은 사람하고 분류했는데.

구술자: 그렇게 해서 갔는데 [2월 말에] 모두 국민병 간 사람들이 오더라고요. …… 어떤 때는 쉬면서 애 젖을 먹이는데 '어머 저렇게들 오는데 집에 와서 기다리지는 않나?' 싶어서 애를 업고 허둥지둥 집에 오면 오긴 뭘 와. 그러면 너무 속상한 거예요. 울고 싶어 진짜. |김숙자|

── 서울이라고 또 들어오니까 들어와가지고는 금방 그냥. 들어와가지고 금방 그렇게 데려갔다고요. 그러니까 그냥 어떻게 살은 건지, 살은 것도 생각도 안 나요. 너무 급하게 그렇게 금방 서둘러서 그렇게 가고 그래서. 그래서 훈련도 못 받고 바로 군인으로 간 거예요 그냥. 집에서 나가면서. 그래서 그때 그 동네 사람이 세 사람이 그렇게 나갔거든요, 같이. 그랬는데 우리 집 사람만 죽고 두 사람은 살아서 왔어요. |김순영|

—— 그때, 6 · 25 때. 지금으로 말하면 민방위나 똑같은 거여. 방위군인 훈련을 다니더라고요. 그때는 맘을 놓고서 다니는데, 그때는 뭐 나무에다가 총을 깎아갖구, 총을 그거를 깎아갖구 그렇게 새벽이, 지금이 시계두 있고 다 있잖아요. 그때는 뭐 시계가 있어, 시골에 뭐가 있어. 어려운 집들은 더하지. 그때 가을부터 겨우내 다닌 거야, 겨우내. 새벽같이 나갔다가 밤 한 10신지, 12신지 그때는 들어와요. …… 한 번은 동짓달 그믐날인가 됐었어요. 그랬는디 저녁에 들어와서, 한 10시나 됐는지 들어와서 밥을 한 숟갈 먹는디 누가 와 찾더라고요. 대문 앞에 와서. 그래서 나가서 "누구냐?"고 그랬더니 "그 동네 아무갠디 내일, 내일은 저기 하라고 한다"고, "피난처럼 이렇게 나가라고 한다"고 그래. 그래서 "그럼 그걸 어떻게 해야 하냐?"고 그러니까 쌀 해서 두 말 해서 자루에다 담고, 자기 잔 이불을 거둬서 요는 놔두고 이불만 거둬서 싸고 그렇게 하고서, 그 당시는 집이서 길쌈들이 쎘어요. 특히 아주 우리 집은 더했어. 면을 짜가지고 거기다 국방색 물을 들여서, 물을 들여서 이렇게 스봉을 맨들고 우에 우와기 맨들고. 그렇게 해서 바지저고리를 입고서 그 위에다 그걸 입고서는 쌀 두 말 이불보따리 해가지고 짊어지고서. 그래서 새벽에 그렇게 가는데 그때 몇 시나 됐는지도 몰라. 2시나 3시 그렇게 됐는가봐요. 간다고 그렇게 보따리를 싸고 해서 짊어지고 나가요. 그런디 그게 왜 그때는 피난이라고 간 거여. 동네 사람이 남자라고 된 사람은 다 갔어. 일절 다 가고 아주 할아버지들하고 애기들만 남고 젊다 하는 사람들은 동네에 싹 쓸어서 다 나갔어요. …… 그런디 인저 그때 한 동네서 간 사람들이 한 열흘씩 되고, 보름씩 되고 그러니께 오는 사람이 있더라고요. 그래 "어떻

게 그렇게 오느냐?"고 그러니까 그게 가다가 병나고, 병나고. 겨울이니께 춥고 그러니께 동상 걸려서 온 사람들도 있고 또 뭐 이렇게 몸이 아파서 있고 그렇더라고요. 그래서 그 사람들 보고 물어보니께 "아저씨는 저 마산, 진해로 갔다"고 그러더라고. …… 그래서 나중이 인저 설— 지나고 오는 사람한티 얘기를 들으니까 그 옷이 모두 가서, 아무 데나 문질러댔으니까 떨어졌을 거 아니에요, 아무리 새 거래도. 모두 떨어져서 그냥 이불 홑이불 뜯어서 져 입고 그랬다는 그런 소리가 들리더라고. …… 그래갖고 이제 동해 바다 어디에 있었는디, 그해 그렇게 진해에서 겨울 나고 그 이듬해 지금 양력으로다 따지면 2월이나 3월쯤 되나봐. 그때에 동해 바닷가에 가서 미군서 이렇게 군수품 들어오고 하는디, 그 바닷가에 가서 그걸 했대요, 셋이가. 셋이가 뭉쳐 다니며 그걸 했는디, 헌 것도 첨인 잘 몰랐지. 그랬는디 그 미군들 따라간 조카들이 군인 입대해갖고 왔더라고. 와서 "아저씨를 아무아무 디서 만났어요. 만났는디 군수품 그걸 하더라"고 그런 얘길 해요. 그래서 그런가보다 했는디 얼마 안 있다가 편지가 한 번 왔어요. 편지가 왔는데 …… 최전방에 가 있다고 그러더라구요. 셋이가 갔다구. 그래 최전방에 갔다고 편지가 오는디, 그러니께 봄서부터 편지 연락이 되더니 9월 달에, 음력으로 9월 달이니께 10월, 11월쯤 될 거예요. 그런디 편지가 한 번 퇴맞아 왔어요. |한명화|

김숙자, 김순영, 한명화의 남편은 제2국민병에 등록되어 국민방위군으로 나갔다. 이들의 구술은 국민방위군이 얼마나 허술하게 운영되었으며 국민방위군의 목적이 남성들에 대한 소개령에 있음을 알 수 있다. 이

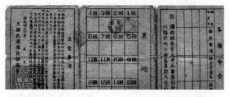
제2국민병 수첩

들은 자기가 먹어야 할 식량, 개인용 이불 그리고 군복을 만들어 입고 피난 가는 것처럼 떠났다. 이렇게 떠난 국민방위군은 병이 나서, 동상에 걸려서 보름이 지나자 한두 명씩 집으로 돌아왔다.

처음부터 국민방위군은 동원 대상자를 적으로부터 격리시킨다는, 좀더 극단적으로 표현하면 동원 대상자를 잠재적인 적으로 간주한 상태에서 조직되었다. 이승만은 "국토방위, 민족 보위의 성스러운 십자군에 참가시키고자 정부에서는 병역법에 의하여 제2국민병을 소집하고 있다. …… 그들은 그들이 원하지 않으면서도 공산당의 철의 감시 밑에 강제로 병정이 되고야 말 것이다. 그러므로 정부에서는 청장년을 남방 안전지대로 집단 소개시켜 이들을 훈련 무장시켜 군대를 단시일 내에 편성할 것이다"라고 국민방위군 편성 목적을 언급했다.[11] 그러나 국민방위군은 무리한 징집과 지휘부의 부정부패로 말미암아 군 보도과도 행려 사망자는 불명(不明)이라고 공식 발표할 정도로 상당수가 행방불명 또는 굶어 죽거나 얼어 죽었고 영양실조에 걸려 전투 불능 상태에 빠지면서 해체되었다. 국민방위군은 전쟁을 수행하는 국가의 폭력이 어떻게 작동하고 있는지를 잘 보여주는 사례라고 하겠다.

: : **"나 이제 직원들하고 나간다."**

남편이 직업군인 또는 경찰이었거나 소집 영장이 나와 간 경우, 강제징집보다 폭력적인 형태로 진행되지 않았다. 하지만 그이들도 "직원들하고 나간다", "지서 갔다 온다" 따위의 한마디 말만 남기고 소식이 없기는 마찬가지였다.

—— 나는 이제 배가 부르고 그러니까 저걸 할 수가 없는 거야. 나는 시집에다 갔다두고, 자기 혼자 "나 이제 직원들하고 나간다" 하고 그러고선 나가가지고 이내 소식이 없어. 그리고 그만이에요. 그리고 어디 가서 살았는지 죽었는지, 모르고선 그냥 이렇게 이때까지 사는 거예요. 죽었지 살았겠어요. 지금 살았으면 팔십넷이고 나는, 일흔여덟 살이 됐어요, 벌써. 스물한 살에 시집오고선 그이는 스물일곱 살에 만난 이렇게 57년 동안에 이렇게 됐어요, 벌써. |김예분|

—— 저의 남편이 조선경비대 시대에 …… 3사단 16연대 마산에서 주둔해 있던 그 군대가 그 청주 수동이라 하는 데로 갔지요. 제가 애기 가지고 3개월 만에 그거 부대 옆에 그 영외거주를 받아가 들어갔습니다. 같이 갔습니다. 그래가지고 그해— 그해 6월 25일 날 일요일이었는데, 부대에서 그 소집 연락이 와서 나갔어요. 나가가지고 그날 이후로는 만나지 못했습니다. |구영선|

—— 바로 그랬어요. 죽은 줄도 몰랐다니까. 시골 가서 글쎄 그러고 돌아댕기고, 밥 얻어먹고 돌아댕기고, 장사하고 그래서 죽은 줄도 몰랐어요. …… 그러니까 "지서 가서 갔다 올게요" 하고 인사하고 나간 사람이 영 까막 됐지. 그렇게 됐어요. |윤철희|

―――― 그래가 있다가 점심 먹고 한 2~3시나 됐는가 그때 출발을 하는데, 그때는 바보래요, 바보. 남편이 가도요, 이 문 열고 내다보지도 못해요, 챙피스러워서요. 동네 사람들 보는 데 저거해서, 그냥 문구멍으로 내다봤지. 그래가지고 가다가 다시 오더니 세면도구 달래요. 들와서 세면도구 가져가라고 그랬더니 들와서 가져가고. 그래 가면서로 그렇게 울더래요. 그래 가더니만은 편지를 한 장 받아봤어요, 면회를 한번 가봤어요. 뭐 그만. |이호영|

―――― 남편이 저―, 아침 먹고 점심때 되니 그래요. '동다리' 그 위에 동네 "국민학교 연설 들으러 간다" 이러더라꼬요. 그래, 간다고 가드이 해가 빠져 뉘웃뉘웃하는데, 우리 종질하고 같이 거가 인저 연설 훈련 받고 왔는가베. 왔는데, 컴컴한데 들어오드니마는, "나 옷 다와" 이래. 옛날에는 양복도 없고, 헌 광목 바지저고리 있잖애? 그거를 인제 기비를(기워) 해놓은 걸 입고, 그때가 가을인가 겨울 같애, 내 마음에. 오늘 고 밑에 동네 가 연설 또 들어야 된다. 이카면 나가더라고. …… 거기 가서 얘기 듣고 그 이튿날에, 인제 대구 훈련받으러 간대. …… 그래 못 봤어. 그래 이 길로 소식이 없어요.(목소리 높임) |이동호|

구영선과 윤철희는 소집 연락이 와서 지서 갔다 온다는 말만 남긴 채 간 남편과 영원히 이별할 것이라고는 생각하지 않았다. 김예분은 직원들과 나간다는 남편에게 "갈 적에 그렇게 말 한마디 못해, 그때는 어리고 그리고 뭐, 남편도 모르니까, 그래도 '잘 갔다 오라'는 소리 한마디 못하고 그냥 그렇게 간 생각하니까 너무 내가 가슴이 아파. 이렇게 오래도록"

말하지 못해 가슴이 아프다고 했다.

한편 결혼하자마자 곧장 서울로 올라갔기 때문에 함께 생활하지 못한 이호영은 남편이 소집되어 가기 전 3개월이 결혼생활의 전부였다. 이호영은 남편이 떠날 때도 마중하지 못하고 문구멍으로 내다보았다. 이동호도 연일 연설 들으러 나간 남편과 식사 한번 제대로 하지 못했다.

2 | 집 밖 세상으로의 피난

피난민에게 피난은 어떤 것일까? 20대 여성에게 피난은 생애에서 어떤 위치를 차지하는 것일까? 이 질문들은 피난민의 시각에서 피난이 무엇인지 고민하게 한다.

군경미망인에게 남편과 헤어지는 순간이 전쟁의 시작이었다면 피난은 몸으로 체험한 전쟁이었다. 몸에 새겨진 전쟁 체험인 피난은 그 뒤에도 쉽사리 잊히지 않았다. 생전 남편의 꿈은 꾸지 않았지만 가끔씩 피난 가는 꿈을 꾼다는 대답이 이들에게 피난이 어떤 의미인지 짐작하게 한다.

—— 죽이는 꿈! 그냥 뭐 사람을 몰아내고 막 이번 날 저녁에도 그런 꿈을 꿔갖고 그냥 "워메— 쪼까 호주머니에다 돈을 여까고 나와야 되는데 기냥 피난을 가다 이거 어쩔까?" 그런 꿈을 천상 잘 꿔, 지금도. 그런 옛날에. 그래서 그런가 지금도 그런 꿈을 꿔. 무서워서 옷이랑 무엇이랑 가져가야 될 것인디. 놓고 못 갖고 가. 그냥 막 피난을 가

고. 그런 꿈을 잘 꿔. 왜 그런가? 지금 그런 저기도 없는디. |오인주|

—— 인제 전쟁 나서 피난 나가던 꿈 꿔져요. 그 밥 얻으러 댕기던 거, 그런 게. 가끔 어떤 때 꿔져요. 그런데 요즘은 안 꿔져요. |곽희숙|

피난 가서 밥 얻으러 다니거나 물건을 가져오지 못한 꿈을 꾼다는 것은 피난이 전쟁미망인에게 지울 수 없는 기억으로 남아 있기 때문이다. 왜 이들에게 피난은 몸이 기억하는 체험이 되었는가?

:: 길 위에서의 임신과 출산

한국전쟁 경험담은 대개 '평온한 일요일 북한의 침입으로 평화가 깨져 인민군에 시달리거나 짐을 꾸려 피난 가는 경험을 말하고 인천 상륙작전으로 다시 귀향했다가 1·4후퇴로 다시 피난 가는 과정을' 이야기하는 형식으로 구성되어 있다.

이러한 피난 이야기에는 남성 또는 여성이기에 겪어야 했던 성적 존재로서의 주체는 존재하지 않는다. 여성이든 남성이든 한결같이 비슷한 이야기를 늘어놓는 것이 우리가 늘 들었던 전쟁 이야기이다. 내가 만난 군경미망인은 1924년 출생 세 명, 1926년 출생 한 명, 1927년 출생 여섯 명, 1928년 출생 세 명, 1929년 출생 네 명, 1930년 출생 여섯 명, 1931년 출생 한 명으로 전쟁 때 20~26세가량의 여성들이었다. 이들은 결혼한 지 1~3년 또는 5~6년가량 되었고 전쟁 때 임신을 했거나 출산한 경험을 갖고 있다. 임신과 출산한 몸으로 간 피난길은 잊히지 않았다.

전쟁 경험이 피난으로 기억되고, 그 피난은 무성적 존재가 아닌 임신과 출산을 체험한 몸이 겪은 것이다. 여기에서 여성의 몸은 우리가 흔히 생각하기 쉬운 어머니 또는 아내로서의 몸이 아니다. 몸을 통해 피난을 떠올리고 세상을 경험하는 몸적 주체일 뿐이다.[12] 피난을 가기 전에 임신 3개월이나 만삭이었던 여성, 6월 25일에 출산한 여성, 출산한 지 3~4개월이 된 전쟁미망인은 전쟁을 어떻게 말하는가?

—— 어느 날 갑자기 …… 부대에서 연락이 왔어요. 속히 나오라고 그래요. 그래서 맨몸에 입은 그대로 고만 이래 부대로 뛰어가니깐 그 쓰러쿠(트럭)에 태워요. 태웠는데 그때 인자 그러니깐 6 · 25사변이 일어나고, 한 9일쨴가, 10일째가 됐어요. 고향이 남쪽인 사람만 가자고, 간다고 그래요. 그래서 차가 마산까지 간다고. …… 그래서 그—때 6 · 25 그 당시에 마— 비가 계—속해서 왔어요. 비가 계속해서 왔는데, 쓰러쿠를 타면서 나흘 동안을 가다가 그거 마산까지 갔는데, 그동안에 그냥— 건빵 하루 몇 개씩 그리 주고. 제가 인자 애 가지고 3개월째 되니깐, 입덧 심해가지고, 건빵도 못 먹고, 뭣도 못 먹겠고, 속에서 있는 그대로 전—부 다 토해내고. 마! 이상한 거까지 다 속에서다 나오고 아무것두 묵지도 못하고 토해내기만 토해내고. 그냥 사람이 그냥 막 반쯤 죽었어요. 죽어가지고, 인자 마산에 갔는데, 그때 제고향이 통영시였어요. 그래가지고 시집에 가가지고,…… 통영까지내려왔는데, 피난 갔거든요. 그때 만삭이 돼가지고 배가 굉장히 불렀어요. 불러가지고 이래 갔는데 아니 이 산에서 인민군이 쐈는가? 아군이 쐈는가? 모르지만은 한 1미터 앞에 그 총알이 날러와서 땅에

콰─악 꺼져. 내 보고 인자 쐈는데. 내가 안 맞고 인자─ 인자 한 1미
터쯤 됐을 거야. 땅이 하─나 꺼지면서 캬─악 때려. 그래갖고 내가
흙 꼬─빡 둘러썼거든요. 둘러써가지고. 그래도 그거 내보고 쐈는─
그것 모르고, 그냥 걸었어요. 걸어가지고 피난, 시어머니 계시는 피난
처로 갔어요.

사람 죽고 하는 거 많이 봤어요. 아─ 사람 또 죽고 이래도 고때는 하
여튼 좀 감각이 좀 둔했어요. 애기를 가지고. 너무 내가 막 못 먹고 괴
로워가지고, 그래갖고 감각이 좀 둔했어요. 둔해도 고마 멀─쩡하니
쳐다보고 마─ 그 순간에 배가 고프고─ 배가 고프고 뭐 그러니깐 하
여튼 좀 정신이 쫌 이래가 이상하게 돼─ 된 거 같아요. 하여튼 의식
이 별로 없고 뭐야 살면 사는 기고, 마 총알이 튀어나와도 '아─ 튀어
나오는 건가' 그래 생각하고, 이렇게 평소 때처럼 날카로운 그런 것
이 없었어요. | 구영선 |

임신 3개월이었던 구영선은 남편이 소집되어 나간 뒤 집이 통영이었
기 때문에 트럭을 타고 마산으로 갔다. 임신 초기라 먹지도 못하고 토해
냈다. 굶주리면서 임신 내내 전쟁터를 돌아다녀야 했다. 자신을 '정신이
이상해졌다'고 표현할 정도로 의식이 없는 몸 상태로 지냈다. 만삭인 채
통영 시댁으로 갔을 때, 본인을 향해 겨눈 총도 '아─ 튀어나오는 건가'
라고 생각할 정도로 감각이 둔해지고 의식이 없었다.

이 과정을 박수영은 "아이고─ 배는 불러가지고 30리를 걸어가는데
요기만 조만치만 가도 오줌이 마렵고, 어휴─ '여기서 차라리 내 죽었으
면 좋겠다'고 그랬어요. '죽으면 너[희]들도 편하고 나도 편하겠다'"라며

차라리 죽었으면 좋겠다고 생각했다고 말했다. 김숙자도 만삭이어서 출산일이 가까워졌기 때문에 가족들이 모두 피난을 갔는데도 피난 가지 않았다.

—— 안 갔죠. 내가 그 사람들 쫓아가다보면 나는 배가 부르니 못 가잖아요. 그러다보면 길에서 난단 말이야. 그러면 모든 사람들 못할 노릇을 시키니까는 "나는 안 간다. 나는 여기서 내가 혼자 낳아도 낳아가지고 나는, 어떤 형편이어도 나는 낳아가지고 가도 가지, 내가 여러 사람 고생 안 시킨다". 내가 그때도 좀 나이는 어려도, 그때 스물네 살이었는데 꾀는 있었나봐요. "나는 안 간다" 그랬어요. 어떻게 여기 애를 산더미, 산월 달이 됐는데 어떻게 걸어가요ー. "나 땜에 갈 사람도 못 가니 다들 가라"고 그랬어요. | 김숙자 |

피난가지 않았던 자신을 "내가 그때 좀 나이는 어려도 꾀는 있었다"고 추켜세웠다.

—— 인자— 저기 막 애를 낳았는데, 6·25 났다고— 인자 애 낳자 한 일주일도 안 되었는데 피난을 가야 한다네. 피난을 가야 한다고 하는데, 인자 내가 또 애를 그때 났슈. 6·25— 지금 생각해보면 6·25 날 낳은 거 같어유. 그러길래 한 닷새 있는 걸 업고 나왔지. 업고 인저— 애를 연속으로 낳았으니까, 싯(셋)이잖아유. …… 애 낳아가지고 일주일도 안 되었는데— 청주까지— 청주가 100리더라구요. …… 참— 인자 그리고서는 그런데 100리를— 말이 그렇지 애를 난 사람

이 금방 걷자니 얼마나 힘이 들어요. …… 애 낳아서 일주일도 안 됐는데 얼마나 힘들어유. |양선숙|

―― 겨울에 또 피난을 저 부산까지 가야 산다고 그래서, 어른들을 쫓아서 그냥― 애는 그냥, 핏댕이 같은 거 하나 업고 그냥 시동상들, 식구들. 그냥 죄― 열사흘을 걸어가니까 김천을 가더라고요. 가면서 그냥 얻어먹으며― 그냥― 그렇게 하면서 갔는데. 나는 다리가 아프고 애 낳은 지 얼마 되지도 않았는데, 다리가 절뚝거리고 또 걸음도 못 걷고 …… 두 번 다시 그런 건 생각하고 싶지도 않고, 신랑도 없고, 저 애 낳을 때 아빠 얼굴도 모르는 걸 낳고선 그런 걸 업고선, 어른들 쫓아댕기고, 얻어먹지도 못하고, 그러니 어떡해.

피난을 나가서도 어쩌면 그래 그렇게 아휴― …… 자기네 저거만 하고 나는 만날 그냥, "너는 어디 갈 줄도 모르냐고. 왜 우리, 우리 식구를 왜 쫓아댕기느냐"고. 글쎄 나보고 어딜 가라고 그래. "내가 가면 얼루 가요. 어머니, 난 갈 데도 없어요." "아― 네 언니들 많은데 네 언니들네로 가든지 하지. 왜 만날 귀찮게. 한 식구 입이라도 덜게, 왜 네가 우리를, 나를 왜 쫓아댕기느냐"고. 날 보고선 만날 저― 가래. 내가 그때 어디를 갈 줄 알아요. 뭐, 어딜 길을 알아요. 뭘 알아요. …… 저 김천까지 열사흘을 가는데, 내가 어디로 가도 그 애를 업구 가라고, 그 열사흘을 그냥 가는데 이 애를 한 번 받아 업지 않고, 나는 만날 애를 업고 그냥 자기네들은 성하니까 휠―로(멀리) 가고, 나는 애 낳은 지 얼마 되지도 않고 그걸 업고선 그냥 거길, 큰 눈비가 오는데 맞고 열사흘을 걸어가는데, 다리가 아프고 그러는데, 그 한 번 받

1951년 1월에 다시 피난을 가는
행렬(강릉)

아 업고 가시는 법이 없더라고. 그땐 너무 야속하고. 그리고선 밤이면
밤—새도록 자지 않고 애가 울면 "진절머리 나게 어, 쓸데없는 거 두
식구 때문에 우리가 고생을 한다"고 하— 노인네가 그냥 화를 내고
그냥 막 그러면, 말은 못하고 그냥 그 애새끼를 붙잡고 내가 밤이면
그렇게 울고 내가, 새벽같이 일어나서 밥을 하고 해서 그냥, 밥 한 숟
가락 먹고, 그저 피난민들하고 가고, 그 짓을 하고. 아휴— 내가
……. | 김예분 |

양선숙은 6월 25일 출산했다. 일주일 뒤 음성에서 청주까지 아이 셋
을 데리고 100리 길을 걸어서 갔다. 김예분도 여름에 출산을 하고 1·4후
퇴 때 양평에서 김천까지 걸어서 피난을 갔다. 이 피난길은 김예분에게
결코 잊히지 않는 길이었다. 출산한 지 3~4개월 정도로 먹지도 못하고
다리도 아픈 몸인데도 시어른들은 그런 김예분의 몸을 고려하지 않았다.
피난길 내내 "다른 곳으로 가지 않고 왜 쫓아다니느냐", "저 두 식구 때
문에 고생한다"는 소리를 들어야 했다. 그 서운한 마음을 "자기네들은 성
하니까 휠—로 가고, 나는 애 낳은 지 얼마 되지도 않고 그걸 업고선 그

냥 거길" 갔으며 "너무 야속"해서 "두 번 다시는 생각하고 싶지 않은 기억"이라고 표현했다.

임신과 출산한 몸이 기억하는 전쟁 경험은 늘 재현되는 피난 이야기와 다르게 피난 주체로서 여성 몸의 체험 그 자체이다. 재현된 피난 이야기에는 여성은 언제나 이상적인 어머니나 아내였지만 임신과 출산한 여성의 몸은 몸 그 자체였다. '죽고 싶을 만큼' 또는 모두 피난 가고 혼자라도 남겠다는 만삭의 상태나 임신 시작부터 만삭이 될 때까지 전쟁터를 돌아다녔던 여성의 몸과 의식은 감각이 없어질 정도였다. 출산한 지 일주일 또는 3~4개월 된 상태로 4~5일 또는 15일을 걸어서 간 피난길은 출산한 몸이 감당할 수 없었다. 그들이 왜 남편 꿈보다 피난 가는 꿈을 꾸는지 알 수 있는 지점이다.

:: 전쟁터에서 버려지기 또는 혼자 남기

나하고 애기하고 떼놓고 모조리 피난 나가버린 거야:
B-29 폭격기가 초가집 지붕이 "들썩들썩거릴 정도로 지나가서" 놀라서 뛰쳐나오기를 반복한 박원기는 그때 얻은 심장병을 아직도 갖고 있다. 이때 얻은 심장병은 단지 폭격 때문은 아닌 듯하다. 전쟁 때 시댁 식구들로부터 버림받은 것이 오늘날도 여전히 충격이었다. 시댁 식구는 며느리와 애기를 남겨두고 먼저 피난을 떠났고, 혼자 남겨진 박원기는 남편이 돌아올 때까지 기다렸다. 콩밭에서 이틀을 보내고 굴을 파서 16일 동안 지냈다.

—— 옛날에 시골에 초가집이잖아. 초가집 그 지풀〔지푸라기〕을 가지고 해놔 논 거 그게 들썩들썩거릴 정도로. 그래 지내가고, 그래 놀래가지 고 뛰쳐나오면서 애기 안고 나온다 카는 게 베개 안고 나오고. 차라리 방 안에 있는 게 나슬 긴데 천지도 모르고. 그래가지고 보니까, 옛날 뭐 잠옷이 있나 고쟁이 입고 나와가지고 그래 시아버지하고 시어머니 한테 혼나고 도로 들어가가지고 애기 안고 나오고. 포대기도 못— 포 대기도 못 찾고. 그렇게— 그만큼 놀랬으니까 지금도 심장병이 있어. 그래 우리 신랑은 근처에 가서 꼭꼭 숨고 시어머니, 시아버지, 시누이 둘, 시동생 하나, 자기네들 식구끼리, 나하고 애기하고 떼놓고 모조리 피난을 나가버린 거야. ……

미숫가루를 이만큼씩 해가지고 자루에다 담아가지고, 자기네들은 식 구가 많으니까 많이 담고, 그래— 나를 이만침 덜어주고 가더라고. 그거를 안고 애기 업고 신랑 오길 기다리니까 신랑이 날 따시러(데리 러) 왔드라고. (울먹임) 그래 눈물이 나지 그지? 눈물이 나지. ……

콩밭에서 애기를 데리고, 아무것도 없지. 정신이 없어 그릇도 못 챙겨 가가지고, 고무신을 두 짝을 가지고 물을 떠다가 물을 멕이고. 그래 가 물을 떠다 멕이고, 이틀 밤을 콩밭에서 자는 거야. 그래가 이틀 밤 을 자고. 그런데 젊은 청년들이 모여가 어데 가서 굴을 파놓고 들어 앉았다. 굴을 파놓고 …… 그래가 우리는 굴 안에 16일을 들앉아가 있었어.

그래도 명이 기니까, 굴 안에 들어앉아서 16일을 있으니까 미군하고 한국군이 총을 들고 왔어. 그 굴 안에 들앉았는데 더우니까 여름에 굴 을 파놓고 양쪽에다가 총을 대고 나오라 카드라고 손들고 ……. 애기

젖 멕인다고 젖 멕이고 있는데 식구대로 다 나오라고 카는 거야. 동네 사람들 다 나오라고. …… 줄을 서라 카는데도 가슴이 벌렁벌렁벌렁벌렁하는 거야. | 박원기 |

── 그냥 돌아댕기면서 그렇게 살았어요. 집도 절도 없고 피난 나가가지고, 서울서 시골로 피난 갔으니까, 논산인데. 피난 가가지고 그냥 돌아댕기면서 친척집에 가서 일해주고 얻어먹고, 애들 키워야 되는디 어떡해요. 하나는 100일 됐지, 하나는 네 살 된 거 걸렸지(걷게 했지). 그러니 아무 일도 못 하구 그냥 돌아댕기면서 얻어먹었지. 그냥 그렇게 살았어요. …… 그랬죠. 밥을 얻어먹고 돌아댕겼으니까. 어떻게 된 건지도 몰라. 어린애하고 고생은 말도 못하지 뭐. 포대기 하나도 안 가지고 나와가지고 죽을 고생 했어요. 기저귀 보따리만 들고 나와가지고. 기저귀로 허리 매고, 모가지다 매고, 하나 걸리고. …… 길도 몰라가지고 올라갔다가 내려갔다가 그랬어요. 나이 스무 살이 뭐를 알아야지. | 윤철희 |

윤철희는 피난 전에는 '신랑이 머리핀까지 사다줄 정도'로 아무것도 몰랐다. 길을 몰라 올라갔다 내려갔다를 여러 번 하고서야 아이 둘을 데리고 친정집인 논산까지 피난 갔다. 김순영도 시댁을 찾아갔지만 "식구가 많다고 우리 시할아버지가 나가라구, 딴 데루 가라구 야단을 쳐가지고" 친정으로 발길을 돌려야 했다.

가다가 내가 식구를 잊어버린 거예요:

—— 그때는 인제 우리 애들 아버지는 저거 뭐야, 국민병으로 가고. 우리 시어머니가 아들이 오 형젠데 둘째도 군인 나가고, 셋째도 군인 나가고, 넷째는 우리 시작은아버님을 쫓아서 내보내고, 그때 나이가 어리니까는. 인제 우리 시어머니가 막내를 업고, 적다고(작으니까). 큰딸은 내가 업고. 그래서 가다가 내가 식구를 잃어버린 거예요. 생전 우물 안 고기마냥 여기 잠실서 살다가 강 건너로 시집갔으니까 어디가 어딘지도 모르죠 뭐. 그러다가 인자 우리 시어머니하고, 아들들은 다 군인 나가고 조끄만 것들만 데리고 시어머니하고 나하고 큰딸하고. 그러니까 몇 식구야. 세 식구. 여섯 식구가 나갔나. 시어머니 식구 세 식구, 내 식구가 세 식구. 나가다가 그냥 사람이 어떻게 많은지 그때만 해도 신작로가 좁잖아요. 그러니까 차가 하나 오면 논으로 밭으로 내려서야 돼요. 내렸으니까 그냥 식구를 잊어버린 거예요. 그래가지고 내가 그냥 애를 하나 업고, 큰딸을 업고 식구를 잊어버렸으니, 돈 한 푼도 없고, 그때만 해도 주민등록증도 아니고 시민증이잖아요. 그것도 없이 그냥 혼자 떨어져서 인제. 그래도 어떡해요. 밥을 먹고 살아야 되니까 얻어먹어가면서. 저기 어디야, 진천, 진천이라는 데 거기까지 가니까 더는 못 나간다고덜 그러더라고요. 그리고 서울엔 저거 하니까, 인민군들 밀려갔으니까 들어가도 된다고 그래요. 그래서 거기서부터 돌아서서 온 거예요.

사람이 죽으란 법은 없더라고. 그래서 인제 어딜 가니까는 생전 내가 우물 안 고기마냥 살았기 때문에 누구한테 뭐, 누구한테 오늘 있게 말 한마디허는 저것도 모르고 그냥, 응 진짜 바보처럼 나도 살았는데.

아! 이제 애를, 애를 하나 업고 그러고서는 거기 진천에서 뭐 먹을 게 있어야지. 쌀이 있나 뭐가 있나, 그래가지고 사는데, 저 이 빈집[에] 사람이 많이 있더라고요. 많이 있는데 뭐가 있어야죠. 그런데 어디를 보니까 이 보리깨(보릿겨), 새우젓 독에다가 짐승을 줄라고 그랬는지 새우젓 독에다 이만큼 해놨더라고. 근데 아주 겉깨(겉겨)가 아니고 속깨(속겨)더라고. 어떤 엄마가 그이도 식구를 잊어버렸다고, 그 여자는 아들을 업고 나는 딸을 업고. 그래서 "애기 엄마도 그럼 아무것도 없수?" 그랬더니 자기도 빈손으로 떨어졌대. 그럼 어떡허우 우리가. 애들은 밥 달라고 그러고. "그럼 우리 겨라도 해서 개떡으로 해서 먹어볼까?" 그렇게 허구서 인제 그거를 저거 해가지고선 쪘어요. 쪘더니 애들이 그걸 먹어요. 그러다가 인제, 그인 나보다 한 살 더 먹었더라고. 그래서 "우리 이거라도 먹읍시다. 어떡허우. 애들은 나가서 밥을 얻어다주더래도 우리 이거 먹읍시다." …… 나가서 인제, 밥 얻으러 댕기기 그것도 참 어렵잖우. 생전 그런 거 안 해보다가 그러니까는. …… 그래서 그걸 얻어가지고 와가지고서 애들 먹이고 …… 거기가 인제, 거기 길 사거리니께 길을 건너야 서울을 오는데, 인제 돌아서서 올 때, 오는데, [경찰이 서울로 들어가는 길을 막자] 저기 뭐야 그(어떤) 아줌마도 거길 못 건너가서 3일 거기에 있었어요. 3일 있었는데. 또 그이도 아마 서울에서 [쌀] 장사하던 인가봐요. 쌀을 내주면서, 거기 절구도 있고 그렇더라고. 애기 엄마들 떡 할 줄 알어. 여기 절구다 빻아 가지고 여기 사거리니께는 피난민들이 거기서 뙤거든 이제, 건너가지 못하게 하니까, 떡을 하래요. 그러고 "이 남는 걸랑 애기 엄마들 먹어. 나 쌀값만 주면 돼" 그래. 그래서 인제 '아이 그것도 못 하랴' 하고서

그거를 했어요. 이렇게 콩을 넣고 송편마냥 해서 거기서 파니까〔피난
민들이〕더 사먹더라고요. 그러니까 돈은 팔아서 그이를 주지. 그랬더
니 쌀값이나마 얼마가 남았거든. 그랬더니 "이건 애기 엄마들 먹어. 애
들 주고" 먹으라고. | 곽희숙 |

시댁 식구와 피난 가다가 수원 근처에서 가족을 놓쳐 혼자서 떨어졌
다. 그이는 큰애만 업고 갔기 때문에 식량도 시민증도 없었다. 진천까지
혼자서 내려갔다가 다시 서울 인근까지 올라왔다. 다행히 비슷한 처지에
있었던 애기 엄마를 만나 생활했다. '우물 안 고기마냥 살았는데', '진짜

바보처럼 살았는데' 아이들 밥을 얻어먹여가며 다른 이의 부탁으로 떡을 만들어 생활했다. 그녀는 그곳에서 사흘 견디다가 서울로 들어와 친정집으로 갔다.

기찻길 따라간 피난길:

박원빈은 남편이 장교인 까닭에 전쟁 초기부터 피난을 갔다. 충청북도 단양, 죽령재, 경상북도 풍기, 안동, 탑리를 거쳐 일찍 부산으로 내려갔다. 그리고 9 · 28수복으로 귀향했다가 겨울에 재차 피난길에 올랐다.

——— 우리 집에 있는 이가 부산에 5육군병원에 입원해 있어. 낙동강 전투에서 다쳐가지고. 그러니까 입원해가지고 [시어머니가] 거기가 있고,…… [나도] 안동엘 간 거예요. 안동 가서 웅진이란 동네 가서 있는데, 거기서 일주일을 있으니까, 거기서 우리 시동생 만났지, 고종사촌 시동생 있지, 나 있지. 셋이 그때만 해도 밥만 먹고 살 때야. 그런데 일주일을 거기 가서 다 사먹으니깐 돈이 떨어진 거예요. 돈이 떨어지면 나는 인제— 어떡해? 그러니까 돈이 남았을 때 이동을 한다고 인제 부산을 향해 간 거예요.

부산 갈 때 인제 걸어갔어. 처음에는 차 타고 가다가 인제— 거기 경산까지 가는 동행이 있었어요. 그때만 해도 한 40대 된 사람들이여. 그러니까 그 사람들하고 갈 때에는 깜둥이 차도 타고 갔어. 같이 타면 태워줘. 타고 가는데 인제 우리끼리 갈 적에는 내가 젊으니까 깜둥이 차 못 타잖아요. 못 타니까 인제 그래가지고서는 경주 갔어. 경주까지 갔는데 경주에서 인제 경산을 갈라서야 되거든요. 그 사람들하고. 그

기찻길 따라 피난 가는 모습.
박원빈도 이렇게 부산까지
갔을 것이다.

러니까 인제 경주서부텀은 나는 길을 모르니까, 기찻길에 왜 요짝 가
에 왜 요만큼 있죠. 고리 갔다고. 그리 가다가 굴이 나오면 이렇게 돌
아서 가구. 그래가지구 울산까정 갔어. …… 기찻길 따라서 하루 40
리밖에 못 가. 40리를— 눈은 또 얼마나 많이 왔는지 알아요. 눈은 또
한창 많이 왔어. | 박원빈 |

박원빈은 경상북도 풍기, 안동, 경산, 경주까지 지나가는 차를 얻어
타고 내려갔다. 그리고 경주, 울산, 부산까지 기찻길을 따라 열다섯 살
된 시동생들을 데리고 남편이 있는 부산 5육군병원까지 갔다. 남편을 찾
아 떠난 길은 피난길이자 온전히 혼자 힘으로 어린 시동생들을 데리고

떠나는 새로운 경험이었다. 이 과정에서 박원빈은 젊은 여성이 혼자 있을 때 어떻게 자신을 보호해야 하는지를 고민했다. "그러니까 저물었는데 여관을 들어가야 되잖아. 그러니까 그때만 해도— 한 40~50대 남자가 나까오리 쓰고 그게 안동 신사야. 그런 남자가 나보고 여관에 안 갈라느냐. 아 여관에 가야죠. 저물었는데. 그래 여관에 가가지고, 그때 그래도 그런 머린 잘 돌아가. 내가 그 여관집 아주머니보고 돈은 똑같이 줄 테니까, 아주머니 자는 방에 자자고 그래가지고 자고 나왔지. …… 그 중 절모 쓴 사람이, 그래서 아침에 와서 나를 이렇게 쳐다보더라고. 저놈의 여자 여관에 들어갔는데 어디 가 자고 나오나 하고. 허허허허허." 그이는 피난길에서 다른 사람들과 함께 차를 얻어 타기도 하고 남성들의 시선으로부터 자신을 보호하는 법을 터득하기도 했다. 남편을 찾아 떠난 피난 길은 박원빈에게 세상을 살아가는 법을 알려준 길이기도 했다. 전쟁 뒤 시숙이 그 많던 재산을 차지했을 때도 개의치 않고 서울로 올라와 공무원 시험을 본 것은 이런 영향 때문이었을 것이다.

이렇듯 20대 초반 젊은 여성은 전쟁으로 이전까지 한 가족이라 믿었던 가족 구성원으로부터 버림받는 경험을 하기도 했다. 이를 계기로 가족과 평생을 만나지 않았던 구술자도 있었지만, 전쟁 뒤 한 가족을 이루고 시가의 재산을 불린 구술자도 있다. 임신과 출산으로 인한 피난이 몸이 기억하는 것이라면, 가족으로부터 버림받은 경험은 전쟁 뒤 심리적 불안을 초래했다. 이를 계기로 심장병을 얻기도 했다. 한편 피난 가다 가족을 잃고 전쟁터를 돌아다녔거나 남편을 찾으러 혼자 부산까지 갔던 경험은 훗날 혼자 세상을 살아가는 길로 나아가게 했다.

: : 소개령으로 생활 터전을 잃고

대개 피난은 인민군의 6 · 25남침에 따른 '1차 피난'과 1951년 중국군의 '신정공세'에 따른 1 · 4후퇴로 알려진 '2차 피난'으로 구분하는데, 피난과 귀향은 두 차례에 그친 것이 아니라 수차례 걸쳐 일어났다.[13] 한국전쟁 동안 정부는 수시로 소개령을 내렸고 사람들은 피난을 떠나야만 했다. 이들은 생활 근거지를 상실하고 오랫동안 피난민 수용소에서 생활해야 했다.

──── 나 스물여섯에 6 · 25가 났거든. 순경이 날마다 오는 거야, 어서 〔피난〕 나가라고. 그래서 보다시피 칠십 넘은 시어머니가 있고, 애가 둘이야. 돌 지난 거하고, 인제 다섯 살 먹은 거하고. 그래서 "어떻게 나가냐?"고, 〔1 · 4후퇴 때〕 "눈은 오고 해서 그래서 어떻게 나가냐"고 하니까, "그래도 아줌마 나가야 된다"고 "나가야 된다"고 순경이 재촉을 하더라고. "그러면 나가겠다"고. 가다 얼어 죽더라도 나간다고 보따리를 싸가지고 나가는데. 홍제동서 살았거든요. 홍제동 다리 탁 끊고 한강 다리 끊었어. 그러고 나니깐 아주 조용해 그냥, 여기 순경이 찾아오지도 않고. 그래서 그 불구덩이서, 난 그 불탄 데서 줏어다가 낭구(나무)를 때가면서 억지로 살다가 재피난을 시켰어요, 3월 달에. 그래서, 재피난을 시켜서 나가본다고 인제 시어머니하고 네 식구서, 그 돌 지난 걸 데리고, 그 다섯 살 된 걸 걸려서 행주나루로 가라고 그러더라고. 그래 행주나루로 가니까 원체 안 된다고 그러면서, 이 한강 위서 빙고나루라고 있습디다. 그래 건너니깐 인제 보니까 노량진 못 와

서 오니깐 캄캄해. 그래서 어떤 집으로 들어가서 인제 하룻밤을 자고, 봄이니까는 풀을 뜯어먹어가면서라도 가는 거여. 그래 수원을 가는데 일주일이 걸렸어요. 그래서 수원에 가서 "어떻게 피난민 모이는 데 가서 있으면 나 좀 저거 해달라"고 그랬더니 "하도 많아서 안 된다"고 그러지 뭐야. "그럼 어디로 가야 되냐?"고 그러니깐 "남양이나 발안 쪽으로 가라"고 그래. 그래 남양을 갔지 뭐야. | 임정기 |

임정기는 1 · 4후퇴 때 순경이 찾아와서 피난 가라고 했고, 3월까지 견디다 70세 넘은 시어머니와 어린 두 자식을 데리고 할 수 없이 생활 터전을 떠나야 했다. 그녀는 수원에서 거처를 마련하지 못해 남양에 있는 피난민 수용소로 갔다.

―― 남양. 그래서 거기 가서 집을 얻으니까 이 거시한(성한) 집도 하나도 없어, 피난민이 하도 와글와글해서. 그래 어떻게 해. "애들하고 노인네하고 어떻게 해요?" 그랬더니 그 주인아저씨가 지금도 죽어도 안 잊어버려. 돼지우리를 멀쩡히 치워놓고 모래를 갖다가 바닥에 쫙 펴고 짚을 펴고 가마니를 펴주고, 대장장이 문짝을 가마니를 뜯어서, 돼지우리에서 잤는데도 찬바람이 나잖우. "그래서 어떻게 하면 좋냐?"고. 내가 면에 가서 이러이러해서 "노인네가 왔는데, 쟤 아버지는 먼점 나가고 우리 재피난하러 나왔는데 이걸 어떻게 하면 좋으냐? 먹을게 있어야 살지 않느냐? 노인네하고?" 그랬더니, "〔당신 같은 처지가〕 뭐 하나 둘이냐" 못한다는 거여. 세 번을 가도 못하고 그냥 왔어요. 와가지구 날은 추워가고 그래서 시어머니를 모시고 갔어. 노인네를

모시고 가서 "아들이 나가고, 이리저리해서 나갔는데, 작년 겨울에 동짓달에 나갔는데 죽었는지 살았는지 모르는데 어떻게 하겠느냐?" 구, "늙은이가 뱃속 저거 해서 밥은 먹어야 하지 않느냐?" 구. "쌀이라 두 달라" 구 그러니까 "할머니, 하두 그런 사람이 많아서 어떻게 할 수 가 없어요" 이러더라구. "그럼 어떻게 하느냐?" 구 "가져온 돈도 없이 그냥 남의 집 셋방살이 하다가 나왔는데 어떻게 하겠느냐?" 구 그랬더 니 그 면소 뒤에 큰 창고를 뜯어요. 벼 쌓아놓는 거, 가을이면 추수해 서 쌓아놓는 거. 거기들 뜯고설랑 그냥, 뭐냐 하면 가마니 두 쪽을 세 면(시멘트) 바닥에 펴고 이리 오라는데 뭐 〔피난민이 서로 가겠다고〕 아우 성이지 뭐. 그래서 겨울, 거기서 겨울을 나든 말든 거기서 살려고 그 랬더니 거기서 또 정부에서 군인 철망 모양, 그 철망을 세워가지고 그 건너 산에다 해가지고 거기서 살았어요. 그리고 그 이듬해 봄에 〔남편 이〕 어떻게 어떻게 찾아서 글루 왔더라구. | 임정기 |

임정기는 남양 피난민 수용소로 갔지만 영구 피난민 수용소에도 임시 피난민 수용소에도 들어가지 못했고 남의 집 돼지우리에서 가마니를 문 으로 삼아 한동안 거주했다. 피난민 수용소는 다음과 같이 운영되었다.

—— 피난민 이동 경로
1. **기재:** 도시나 농촌의 기간도로 연락지나 지방으로 들어가는 항구, 철도의 종착지.
2. **처리소:** 경찰의 심사를 받고 신분증을 발급받는다. 신분증을 발급 받으면 예방주사나 DDT의 살포를 받고 할당된 집으로 이동한다.

3. **지방 숙소:** 처리소 근처나 친지의 집.

4. **(영구) 피난민 수용소:** 지방 숙소를 이용할 수 없는 지역은 피난민 수용소에 머문다.

5. **(임시) 피난민 수용소:** 할당된 집을 기다리는 동안 짧은 시간 머문다.[14]

연고자가 없는 사람들은 피난민 수용소를 찾아갔지만 피난민 수용소는 수용될 수 없을 만큼 피난민들로 가득 찼다. 경기 남부에 피난민들이 몰린 까닭은 소개령 때문이었다. 더구나 서울에는 수시로 소개령이 내려졌다. 1951년 서울은 텅 비어 있었다. 한국전쟁 시기 서울의 인구 변화는 │표-1│과 같다.

│표-1│ 한국전쟁 시기 서울의 인구 변화[15] (단위: 명)

지역	1950년 10월 7일	1951년 4월 15일	1951년 6월 10일	1953년 1월 27일
중구	170,139	23,558	11,545	57,910
종로	212,523	30,847	16,912	90,151
동대문	134,999	24,632	37,034	79,131
성동	170,278	91,519	40,779	96,959
서대문	194,997	39,146	29,186	78,441
마포	157,342	59,144	23,266	72,331
용산	147,926	22,537	11,728	47,432
영등포	144,680	113,661	120,482	167,373
성북	134,685	40,435	24,417	57,248
총계	1,467,569[16]	445,479	315,349	746,976

소개령으로 남으로 향하는 피난민 모습

　전쟁 초기 서울 시민은 140만 명 또는 120만 명 정도였는데, 서울 철수령으로 1951년도에는 45만 명 정도로 유지되었다.[17] 심지어 1951년 6월 10일 경찰국 산하 경찰서의 조사에 따르면, 31만 명 정도였다. 이때 서울시 인구가 가장 적었던 까닭은 5월 말 서울 재철수에 따른 것이다. 5월 30일 기자회견에서 서울 시장 이기붕은 "27일까지 시민, 시 직원을 전부 철수시키고 나왔다. 경찰은 내가 나올 때까지도 시내에 머무르고 있었으며 시민 철수는 45만 중 잔류 시민이 25만 명가량 있었다. 그리고 이번 철수는 시간적으로 여유가 있었던 관계로 나올 수 있는 시민은 전부가 나왔다"고 말했다.[18] 일방적인 철수령에 의해 생활 터전에서 나온 서울 시민들은 영등포나 인천, 수원 등지에 모여 복귀령을 기다렸다. "6월 10일 현재로 영등포구에 집결되고 있는 피난민만 하여도 무려 20만이나 된다고 한다. 뿐만 아니라 인천, 수원 지구 등지에 모여 역시 복귀령을 기다리고 있는 서울 피난민 수효는 거의 50~60만으로 추산하고 있다."[19]

영등포 피난민 수용소에서 한 어머니가 자녀들에게 개똥참외를 주고 있다.

이렇게 서울로 들어오려는 서울 시민은 마포부터 광나루까지 한강 주변에서 도강을 대기하고 있었는데, 이곳에 집결한 피난민들은 "대개가 부녀자라고 하며 그뿐 아니라 이들의 대부분은 식량 부족으로 극도로 영양이 불량했다"고 한다.[20]

전쟁 전 성북동에서 살았던 김순영은 '허가받지 않은' 서울 복귀 과정과 서울에서 보낸 생활을 다음과 같이 말했다.

—— 또 전쟁이 쳐들어온다고 나가라고 그러는데 나갈 수가 없으니까 우리 친정에, 소사에 거기 가서. …… 거기서 살다가 살 수가 없어서 서울을 또 들어온다고 …… 마포 한강을 들어오는데 그냥 강물을 걸어 들어와요 사람들이. 걸어 들어오는데 (목을 가리키며) 여까지 물이 차더라구. 그렇게 걸어서 또, 지금 거기가 어딘가 생각을 해보면 거기가 마포더라구. …… 성북동서 을지로 같은 데 걸어서 다 댕기구. 종

귀향을 기다리는 피난민들

로 같은 데 걸어서 다니구, 그 산으로 만날 걸어 댕기구 그랬어. 산에
걸어 댕기면은 산에서 송장 썩은 내가 생선 썩은 내같이 나요. 그렇게
많았어요, 송장이. 송장이 그렇게 많고, 지금 거기가 어디지, 안국동,
안국동이라고 거기 그 큰 절이 있잖아요. 그 절 앞에 걸어오면 송장이
길가에 널비하게 드러누웠어. 가마떼기 덮어놓은 게, 그렇게 많아요.
송장을 많이 봤어요. 산에도 맨 골짝 골짝마다 송장이 있구. | 김순영 |

다른 곳에서 생활을 유지할 수 없었던 서울 시민들은 한강 남쪽에 머
물면서 강을 건너 생계터로 돌아왔지만 서울은 유령도시였다. 그런데도
서울 시민은 끊임없이 북상하고자 했다. 이에 치안국장은 "서울 시민일
때에는 각자의 피난 거주지에서 일체 이동할 것을 금지한다. 서울시 및

수원 · 천안 · 조치원 · 청주 · 충주 등 연선 도시에서는 금후 복귀자를 철저 단속함과 동시 금후 서울 복귀를 목표하여 동 지역에서 체재하는 자 등에 대하여서는 식량 배급을 하지 않을 방법을 취한다"라는 담화를 발표했다.[21] 이러한 조치는 유엔 민간원조사령부의 요구에 의한 것으로, 이 상태는 1952년 초까지 지속되었다. 유엔 민간원조사령부 서울 · 경기도 지부 사령관은 1952년 7월 26일부터 "시 직원 이외의 일부 시민의 복귀도 허용한다"는 통첩을 서울 시장에게 전달했고, "환도 후에 정부가 사용할 건물 26개소를 지정"했다.[22]

서울과 비슷하게 경기도 일부 지역도 민간인의 출입이 자유롭지 못했다. 전쟁 전 북한 지역이었던 지역은 오랫동안 한국 정부의 행정력이 미치지 못했고 한강 이북 지역도 서울과 마찬가지로 접근 금지 구역이었다. 그런 까닭에 경기도의 남쪽에는 서울 피난민과 북한에서 온 피난민(월남민) 그리고 경기도 내 피난민이 몰려 유동 인구가 가장 많았다.

| 표-2 | 에 따르면 전쟁 시기 경기도 피난민 수는 1951년 5월에 160만 명가량이었다가 1952년 4월에는 70만 명, 그해 9월에 85만 명 그리고 1953년 9월에 90만 명가량이었다. 경기도 피난민 수는 전쟁 동안 70만 명에서 160만 명으로 유동했고 이는 휴전회담 뒤에도 큰 변화가 없다. 이는 부산을 제외하고 충청남북도나 전라남북도, 경상남북도와 다른 점이다. 다른 지역은 1952년 4월 무렵 피난민의 수가 뚜렷하게 감소하고 있어 귀향한 것으로 짐작된다. 1953년 9월 현재, 경기도 피난민 수용소는 55개로 총 14만 5051명이 수용되어 있으며 화성군 남양에는 2053명이 수용되어 있었다. 임정기가 소개령으로 남양 피난민 수용소로 갔을 때 자리가 없었던 것은 이런 까닭에서였다. 그리고 임정기는 4년 넘게 귀향하지 못

| 그림-1 | 전쟁 시기 피난민 동태

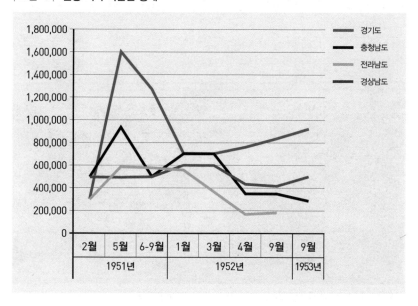

| 표-2 | 전쟁 시기 피난민 동태[23]

	1951년			1952년				1953년
	2월	5월	6-9월	1월	3월	4월	9월	9월
경기도	308,110	1,625,849	1,280,873	680,848	677,217	738,283	853,862	914,490
충청북도	763,830	147,755	177,736	158,255	154,102	176,005	153,044	
충청남도	515,702	935,270	479,524	697,278	681,711	322,963	333,555	294,214
전라북도	391,568	414,103	552,534	512,005	514,095	309,654	316,154	
전라남도	286,235	583,373	566,652	535,838	324,018	152,778	170,134	
경상북도	1,368,586	762,854	454,703	726,201	707,592	253,611	276,333	228,775
경상남도	530,708	514,270	461,558	602,506	596,513	466,475	433,388	502,272
강원도	192,785			418,844	427,891	124,201	140,723	133,112
제주도				54,873	53,552	27,752	25,167	19,502
거제도				71,426	75,637			

낙동강 공방전으로 소개령이 내려져 인근의 지역민들은 피난을 가야 했다.

하고 그곳에서 생활했다. 서울과 경기 북부의 피난민들은 바로 귀향하지
못하고 오랫동안 생활 터전을 잃고 살았다.

　피난민 소개령은 서울과 경기뿐 아니라 전국적으로 실시되었다.

—— 나는 그때 스물네 살 먹고, 우리 신랑은 스물아홉 살 먹고 다섯 살
　　위이니께, 난 아무것도 몰랐다 하니께네. 아 둘은 딸려도. 피난 간다
　　캐도. …… 나는 이사 가는 게 매로 되게 좋았어요. 피난 가는 것도
　　모르고. 그래가 갔다. 그래가 소개명령 내려 한 보따리씩 이고, 그래
　　가 낙동강에 가니까요, 낙동강 이짝에 콩나물 대가리맨치 사람이 소
　　복하고, 저짝에 소복하고, 낙동강 건너가니까 인제 저 성주 터전으로
　　못 건너가게 하고 그리 가라캐요. 면에서는 낙동강 건너야 산다고 어

떡해서든 낙동강 건너라 캤어요. 그렇게 소개명령 내렸거든요, 우리를. | 양희선 |

당시 미군은 낙동강 방어선으로 후퇴하면서 영동, 상주, 김천, 왜관에 소개령을 내렸다. 미군은 마을과 눈에 띄는 모든 것들을 초토화하라는 명령을 내렸다. 인구 5만 명의 김천시는 8월 2일 1기병사단 공병대가 불태웠는데, 밤이면 그 불길이 몇 킬로미터 떨어진 곳에서도 보일 정도였다.[24] 남은 것은 낙동강 방어선 안으로 향하는 피난민 대열이었다. 피난민들이 낙동강을 건너기 위해서는 칠곡군 왜관읍의 왜관교와 고령군 성산면 득성리에 위치한 득성교를 건너야 했다. 그런데 미8군사령부는 8월 3일까지 모든 부대가 낙동강을 건너 철수하도록 하고, 적의 도강을 막기 위해 다리들을 폭파할 것을 명령했다. 철수가 완료되자 게이(Hobart R. Gay) 사단장[25]은 부대의 후위를 쫓아 다리로 밀려드는 수천 명의 피난민들을 막고 폭파할 것을 명령했다. 그러나 피난민들도 필사적이었다. 결국 게이 사단장의 폭파 명령에 수백 명의 피난민들이 폭사당했다. 게이 사단장은 애플만(Roy E. Appleman)과 교환한 서신에서 "벌써 어둑어둑했다. 다른 수가 없었다. 다리 폭파 명령을 내렸다. 어려운 결정이었다. 폭파 때 다리와 함께 수백 명의 피난민이 하늘로 치솟았다"고 회고한 바 있는데, 득성교와 마찬가지로 폭파 시기가 너무 빨랐다.[26] 북한군의 주력부대가 아무리 가까워봤자 24킬로미터는 떨어져 있을 때였다.

—— 우리 동네는 전터가 돼가지고, 큰집도 폭삭 타고, 우리 집도 타고. 그 동네는 지름(기름)을 헌쳐(뿌려)가지고, 미국 사람들이 지름을 헌쳐

한강 철교를 폭파하는 장면. 오른쪽에 한강 인도교가 폭파로 무너진 모습이 보인다.

(뿌려)가지고 불을 질렀어요. 다 전쟁터였어요. 낙동강이 핏물 됐다 캤잖아요. 거기 빨갱이가 터를 잡아놓고 있었거든요. 낙동강 곁에, 왜관 위에, 구미 밑에 거기를—. 시방도 거기는 형편없지. 인젠 좀 낫겠지. | 양희선 |

—— 미국 사람들이 거다 폭격을 시켰잖아요. …… 인제 남자들은 뒤에 건너고 여자들만 머이(먼저) 철도로 건너가라 이러더라고. 그래가 인제 건너갔다. 건너가고 난께 고만 남자들은 몬 건너오고 그만 딱 미국 사람들이 비행기를 가지고 폭격을 시켜가지고 철도가 뭉청 내려앉아버렸어요. …… 그래가 있으니까 철교를 막 끊어버렸어. 그래노니

B-29 98대가 왜관교를 폭파하는 모습

막 뭐 하늘이 무너지는 것맨키로 울고 난리 났죠. 바글바글바글, 이짝 에도 바글바글, 콩나물시루 같다니께, 사람 머리가. …… 낙동강을 이래 보니까 막 소도 이래 둥둥 발을 이래가 둥둥 떠내려오고 사람도 떠내려가고. | 양희선 |

8월 14일 미8군 정보부에선 맥아더 총사령부에 2차 세계대전 때 노르 망디에서 행한 것과 같은 전폭 폭격을 건의했다. 16일 B-29 5개 편대 98 대는 상오 11시 58분부터 26분간에 걸쳐 450킬로그램에서 900킬로그램 에 이르는 각종 폭탄 900톤을 투하했다. 이 상황에 대해 임헌일은 "내가 낙동강 전선 상공에서 하늘을 온통 뒤덮는 듯한 B-29의 대편대를 본 순

간, 비행기에서는 별안간 시커먼 대형 폭탄이 비 오듯이 쏟아지기 시작하더군요"라고 증언했다.[27]

한강 다리 폭파 때 다리 위에 있던 서울 시민과 후퇴하는 군인·경찰이 피해를 보았던 것처럼, 왜관교와 득성교를 폭파할 때도 낙동강 일대에 소개령으로 인해 몰려든 피난민들이 피해를 보았다. 그들에게는 인민군만 보이고 피난민들은 보이지 않았던 것이다. 왜관교 폭파로 사라진 것은 인민군이 아니라 피난민이었다.

미군과 군은 사단 작전 지역 안의 모든 민간인들을 마을(혹은 피난지)에서 축출해 '전쟁터 한복판'으로 내몰았다. 왜관교 폭파를 두고 구술자들은 낙동강 물을 '핏물' 또는 '오이냉국'으로 표현했다. 후방은 평온한 일상이 아닌 또 다른 전쟁터로 사람들이 스스로 찾아낸 '살길'을 박탈했으며, 피난민은 오랫동안 생활 터전을 잃고 외지에서 살아야 했다.

2
피학살자미망인의
전쟁 경험

── 일선에서 싸움만 하다가 서울에 와보니 서울은 전쟁 기분이 나지
않는다. 물론 이러한 점은 군인 된 입장에서 볼 적에 일반 시민에 대
하여 대단히 만족하며 좋은 현상이다. 그런데 …… 후방 여러분들의
사치스런 옷이라든지 치장을 볼 적에 기대에 어그러지는 점이 많다.[28]

전방에서 군인이 잘 싸워 후방은 전쟁 전보다 사치스런 여성들로 넘
치는데, 여성들이 자숙했으면 하는 바람을 표시한 기사이다. 이 기사는
후방은 사치가 넘쳐나도록 평온했음을 상상하게 한다. 그러나 후방은 그
렇게 평온하지 않았다. 한국전쟁이 어떤 전쟁보다도 군인이 아닌 민간인
사상자를 많이 냈다는 것은 이미 알려진 사실이다. 왜 민간인 사상자가
많은가? 후방은 평온했던 것이 아니라 오히려 민간인 학살로 얼룩져 있
었다. 전쟁 때 있었던 민간인 학살은 대개 전쟁 이전의 학살, 보도연맹원

등 예비검속 학살, 형무소 재소자 학살, 부역 혐의자 학살, 제2전선 학살, 미군에 의한 학살, 인민군이나 좌익에 의한 학살 따위로 구분된다.[29]

내가 만난 구술자들은 여순사건이나 국민보도연맹 등 예비검속 학살로 발생한 민간인 학살 관련자들이다.

1 | 끌려간 남편 그리고 학살

:: 웃녘 양반들은 몰라

—— 나는 여수반란사건 겪을 때 저기 친정에 가 있었어. 여수반란사건 얘기로는 못해. 사람을 얼—마나 많이 죽였던지. 아침이면은요. 6시— 5시— 그때쯤 되면 촤—악— 그 경찰들이 와서 총을 걍! 이렇게 동네에다 탕! 탕! 탕! 그렇게 몇 방 놔요. 놓고는 막 나오라고 막 외야! 외믄 인자— 뭐— 한 사람만 애기라도 있으면은 다 죽인다고 나오라고 그래. 그래 나갔어. 그대로 나가면은 남자들이, 남자들은 다— 매를 맞아. 그때 다 병신 됐잖아요. 아부지가 이—리 아들 뺨 때려가, 아들이 아부지 뺨 때리고, 그렇게 시켰다고. 옛날에 여수반란사건이. 별나! 여수반란사건은. 그때 그래갖고 남자들은 싸—악 지서로 델꼬가 인자 여자들은 들어와 밥해가지고 그거 내려가는 거여. 그러면은 죽인 사람은 죽이고, 살리는 사람은 살리고 죄도 없이 그렇게 무—척 맞았어— 어. 그때 여수반란사건 그 그 아랫녘으로 그렇

게 겪은 거여. 그렇게 '보성' 까지만 겪으고 우리 '맹봉' 은 안 겪었어…….

피난도 안 가고, 친정에 가서 그것을 겪었어. 우― 우에서 폭탄이 막 떨어지고 그냥 막 총알이 막 땡! 땡! 땡! 놓으면 막 이렇게 어디로 산으로 막 올라가고 그러고 다녔다고. 거기는 그래도 그, 그렇게만 하면 거기 별 저기는 없었는데 …… 그때 비행기 뭣 모를 거여. 이렇게 낮게 날아서 그때는 아주 비행기에서 우에서 비행기가 황―왕 넘어오면, 세 살 먹은 애기도 여기서 촤―악 하다가, 또 파―악 하늘로 쫓겨 들어갔는데. 비행기 그냥 막 총을 놓고 난리가 나니까. 옛날에 그 난리를 모르지, 젊은 사람들은. 그렇게 난리가, 6 · 25 거, 거, 거 여수반란사건이 그렇게 컸다고. 말도 못하게 컸어. …… 그렇게 웃녘에 사는 사람 여수반란사건 모르지. 으잉― 우리, 우리는 알지만. 여수반란 사건 웃녘에 사는 양반들은 몰라. | 오인주 |

친정에서 겪은 여순사건이 얼마나 별났는지 이야기하고 있다. 이어진 이야기는 '별나다' 는 말 외에는 표현할 다른 언어가 없을 정도로 여순사건을 전쟁과 혼동하고 있다. 이 지역에서 살았던 사람들에게 전쟁은 곧 여순사건이었는지 모른다.

여순사건은 1948년 10월 19일 여수에 주둔하고 있던 국군 제14연대가 봉기하면서 시작되었다.[30] 김지회와 홍순석이 이끄는 제14연대 2000여 명은 순천 삽재와 백운산을 넘어 구례로 들어온 뒤, 구례군 간전면과 토지면 문수리를 거쳐 지리산으로 들어갔다. 봉기군의 목적은 지리산에 입산해 장기적인 무장투쟁을 전개하는 데 있었기 때문에 시내 점령은 오

진압군의 명령에 따라 심사를 받기 위해 모인 시민들로, 보따리를 가진 여성들이 많이 보인다.

래 지속되지 않았다.[31] 여순사건 발발 직후인 1948년 10월 말부터 제2여단 소속 제12연대와 제5여단 소속 제3연대가 각각 구례읍과 산동면에 주둔하며 지리산 일대를 중심으로 반군 토벌 작전을 벌였다.[32] 1948년 11월 1일 계엄령이 전남·전북으로 확대되었다. 11월 6일 당시 전남 지역을 관할하던 제8관구경찰청은 관내를 일제히 검문 검색했다. 또한 포고문을 통해 불법 무기 소지자와 반군 폭도 불온 분자 은닉자는 물론 식사, 의류, 금품을 제공한 자에 대하여 총살 혹은 기타 형에 처한다고 발표했다.

—— 그때에 막 군인들이 돌아대니면서 쐈어요. 군인들이 그냥 무슨 부대라고 쐈어. 토벌대들. 막 부대가 들어와가지고 인자 싹 몰아내갖구는 저기 밭에다 놓구는 막 말하라고 막 때렸는가봐, 난 외지니까 잘 몰르요. 그래갖구 많이 모대갖구 그러는디 인자 거기서 맞은 사람은

못 가고 안 맞은 사람은 싹 데리고 나갔대요. 인제 우리 집 양반이 오다가 저 건너오다가 따라간다고 하더라. 따라간다고 하니께는 같이 오던 사람이 "갈 거 없네. 그냥 가자"고 하니께 "내가 책임잔디 이렇게 나가는디 안 가볼 수 있느냐?"고 인자 같이 따라 나갔어요. 나갔대요. 난 인제 모르는디. 10월 달이여. | 한복순 |

─ 구술자의 남편: 그런디 우리 장인 어르신은 왜 죽었냐 하면 그때가 오후 늦게여. 일과가 끝나고 오는디 그 토금이란 부락, 그 부락에 가서 젊은 사람들은 무조건 그 학도병들이 나와가꼬 끄집어냈어. 전부 동네 앞으로 모였어.
구술자: 할아버지가 나락 논에라도 숨으란께 "저는 죄가 없는데 뭐 할라고 숨어요?" 책을 보고 있은께 "책 보지 말고 숨어라" 그런께, "제가 안 숨고 되레 앞장을 서가꼬 우리 부락 사람들을 싹 데꼬 나올라요. 죽이면 살려가꼬 데꼬 올라요" 그래가꼬 앞장을 서가꼬 간 사람이라. | 곽용자 |

한복순의 남편은 면장이었는데 자신이 책임자이므로 동네 사람들 가는 데 같이 따라 나갔다가 학살되었다. 곽용자의 아버지도 동네 젊은이들을 살려서 데려오겠다고 나섰다가 다음 날 학살당했다. 1948년 11월 18일 국군 제12연대 소속 군인들이 문척면 금정리 토금 마을 주민들을 마을 앞 밭에 집결시킨 뒤, 그중 40여 명을 구례경찰서로 끌고 갔다. 그날 저녁 구례경찰서가 제14연대 봉기군의 습격을 받았는데, 그때 끌려온 사람들과 봉기군이 내통이 있다고 판단해 연행해 간 토금 부락 사람들을 봉성산에서 학살했다.[33] 한복순의 남편과 곽용자의 아버지도 이때 학살되어 봉성산에 매장되었다.

—— 그날 저녁에 나가자마자 그냥 여기 문고리가 달달달달 하고 대포를 놓구 그냥 난리가 났어요. 싹 다 가뿐졌는디. 저기 다리 건넌 디, 그래가꼬 가둬뒀는가보지 경찰서에다가. 그때는 읍에 새도 못 기어들어갔어요. 쐈분께. 무서워서 새도 못 기어 들어가고 사람도 못 가고 그럴 때라. 저만치만 가도 쐈뿐께. 그런게 아무것도 모르고 인자 오드락 소식만 기다리고 있는 거라요. 그날 저녁에 사건이 나버렸는 거라, 간 날 저녁에. 사건이 나뿌렀는디 소식만 기다리고 있는디 소식은 무소식이고 얼마나 있은께 인자 거기 간 사람 다 죽었다고 기별이 왔어요. 그래 인자 뭘 하러 들어가가꼬〔따라가서〕인자 그냥 우리 남편도 가버렸어요. | 한복순 |

—— 그때 저녁에 아마 저녁에 무슨 총성이 아마 좀 울렸어. 그런께 그때 하필이면 재수 없이 산에서 또 반란군들이 어디서 내려왔다는 소식을 들었나 경찰서는 하나 쬐끄만 거 있었는디 거기서 그냥 그 학도병들이 많이 모여가지고 있는 판인디 그날 저녁에 접전같이 막 총성이 났어. 그래가지고 밤에 못 내보내고 거기서 그냥 "요것들이 잡아다 논께 무슨 연락이 된 거 아니냐?" 해가꼬 무조건 봉성산이라고 있는 데로 데리고 가서. | 곽용자 |

사람은커녕 '새도 읍에 못 들어갈' 정도로 움직이는 것은 무조건 모두 총을 쏘았던 그때 상황을 묘사했다. 토금 마을 젊은이들은 끌려간 다음 날 재판 절차도 거치지 않고 학살당했다.

:: 예고도 없이 찾아온 죽음

나금영은 서울사범학교를 가기로 했지만 할머니가 돌아가시자 시기를 놓쳐 학교를 가지 못하고 일찍 결혼을 했다. 일본에서 대학을 나온 남편에 대해 그녀는 "신랑 허물 말하면 안 되는데. 자기 위해주는 거 그것만 좋아하는 사람이야. 내 역시 뭐 귀하게 컸는데 아주 호강스럽게 컸는데, 학교 교장 딸로서 그랬는데, 피차 일반인데도 자기를 더 위해달래. 일본서 공부하고 해노니 일본 사람들은 여자들 야시시해논 거 그기, 그냥 그기 있거든요. 그래놓으니 자꾸 날 그렇게 하라고"라며 자신의 이상과 맞지 않았음을 먼저 이야기했다.

── 사변이 나니까 완전히 이제 마 그렇게 창고로 막, 큰 창고를 강제로 비우라 하더라고요. 그러니까 누가 그랬는가 하면 군인도 아니고 그때 후방 지킨다 이래가지고 방위군. 방위군, 방위대라고 내가 그렇게 알고 있거든. …… 그 사람들도 철모 쓰고 총 메고 그래가지고 설치고 돌아다니고 그랬어요. 그래꼬 마 강제로 어른도 없고,…… 집이 마 비우라고 해가지고 다 안에 비워주고 그 마당, 바깥마당 거기다가 인저 줄을 이래 쳐가지고 사람도 얼씬거리지도 못하게 하고. 그래가지고는 마 모두 겁을 내지. 겁을 내가지고 얼씬거리지도 못하고. 양력 8월 촌데 한창 위험할 때, 위험할 때 낙동강 이래 있는데 저짝. 낙

동강 저짝에는 창녕 땅이고 이쪽에는 대산면, 창원 땅이고 이랬는데, 저짝까지 후퇴해 왔다고 이럴 때에 막 우리 집에 막 그 피난민도 오고 이랬거든요. 우리 아래채에 피난민이 꽉 차고 이랬는데 그럴 때에 좀 위태하다 싶으니까 시아버님이 집안에 청년들을 좀 "집에 자지 말고 나가 자라" 이랬는가봐. 그런데 내가 못 들었었어 그 소리를. 그랬는데 우리 시동생들은 나가 자고 피신을 하고 이랬는데 우리 집은 그냥 집에 잤거든요. 잤는데 그래 새벽에, 완전히 새벽도 아니지만은, 한숨 자고 [나서니까] 아마 12시는 넘었을 거예요. 1~2시나 됐는가. 그래 이름을 부르더라고 밖에서. '아무개' 이래 불러서 그래 옷을, 자던 옷을 주섬주섬 줏어 입고 나갔는데 나가서 그 사람들을 이래 보고는, 모르는 사람이 아니고, 나는 인자 뒤에 방에[서] 내다봤는가, "자네가 웬일이고? 자네가 웬일이고?" 이 소리만 내가 들었거든. "그래 잠깐 가입시다. 잠깐 가입시다. 마 물어볼 말이 있어서." 이 말 내가 들었어요. 들었는데 그 길로 나갔거든. 그 길로 나가가지고, 내가 나갈라니까 총을 들고 못 나가게 하더라고. 따라 나가볼라 하니까. 그래가지고는 마 소식 없잖아요. 그래 소식 없는데 그 뒤에 들으니까 막 잡아다가 다 어디다. 그래 나가, 신발 신고 나간 사람이 돌아오도록 기다린다는 그런 말 있잖아요. 그래갖고 얼마나 됐는지는 모르겠어. 시일이 얼마나 지났는지 그랬는데, 소식도 없고. | 나금영 |

나금영의 남편이나 모강숙의 아버지는 국민보도연맹원 등 예비검속 학살로 인접 지역인 경남 김해군 진영읍 생림면 나밭고개로 끌려가 학살당했다. 나금영이나 모강숙의 어머니가 남편의 죽음을 알게 된 계기는

1960년 4·19혁명 뒤였다. 동래, 울산, 금창, 마산, 창원, 밀양 등지에서 유족회가 결성되었고, 1960년 8월에 경남 지역 유족회의 연합회인 '경남 유족회'가 출범했다.[34] 유족회는 합동 위령제를 지내는 한편 국회에 탄원서를 내고 회지를 발간하는 등 명예 회복과 학살 책임의 규명을 위한 활동을 본격화했다.

——— 진영 지구 양민 피살자 신고소에서는 29일 현재 창원군 대산면 갈전리 유목 부락 김천수(32, 교원) 씨 외 136명의 유가족들이 신고해왔다. 6·25 때 피살된 자의 합동 위령제를 지내기 위해 진영읍 진영리 동아이발관 옆에 사무실을 둔 신고 접수소에는 지난 25일부터 유가족들의 신고를 접수하고 있다. 합동위령제준비위 측에 의하면 유골을 찾기 위해 피살 장소를 탐색 중, 28일까지 생림면 나박고개서 4개, 삽다리 근방 1, 송정 뒷산 1, 안곡리 1, 도합 7개 처를 발견했다 한다.[35]

유족회의 활동은 5·16 뒤 다시 탄압을 받았다. 군사정권은 각 지역의 유족 핵심 세력을 모두 구속하여 유치장에 감금한 뒤 그들을 재판했고 사형까지 선고했다.

:: 젖먹이를 받으매 주매

박광자는 아홉 살 때부터 남의집살이를 시작했고, 남의집살이하면서 남편을 만났다. 그 집에서 열일곱 살 때 "마당에다 찬물 떠놓구 그냥 예만 갖춘" 채 결혼을 했다. 남편과 얼마 살지 못했어도 사이는 좋았다고 한다. "이 집이 있는 이가 얼마나 착하구, 나는 덜렁덜렁하구 우리 집 있는 이는 각시 같으다구. 얌전하구 각시 같으구, 누구한테 듣기 싫은 소리 하나 안 하구, 나는 승질(성질)이 나면 그냥 막 내쏘고 그런 승질인디, 마실꾼들이 오면 이 집은 거꾸로 됐다고, 각시는 저— 거시기 신랑 같으구 신랑은 각시 같으구 하다구 동네 사람들이 다 그러구 했어유. 엄청이 얌전했어유." 그녀는 '각시' 같던 남편이 끌려가기 전에 매일 보국대에 갔다 와 쉬는 날이 없었음을 안타까워했다.

──── 그냥 하룻 저녁에 내가 목욕을 할라구 이렇게 나갔는디, 그때만 해두 이 광목적삼 이런 거 입구, 우리가 대전 중구 10번지서 살았거든유, 역전 앞에. 그런디 거기가 유곽터여 옛날에는. …… 저기 군에서 갑바를 내줘, 각기목하구. …… 포장집을 짓구 있었어유. 그렇게 했는디 인제 이쪽으로는 사는 사람들이 많잖아유. 스물 몇 가구가 살았어, 안채에는. …… 하룻저녁에 등목을, 목욕을 할라구,…… 인자 애들 즈 아버지하구 거기다 재워놓구, 마당에서 인자 여러 집이서 마당에서 인자 여름이니께, 하절이니께 드러누워 있는디 모두. 네 군데서 들어오는디 막 여기서 투닥 도망가구, 저기서 투닥 도망가구 난리덜이 났어. 그러더니 우리 집 이는 이름을 불러. 그런께 내가 대답을 했지. "왜 그러느냐?" …… 그래서 내가 그짓말을 했지. "어디루 돈 벌러 가구 없다." 마당에서 애들하구 자는디. 그래 인제 남편 붙잡아 가게 할 수가 없더라구. 그래서 내가 붙잡혀 갔어유. 우리 둘째 죽은 놈 젖 멕이느라구 젖이 이랬지. 그때 백일 넘어갔으니께. 그랬는디 나를 수갑을 질르더라구. 그래 왜 이러느냐구 그러니께 "잠깐 가서 무슨 말 물

어보구 올 테니께 가자"구 그려. [내가] 애 둘 있다구 그러니께 [경찰이] "애들이 어디 있느냐?"구 그랴. 그래서 내가 남의 애들을 가르쳐줬어요. 즈 아버지 있는 걸 안 알려주구. 즈 아버지 안 잡혀가게 할라구. 그렇게 거시기 했더니 밤새 그 백일 넘는 놈이 울던개벼, 젖 먹던 놈이라. 젖은 불어서 이렇지, 나는 거기 끌려가서 조사받지, 밤새도록. 인저 남편 찾아오라구 그렇게 조사받지. 그러니께 아침에 해가 불그름하게 떠올르니께루 우리 신랑이 애들 둘을 데리구 오는 겨. 큰놈을 앞세우고 하난 안구. 오더니 이 정문에 거시기 순경이 있잖아유, 정문에 섰는 사람이. 그래 인자 내 이름을 불르더니 나오라구 그랴. 그러더니 우리 집에 있는 이가 이렇게 애를 주는디 애 받으매 주매, 내가 받으매 인자 주매 이렇게 하구선 탁 델구 들어가버렸어요. 델구 들어가니 뭐 이런 말 한마디, 저런 말 한마디 말 한마디도 못해본 겨. 그래서 인자 저기 그 전에 살던 디, [지서에] 가니께 거기 사람들이 많이 갇혀 있더라구. 회한다구 오라구 해가지구 싹 가둔 겨 거기다.

회한다구 오라고 해갖구 그래 싹 가둬놓구 그래놨어. 여자 남자 할 것 없이. …… 저기 애를 받아갖구 나는 나왔을 거 아뉴 밖으로, 그 사람은 들어가구. …… "왜들 모두 이렇게 서 있느냐?"고 그러니께 "5시에 여기 다들 실어간다"고 그랴. 그래 그 소리 듣고 오들 못하겠대 또. 그래서 인자 그 사람들하고 같이 있었어유, 애들 데구서. …… 트럭이 몇 대 오더니 사람들 우르르 갖다 막 실어유 그냥. 그러더니 무수첩(켜켜히 쌓아놓은 무 모양처럼) 엎으듯이 이렇게 탁탁 엎으더니 왜 옛날에 꺼치(짚으로 엮은 방석. 거적) 있어유. 담배꺼치라구. 그 꺼치로 이렇게 사람을 덮어. 그래놓고 총들 둘러 메고서는 삥 둘러갖고 쑥 실어가고, 쑥

영국 잡지 《픽처 포스트》에 실
린 사진으로 "남한 반역 혐의자
들이 처형장으로 가기 위해 트
럭에 실려 있다"는 설명이 있다.

실어가고. 그걸 경찰서서 그렇게 하니 우리가 어디로 가는 줄 알어. 그
래 인자 다 실어가고서는 거기가 텅 비더라구, 밤이 되니께루. 그래서
인자 우리가 "아이구! 어디루 실어간 줄 아나. 식구들 잊어버리고 큰일
났다" 하구. | 박광자 |

남편은 박광자가 저녁에 잡혀가자 아침에 젖먹이를 안고 찾아왔다.
그래서 젖먹이를 받자마자 남편은 경찰서로 끌려갔다. 그녀는 다른 이들
도 회(모임)를 한다고 오라고 해놓고 이렇게 가두었다는 이야기를 마을
사람들한테 들었다. 저녁에 트럭에 무 싣듯이 사람들을 싣더니 가마니로
덮어 어디론가 데려갔다. 그리고 소식이 없었다.

박광자의 남편은 대전 산내 골령골에서 학살당했다. 대전 산내 골령
골은 대전형무소 재소자들이 학살된 곳으로 이 학살 뒤에 대전 보도연맹
원 등 민간인도 다수 학살되었다. 이에 대해 그때 도 경찰국 사찰주임은

"대전형무소 학살이 끝난 뒤 3일 동안 대전 보도연맹원과 좌익 불순분자라는 죄목으로 연행돼 온 500여 명을 같은 방법으로 계속 처형했다"라고 증언했다.[36]

:: 국민보도연맹원은 왜 학살당했는가?

—— 우리 신랑은 도장 하나 땜에 죽은 겨, 도장. 거기서 회하는디 도장을 거시기에서 가져오란다구 가져가길래 "도장을 뭐 하러 가져가느냐?" 그러니께 "여기 가입을 해야 된다"구 그렇게 하길래 누가 이런 거 하는 건 중 알아요. …… 그 유곽터에서 산 사람들 그냥 삼 형제 죽은 사람두 있구, 형제 죽은 사람두 있구, 하나 죽은 사람두 있구 그려. | 박광자 |

—— 동네 이장이 이름을 적어 넣은 거여. 청년들은 다 적어 넣은 거여. 거기 적어 넣은 사람은 다 나가서 그렇기 죽었어유. 자기 아들두 가서 죽었어. …… 오늘 한 점심때쯤 왔으면 내일 아침결에 파출소에서 순경이 우리 신랑을 데리러 왔어유. 그래 우리 신랑만 간 게 아니라 거기서 여럿여럿 해서 모두 간 사람이 한 대여섯 되게 갔었어유. 뭐 앞뒤로 순경들이 서서라매, 옛날에는 무서웠지. 그렇게 해가지구 파출소로 가서 무슨 문초나 받고 나오는 줄 알았더니 그날로 끌려가유. 증평이라는 데가 옛날에 베 창고 뭐, 이런 창고가 있었어요. 거기다 가둬놨다 새끼로 뒷결박해서 묶어가지고 추럭(트럭)에 싣고 여기 옥녀봉이라는 데 갖다 뭐 그냥 무참히 살해를 한 거여 그냥. 즉살을 시킨

이곳이 민간인 학살지였음(옥녀봉)을 알리는 푯말ⓒ

개망초 뒤편으로 펼쳐진 인삼밭과 고추밭 사이로 보이는 옥녀봉 학살지ⓒ

거여. …… 지금 조그만한 반 트럭, 군인 트럭, 그런 거 왔다 갔다 할 때유. 그래 거기를 가봤어유. 그랬더니 어디냐구 그려. "나 사리면서 왔다"구 그러니 "사리면 사람은 여기가 아니구 여기, 여기 옥녀봉이다" 이렇게 말을 하더라구유. 음성서 충주 밑으루 요, 요, 요 음성 밑으루 고기는 다 죽었어유. 고 밑으루는. 그짝으루 저짝, 저 장호원 쪽으루 경기 쪽으루, 저짝으룬 없어유. 다 그렇게 해가지고 "자수해라, 와서" 그래서 다들 제 발로 들어가 "이거 이장이 적어 넣어서 나는 몰랐습니다" 하구 "빼내 주쇼"한 사람은 다 빼내서 다들 살았어유. |이선자|

―― 어느 날 6·25 발발 전에 동네에 가까운 친구가 저희 집엘 왔더래요. 그때 당시에 아버님은 안 계시고 할머님만 계셨는데 저희 할머님 입장에서 봐서는 아들 친구니까, 아들 친구가 와서 "어머님 도장 좀" 저희 아버님이 ○○○데, "○○ 도장 좀 주세요" 해서 도장을 가져갔어요. 그래서 거기에 가입돼 있는지 이것도 모르는 상태에서 그냥. 그

오창면 양곡 창고. 오창면 인근 지역 보도연맹원 400~500명이 이 양곡 창고에 갇혀 있다가 학살되었다.ⓒ

러다가 6·25 터져가지고 어느 날 갑자기 "어디 집합하라"고 그러니께, 피난시켜준다고 집합하라고 하니까 그게 간 거예요. 집합을 해서 경찰서에 갔다가, 청주형무소에 갔다가 며칠 있다가 물밀듯이 북쪽에서 밀고 내려오니까, 그냥 어떻게 할 수 없으니까 청주 근처에 분터골이라는 데가 있어요. 그 남일면에 분터골에서 그냥 수백 명을 갖다 총살시켜 놓고 그냥 후퇴한 거예요. |이성모|

―――― 밤에는 산에 사람 내려오고. …… 낮에는 지서 사람이 와서 또 조지네. 도저히 (살 수 없어) 경산 압량 사촌언니가 있는 데 피신해 가 있었는데, 시어른이 보도연맹 가입하면 괜찮다고. 사촌언니 피해 있었는데. (그래서 왔지) 그해 모 심구는데 아침에 데려와 붙들려 갔다. 창고에 갖다놓고, 나는 남편이라도 면회를 못 가봤고 우리 시어른이 갔는데 …… 그 후로 행방불명이 되고. 모른다카이. 시어른은 행방불명이 되가 9년을 홧병으로 (누워 있고). |김금자|

박광자의 남편은 대전 산내 골령골에서 학살당했고, 이선자의 남편은 청원 보도연맹원 등 예비검속 학살로 옥녀봉에서 학살당했다. 1950년 6월 말부터 7월 초순까지 괴산·청원 지역 보도연맹원을 포함한 예비검속자들이 괴산청주경찰서 경찰과 헌병대, CIC에 의해 경찰서와 각 지서 등에 소집·구금되었다가 1950년 7월 초순경 충청북도 청원군 북이면 옥수리 '옥녀봉'과 괴산군 일대에서 사살되었다.[37] 옥녀봉은 1950년 7월 9일 청원군 북이면, 북일면, 괴산군 증평읍, 도안면, 사리면, 칠성면, 괴산면, 불정면 보도연맹원이 집단 사살된 장소이다.

이성모의 아버지는 청주형무소에 있다가 분터골에서 희생당했다. 그때 청주형무소 간수는 "죄수들 한 500명을 이틀간 숙청하고 나서 그 다음 날 보도연맹원들을 끌고 왔지. 보도연맹원들을 하룻밤 재우고 그 다음 날부터 나흘간 끌고 갔지. 한 300명 정도"라고 재소자 학살 뒤 보도연맹원들이 학살당했음을 증언했다.[38] 청주시와 청원군의 보도연맹원 등 예비검속자 가운데 일부는 청주경찰서에 소집된 뒤 여기에 구금되었다가 청주형무소, 남일초등학교, 미원초등학교, 미원면 담배 창고로 이송되거나 사건 현장으로 바로 이송한 다음 희생되었다.[39] 이성모의 아버지는 1950년 7월 4일경 청주경찰서에 소집되어 청주형무소로 이송된 뒤 다시 트럭으로 남일초등학교 운동장으로 옮겨져 분터골에서 학살당했다.

청도는 산세가 험악하고 깊어 해방 후 빨치산 활동이 활발했던 지역이다. 이런 까닭에 군경의 토벌 작전이 지속적으로 전개되었다. 이 과정에서 상당수의 주민들이 빨치산과 내통했다는 혐의로 살해되거나 경찰 조사를 받았다.[40] 1949년 말 또는 1950년 초 국민보도연맹 청도군 연맹이 결성되면서 경찰의 관리를 받아오던 이들 중 대다수는 경찰의 강요 및 권유에 의해 보도연맹에 가입했다.[41] 김금자의 남편도 밤낮으로 시달려 사촌언니네 집에 피해 있었다. 그런데 시어른으로부터 보도연맹에 가입하면 괜찮다는 소리를 듣고 피신해 있는 남편을 불러들였다. 전쟁이 나자 모를 심고 있던 남편은 붙들려갔고, 그 뒤 소식이 없었다. 김금자는 열여섯 살에 시집와 아무것도 모르고 생활했는데 유족회 활동을 하면서 남편이 어떻게 어느 장소에서 학살되었는지 알게 되었다고 한다. 김금자와 남편은 2주일 정도 예비검속되었다가 7월 하순 무렵 경산 코발트 광산에서 학살당했다.

이들의 구술에는 '도장 하나 때문에', '아버지 친구가 도장을 달라고 해서', '읍성 밑으로는 많이 죽었는데', '이장이 적어 넣어서 나는 몰랐슈' 따위로 학살당한 까닭이 애매하다. 전쟁이 일어나자 수많은 사람들이 적에게 동조할 가능성이 있다는 이유만으로 '잠재적 적'으로 여겨져 비상소집되어 붙잡혀 학살당했다. 이들 대다수는 국민보도연맹원이었다.

국민보도연맹은 어떤 조직이기에 민간인이 이렇게 학살당했는가? 국민보도연맹은 1949년 4월 21일 결성되었다.[42] 국민보도연맹에는 좌익계로 지목된 정당에 들어가 있었거나 잠깐이라도 들어간 적이 있었던 사람들이 가입했다.[43] 또한 각종 궐기대회나 기념식에 참여했던 사람들도 강제로 가입했다. 보도연맹 가입자들은 좌익 활동을 했거나 좌익 정당 및 단체에 가입한 사람들이었지만 농민들도 많았다. 1950년 봄부터 농민들이 비료나 땅을 준다는 말에 의심 없이 보도연맹에 가입했고, 일부는 반원들의 도장을 가지고 다니던 구장, 반장들에 의해 본인 의사와 상관없이 보도연맹에 강제 가입되기도 했다.[44]

이렇게 조직된 보도연맹원의 정확한 숫자는 알려지지 않았지만, 30만 명 정도로 추정된다.[45] 지방의 군 연맹과 각 지부가 조직된 뒤, 일부 지역에서는 보도연맹원들이 정기적으로 지서 보도연맹 사무실로 소집되어 인원 점검을 하고 교육과 훈련을 받았다. 괴산면에서는 인근 초등학교 운동장에서 정기적인 소집과 교육이 있었으며 청원군 북이면에서는 주변 7개 리 단위로 경연이 이뤄지기도 했다. 이러한 정기적인 소집과 조직 관리로, 전쟁 발발 후 다수의 보도연맹원들은 도주하지 않고 자연스레 사살을 위한 소집에 응했다.[46] 전쟁 전 보도연맹원의 일상적 동원은 전쟁 뒤 대량 학살을 낳은 '죽음의 동원'이 되었다. 연맹원들은 10분도 채 지나지 않아 누구나 할 것 없이 경찰서 앞마당과 학교 운동장, 시내 극장, 마을 공터 따위의 정해진 장소로 모였다.[47]

1950년 6월 25일 치안국장은 〈전국 요시찰인 단속 및 전국 형무소 경비의 건〉을, 6월 29일 〈불순분자 구속의 건〉, 6월 30일 〈불순분자 구속 처리의 건〉을 각 도 경찰국에 내려보냈다.[48] 〈불순분자 구속 처리의 건〉은 '보도연맹 및 기타 불순분자를 구속, 본관 지시가 있을 때까지 석방을 금한다'는 것이다. 이어 7월 11일에는 〈불순분자 검거의 건〉이라는 제목의 치안국장 통첩을 잇달아 내려 전국 보도연맹원 및 요시찰인에 대한 예비검속을 단행했다.[49]

내무부 치안국의 지시에 따라 각 도 경찰국은 각 경찰서에 치안국 통첩을 하달했고, 이에 따라 경찰서는 그 지역의 보도연맹원 등 예비검속자들에 대한 단계적 조치를 취했는데 곧 학살로 이어졌다. 한 군경미망인은 출산한 지 일주일도 안 되어 100리 길을 걸어 피난 가는 도중 '죽이는' 모습을 너무 보아 아프던 다리도 아프지 않았다고 한다.

— 구술자: 내가 청주서 이렇게 — 여기 청주서 요렇게 가면은 여기가 강이 있고, 여기를 지나면 문의라는 데가 있슈. 여기서 이짝으로 가면 부강이라는 데가 있는데 여기가 순 뻘겅이 동네유. 그라니까 사상 틀린 이들이 형무소에 많을 거 아니유. 그런데 이 배후를 대라니까, 사람들이 나오래요. 보니까 — 인자 감옥에 있는 이들을 갖다 죽이는.

면담자: 직접 보셨어요?

구술자: 예.

면담자: 죽이는 장면을?

구술자: 예. 죽이는 — 그러니까 아퍼 죽겠더니, 다리가 하나도 안 아퍼. 너무 징그러니까 …… 빨치산은 몰라도, 그거 뭐라 그라지? 그 왜 덮어놓고 가입시키는 거 빨갱이 —.

면담자: 보도연맹.

구술자: 응. 보도연맹. 많이 죽었어. …… 보도연맹들 많이 죽었어요.

| 양선숙 |

2 | 남편 찾아다니기

피학살자미망인도 전쟁 때 출산했거나 출산한 지 3~4개월밖에 지나지 않았던 여성들도 많았다. 그런데도 이들의 전쟁 경험은 군경미망인처럼 출산과 피난으로 시작되지 않았다. 6월 말부터 보도연맹원들이 학살당했기 때문에 피학살자미망인은 전쟁 초기부터 남편이 끌려간 뒤 흔적을 찾으러 다녔다. 따라서 출산이라는 경험보다 죽음의 공포와 살아갈 일이 더 큰 문제였다.

:: 베쓰봉으로 찾기

── 그랬어두 설마 가서 죽었으랴 생각을 안 하구 인저 "아무, 그렇게 해서 죽은 사람이 여기에 있다" 그랬어두 '설마 그런 데 들어서 가시랴' 하구 우리는 찾지두 안 했는데 우리께 동네 사람이 그걸 찾아왔다는 거여, 시체를. 그래 한 열이틀 만에 가서 찾으니께니 파내 놓은 송장도 많구 뭐, 시상에 그거 지금보다 조금 이를 땐데, 모 심구 조금 있을 땐데, 그 논에 도랑물 내려가는데 논으루 피가 그냥 뻘건 거야. 그래 그 사람들이 그거를 차마, [벼농사가] 되기두 잘 되는데 사람 피 저기 한 거라구 안 먹었었어유.

그 농사를 진 거를 못 베다 먹구서는. 그래 인제 가서 얼만큼 파내니께니 한 패 죽여서 쌓아놓구서는 흙으루 묻구, 또 한 패 죽이구서는 흙으루 묻구, 또 한 패 죽여서 흙으루 묻구 그래놨는데 뭐 네 거 내 거 찾느라구 끄집어 내노니께 인저 얼굴이 뭐가지구(부어가지고), 여름이니께 뭐 파리두 그렇게 많구 냄새가 나구 그러는데 못 알아보겠어유. 사람을 못 알아보겠는데 자꾸 뒤척거렸는데 내가 인저 옛날에는 바느질을 해서 베루다가 쓰봉(한복바지)을 해 입혔어요. 그래 그 쓰봉을 보고서 찾았습니다, 그 베쓰봉을. 그래 내가 한 바느질이, 에 ─ 단추 댕기며 다 있어 가지구서 "여기 있다" 이래가지구 찾았어요. 그래 먼저 가 찾을 때는 응 ─ [나는] 안 가구, [시부모님이] 가서 못 찾았다는 거

살아남은 사람들이 시신을 찾으며 오열하는 모습

유. 그래 "어머님, 아버님 나하구 같이 갑시다" 그래 "네가 뭐 오냐. 오지 마라" 그러는 걸 그냥 몰래 여기서 거기를 차도 없이 걸었어유. 아침을 먹고 걸으면 거진 몇 시간 걸었쥬. 그래서 오니께 〔시아버지, 시어머니께서〕 그냥 못 찾구, 하두 어마어마하니께 못 찾구 난감해서 그냥 볕에 앉으신 거여 둘이. "그래 어디 보자" 하구 가서 가서 이렇게 내놓아서 부패가 돼가지구서, 며칠 됐은께 시꺼매가지구서 못 알아보겠어유. 그라는 거를 "아버님, 아버님 여기에 있습니다." "그래 어떻게 아니?" 그러니께 "이 베쓰봉을 보세요. 이거 제가 해 입힌 거라 알겠습니다" 그러니께니, 지가 해 입힌 거 알잖아유? 그러니께 아이구 보니께시니 여기 관통을 맞구서 죽었더라구요. 뒤로 이렇게 하구서 그냥. …… 우리는 우리 송장 찾아왔으니께 그냥 해가지구 우리 아버

님이 그 난리에 뭐 비는 오구 그러니께 어떻게 해여. 그냥 〔묘〕 파구
묻은 채루 애청(兒塚, 아이 무덤)같이 그냥 있어유, 지금. | 이선자 |

괴산군 사리면에서는 보도연맹원들의 정기적인 훈련 때에도 사이렌
을 울려 소집을 했기 때문에 의심 없이 이날도 소집에 응한 것으로 추정
된다. 1950년 7월 6일 소집된 보도연맹원들은 증평읍 양조장과 양곡 창
고에 각각 3일간 구금된 뒤 청원군 북이면 옥녀봉으로 이송되어 7월 9일
사살되었다.

동네 사람들이 시신을 찾아왔다는 소리를 듣고 시어른들이 찾으러 갔
지만 찾을 수 없었다. 이선자는 자신이 만들어준 옷을 입고 있는 시신을
보고 남편을 찾을 수 있었다. 여름철이라서 시신의 부패가 심했는데, 옷
가지, 허리띠, 바느질 형태, 단추, 손가락 모양 따위를 보고 시신을 수습
해 왔다. 이렇게 유족들은 살아 돌아온 사람을 통해 소식을 듣고 다음날
바로 시신을 수습하기 시작해 대부분 수습할 수 있었다.[50]

—— 억울한 죽음을 당하고도 이러고 살아요. 그래가고 인자 한 일주일
만에 인자 소식을 듣고는 자기들이 인자 죽인 시체를 인자 싹 갖다가
인자 저 오금산이라고 하는 디다 갖다가 무수구뎅이마냥(시체가 무처
럼 뒤엉켜 있음을 비유)으로 묻어놨는가보소. 묻어놨는디 인자 문척면장
하고, 이장하고 저기 또 딴 사람하고 그렇게 서이 나란히 묻어놨어.
통지가 왔어요. 통지가 와서 인자, 10월 달에 가서 동지섣달에 가 찾
아왔어요, 시체를. …… 우리도 찾아오고. 우리 동네 사람도 찾아오
고, 우리 이장도 거기서 찾아오고 했는디, 어떻게 그 사람을 알았느냐

하면, 면에 와가꼬 인자 안면을 알았던가보지, 따로 묻어놨어 인자. 이 동네 사람들 무수구뎅이 돼버린 사람은 오늘날 같으면 못 찾아요. |한복순|

─── 우리는 아버지가 저기 농사지은 사람이 아니고 그런 사람이라 놔서, 공무원이라 놔서 〔그런 건 없었어〕. 송장을 자기 친구가 딱 자기 아랫방에다가 딱 갖다났다가 송장을 통행금지 끝나고 송장을 찾아가라 해서 찾아왔어. 그런디 우리 토금리 부락에 서른, 서른두 명인가 세 명인가 죽었는디 송장을 우리 아버지만 찾아왔다. 그러니께 그냥 토금리 사람들이 그냥 막 줄초상이 나뿌렀어. 온 동네가 울고. "우린 아들 세 개가 하루에 다 죽었는디 송장을 여 집이는 찾아와서 얼마나 좋겄냐?" 또 초상이 나뻐렸단께. 그 부락이. 그래도 우리 아버지는 딱 그래도 갖다놔서. 그래도 묘라도 써놨어. |곽용자|

이선자, 한복순의 남편, 곽용자의 아버지는 시신이라도 찾아 작은 무덤이라도 만들었다. 그러나 특징을 찾아내지 못한 많은 사람들은 시신을 찾아올 수 없었다. 한복순이 표현했던 것처럼 '무수구뎅이' 마냥 묻어놓았기 때문에 형체를 알 수 없었다. 이런 상황을 박광자는 다음과 같이 표현했다.

─── 그 이튿날 자구서는. 병참이루 갔다구 그런 사람두 있구, 형무소로 갔다는 그런 사람두 있구. 그래서 형무소 가보니께 문 열어서 그냥 막 쏟아져나오는디, 갇혔던 사람들이, 아무것두 없지. 그러니 나중에는 인저 산내면으루 실어갔다구, 다 죽였다구 그 소리가 들리더라구

유. 그래서 죽인 줄 알지, 거기다 갖다 거시기 해서. 그래서 인자 저 우리 한 동네에 살던 사람이 쌀장사 있었어유. 그런디 그 산내면이 처 갓집인디 "집이 바깥양반 산내면 가 죽었어유. 찾지 말어유" 그라더라구. 그래서 "아이구! 왜 갖다 죽었을까? 왜 갖다 죽였을까?" 인제 그 길루부터 못 찾고 거시기 한 겨. …… 찾아준다구 가자구 그래유. 그래서 홑이불 하나씩 가지구 꽹이 하나씩 갔네유, 거기를. 애들은 남의 집이다 맡겨놓구서 갔는디 아— 중간에 올라가니께 그냥 송장 썩는 냄새 때문에 들어가지두 못하겠구. 거기를 헤치구 갔어유. 갔더니 그냥 곳곳이 무수구뎅이 파놓듯이 해놓구서는 갖다 팍팍 이렇게 엎쳐 놨는디 어떤 사람이 어떤 건 줄 알구 찾어. 꽹이루 이렇게 들썩거리면 뼈가 쑥쑥 빠지는디. 그렇게 하니께, 한참 썩느라구, 그렇게 하니께 "건드려봤자 아무 소용 없다구". 어디 무슨 간격이 있어야 찾든지 말든지 하쥬. 그 엄청난, 이쪽 골목, 저쪽 골목, 저기 산에 가서 〔있구〕, 또 저쪽에 가서 찾아야 되구. 엄청이 죽었어. | 박광자 |

쌀장사가 찾지 말라고 했지만 홑이불과 꽹이를 들고 학살당한 곳으로 갔다. 현장에 도착했지만 한데 섞여 있어 찾지 못하고 돌아왔다. 지역에 따라서는 남편이 학살된 뒤에도 한동안 억류된 생활을 하기도 했다.

—— 미군들이 들어와서 있을 땐데 파출소에서 "보도연맹에 가서 죽은 사람들은 모여라" 하구 우리 할머니만 남겨놓구 우리 아버님, 작은아 버지, 나, 애기가 그때 인저 거진 돌은 안 될 땐데, 막 돌아왔으니께 일곱여덟 달이니께 엉금엉금 기구 따로 이렇게 슬 땐데, 오라구 그래

서 한 석 달인가 그 파출소 앞에 가서 빈 집에 가서 고생 엄청했어유. …… 우리 신랑이 죽었어두 보도연맹들은 모두 그렇게 의용군들두 가구 모두 그랬기 때문에 모두 빨갱이들이라구, 그냥 빨갱이라구 그 랬어유. 빨갱이 가족들은 다 오라구 해가지구 그렇게 가서 한 서너 달 그 추울 때 9월 달에 가가지구, 8월 달에 가서 9월, 10월, 동짓달, 석 달을 가서, 거기 가서 애기를 데리구 가서 있었어유. …… 그렇게 해 서 있다가서는 "나가라" 해가지구 또 집이 와서 살았지유. | 이선자 |

:: 50년 뒤에 안 아버지의 죽음

—— 결혼해서 딸아 말고 아이를 낳았어. 아이를 낳아가지고 그날, 그 날 갔는데, 그날이 5월 16일이라 음력으로(양력 1950년 7월 1일). 그런 데 그게 6월 30일이라고 들었어요. 아기를 놓는 그날로 갔고, 바로 갔 어. …… 그라고는 집에 떠나고는 못 봤어. …… 돌아가신 줄 알은 지가 그저 한 10년 됐어. 애 아버지 가던 그날은 낮에 갔는데 차, 트럭 두 대로 갔는데 그 위에 그냥 마구 싣고 가가지고. 일행 갔는 것두, 누 구누구 갔는 것두 모르고. 낮에쯤 와가지고. 낮에 한 2시경 됐어. 앞 에 파출소가 있는데, 파출소캉 우리 집 방에 앉아가지고 보면 차 타고 오는 것까지 다 보여. 그날로 끌고 가는데 우리 마루에다 총대를 내려 놓으면서 "있노? 나와 빨리 나와!" 그리고 데리고 간 사람이 소식이 라고 없었어. …… 〔박 순경이라고〕 우리 집 머릿방에, 머릿방을 줘가 지고 살았거든. 그 사람이 심부름을 더러 해서 그래, 뭐 옷도 갖다주 고 빨래했는 것도 갖다주고 〔한 보름 동안〕 그래 연락을 해주고 했는데

뭐 그 다음에 "오형 없더라"고 "경산에 없더라"고. 경산이거든. '경산 엔 없더라' 더니 그 길로 그냥 끝이라. |정정숙|

—— 그래갖고 나중에 알고 보니 김해 어디, 생림 어디에 다 모아가지고 한 구덩이 모아가지고 죽였다, 총살했다 그런 말을 듣고, 그런 말 나자 인제 그냥 봐 안 된다 그래갖고 가족들이 인자, 가서 인자 팠지. 파가지고는 사람을 알 수가 있어야지요. 사람 알 수 있나 다 죽었으 니. 그대로 안 돌아오니까 죽은 줄 알지. 그래가지고는 두골만, 두골 만 인자 몇이라 카는 거 그것만 알았지. 그래가 다시 인자 김해서 진 영을 넘어가는 어디, 인자 난 몰라요. 거길 구데기를 크게 파가지고 같이 합장을 하고 인자 가족들이, 그때 당시에 나간 사람들은 다 그렇 게 인정을 했지. |나금영|

나금영의 남편은 진영 생림면 나밭고개에서, 정정숙의 남편은 경산 코발트 광산에서 학살당했다. 이들은 이선자나 한복순과 다르게 남편의 학살을 곧장 알지 못했다. 남편이 트럭에 실려 간 뒤 소식이 없었지만 학 살당한 사실을 안 것은 10년이 지난 뒤였다. 정정숙의 딸은 아버지의 죽 음에 대해 "코발트, 경산에 광산에 거기로 가서 죽었다는 [것을] 나중에, 50년, 50년 뒤에서야 알았어요. 그러니까 내가 전혀 모르고, 엄마 전혀 말 안 하니까 모르고" 지냈으며 아버지가 붙잡혀 간 날 어머니가 남동생 을 낳아서 꼼짝 하지 못해 할머니가 어머니 대신 경찰서에 사식을 넣어 주었다고 한다.

모강숙의 어머니는 남편을 찾기 위해 논도 팔고, 소도 팔았다.

―― 우리는 정말로 순진해가 몰라가꼬 그거를 죽은 줄도 모르고 누가 엄마를 만나가꼬 "당신 남편이 부산에 교도소에 있는데 내가 만나가 꼬 어떻게 빼줄게 돈을 좀 달라" 카니 논 하나 팔아가꼬 줬어요. 그라 고도 또 얼마 있다 딴 사람인지 누군지는 모르지만 엄마가 또 그런 소 리를 또 들어가꼬 그러니까 우리 고모부가, 시골에는 소가 재산목록 1호거든. 아주 황소 커다란 게 있는데 고모부가 그걸 팔아가꼬 "처남 밑에 내가 뭐가 아깝겠노" 하면서 처남만 찾아준다면 그 소를, 더 이 상 돈 될 게 없으니까 소를 시장에 팔아가꼬, 농사지을 건데 팔아가꼬 갖다 그것도 주고. 그러니게 우리 엄마가, 하여튼 우리가 생각해도 논 이 여북 큰 논인데 그걸 팔아가 주고 그래가, 그 전부 다 인제 보니 사 기당한 거라. 그 이튿날 죽었는기라, 인자 지금 알고 보니. | 모강숙 |

끌려간 지 이틀 만에 학살당했지만 부산교도소에 있으니 돈을 주면 빼줄 수 있다는 소리를 들은 모강숙의 어머니는 논이며 소며 팔아 남편 을 찾으러 다녔다. 모강숙의 어머니처럼 남편의 소식을 몰라 사기를 당 한 피학살자미망인도 있었던 것이다. 이들은 4·19혁명까지 어딘가에 살 아 있을 것이라고 믿었으며 돌아오면 줄 남편의 밥을 아랫목에 항상 준 비해두었다.

3
상이군인미망인의
전쟁 경험

1 | 상이군인과 결혼하기

일간지에는 불구로 한때 좌절을 했지만 결혼을 해 새 인생을 사는 상이군인들이 자주 소개되었다. 이들과 결혼한 여성들은 '순결한' 또는 '성스러운 처녀'라고 불렸으며 아름다운 결실을 맺는 것으로 알려졌다.

—— 여자의 몸 되어 총칼을 들고 일선에는 못 나갈망정 포악한 침략자의 총칼에 맞아 뜻 아닌 불구자가 되어버린 구국 용사의 좋은 반려가 되어 일평생을 그의 발 노릇을 하는 것이 오직 총후 여성의 나아갈 길의 하나라고 자신 스스로가 발 없는 상이군인과 결혼.[51]

—— 이들의 지팡이가 되고 손이 되고 발이 될 수 있는 이 땅의 여성들

국방부장관의 주례로 시공관에서 거행된 상이군인 합동 결혼식 장면

은 눈앞의 허영에만 눈이 어두워 날뛰는 판국에, 발 없는 군인과 자진
약혼한 갸륵한 여성이 있어 듣는 이로 하여금 감격을 금치 못하게 하
고 있다.[52]

상이군인과 결혼해 이들의 손, 발 그리고 눈이 되는 길은 '총후 여성
의 나아갈 길'이며 이들 여성은 허영에 눈뜬 여성과 달리 '성스러운' 여
성으로 추앙되었다. 이들의 결혼은 원호 사업의 하나로 추진되면서 사회
부 또는 국방부장관의 주례로 거행되었다. 1955년 각 도에 합동 결혼식
준비위원회를 두고 봄과 가을에 결혼식을 추진해, 이해에 906쌍이 결혼
했다.[53]

상이군인과 합동 결혼식 또는 결혼식을 하는 여성들의 이야기는 항상
다음과 같은 형식으로 일간지에 보도되었다.

앞을 볼 수 없는 상이군인과 결혼한
여성이 함께 걸어가고 있다

── 김○○ 양(23)은 …… 두 팔을 다 잃은 상이군인 정○○ 군(30)과
…… 인생의 새 출발을 하였다. 신랑 정 씨는 …… 지금까지 식사는
물론 기거 활동 일체를 자기 자신의 힘으로 하지 못해서 전우들의 부
측을 받거나 동생의 부측을 받지 않으면 안 되어서 '나는 살지 못하
겠다'고 비관하면서 수차에 걸쳐 자살[기도]까지도 하였다 한다. 이
소식을 들은 신부 김 양은 '조국을 위해 싸운 용사가 그토록 사회에
서 버림받아서야 국민으로서 미안한 일이 아닐 수 없다'고 동정한 나
머지 친지의 소개로 본인과 만나게 되었다 한다. …… 신부 김 양은
15일 아침에도 일생을 두고 봉사할 남편 앞에 도사리고 앉아서 더운
밥 한 술을 정성껏 신랑의 입에 떠 넣어주면서 소감을 묻는 기자에게
"그저 마음 좋은 아내가 되어보렵니다"라고 말하며 수줍은 듯 고개를
숙이고 얼굴을 붉히는 것이었다.[54]

다른 사람의 도움을 받지 못하면 살아갈 수 없었던 상이군인은 결혼으

로 손발이 될 여성을 만났다. 기사에 따르면 이들 여성들은 '국민으로서 미안' 해서 상이군인들의 소식을 듣고 일생을 봉사할 목적으로 결혼을 결심한다. 마치 행복한 결혼 생활이 이어질 것을 예고하듯이, 기사의 말미는 갓 결혼한 신부가 '다소곳이 앉아 밥을 먹여주는' 장면으로 끝맺는다.

왜 일간지들은 상이군인이 결혼을 통해 새로운 인생을 살아갈 것이라고 묘사했는가?

국민국가에서 군 복무 더구나 전쟁 참가는 국민의 의무이자 명예로 여겨졌고, 전장에서 부상당한 몸인 상이군인은 그 자체로 국민으로서 명예이자 국가의 정체성을 드러내는 것이다. 상이군인을 비롯해 전사자, 제대군인들은 반공의 표상이자 애국자로 불렸다. 그러나 전후 사회에서 상이군인은 이 같은 명예와 사뭇 달랐다. 이는 참전한 제대군인들도 마찬가지였다. 참전한 사실이 '주류 국민'임을 증명하는 기회임에도 불구하고 전쟁 뒤 제대군인은 정치·사회적 재편 과정에서 주체로 자리 잡지 못했다.

―― 저희들도 새해에는 보다 더 귀염받는 국민의 아들이 되도록 힘써 가겠습니다. 끝으로 사회 여러분들은 제대군인이 오히려 군대 생활을 안 해본 사람보다는 책임감이 강하고 윗사람을 잘 모실 줄 알며 실상은 순박하다는 점에서 안심하고 직장에서 써보셔요.[55]

위 기사는 제대군인들도 일자리를 쉽게 찾지 못했음을 짐작하게 한다. 상이군인의 경우, 그 책임은 국가가 아닌 그들의 손발이 된 결혼한 여성들이 짊어져야 했다.

2| 전쟁의 상흔을 안고 살아가기

'조국애'로만 봉사할 마음을 갖고 결혼한 여성들은 드물다. 자진해서 결혼했다고 밝히는 일간지에서 묘사된 여성들과 다르게 구술자들은 한결같이 자신이 속아서 결혼했음을 밝히고 있다.

───── 내가 스물한 살, 스무 살 때 저기를 만났는데, 만났는데 시집오고 나니까 그렇게 다친 양반이더라고. …… 그래 참 시집오고 나니께 반을 못 쓰고 아랫목에 드러누웠는디, 그때 시골서 자랐으니 그걸 모르고, 지금 애들 같으면 살겠어. |정상호|

───── 학도병으로 갔다 막 다쳐 왔어. 약간 경상이라고 그랍디다요. …… 피난은 안 갈 수 없구. 아버지는 면장을 하셨구 그러니까. 동네 것들이 더 무서워요, 지역 것들이(동네 좌익이 더 무섭다는 뜻). 그러니까는 또 가야 하면 너 못 데리구 다닌다 이거여. …… 그래가지구 여기두, 낸중에 보니까 음흉하기가 짝이 없어. 여기가 파편을 맞아서 피똥을 만날 누더라구유. …… 속았어. 거기는 속였어. 등급도 내려놨어. 시아버님이 부읍장으로 계시니까 등급을 올려놓는 게 아니라. …… 그렇죠. 등급을 내려놔야 이제, 내려놔야만 누가 오지. 〔상이 등급을〕들춰보면〔누가 오겠어〕. 그러니까 이제 관청에 댕기기 때문에 그것두 알았지, 그 양반이. 그렇잖아. 아이구! 그러니까 등급을 아버지가 떼봐도 괜찮고 하니까, 응 요기만 그런 걸로 돼 있고 하니까는 〔딸을 시집보낸 거야〕. |이성원|

120 | 전쟁미망인, 한국현대사의 침묵을 깨다

── 그 전에는 노인네들이 며느리 말만 듣지, 며느리 말만 듣지 자기 맘
   대로 했간디. 우리 어머니가 나이가 많고 난, 나는 막둥인디. …… 그
   래 한 1년간은 그냥 무서워서, 무섭더라고 또 그렇게. 말도 못 붙이겠
   고. …… 그래 난중에는 가만히 생각한 게로 '에이 이럴 것이 아니라
   서로 정으로 살아야지' 그래서 그냥 포기한 게로 괜찮더라고. | 정끝남 |

이들의 결혼은 대개 남편의 상이를 모르는 상태에서 이루어졌다. 정
상호는 친정아버지와 시아버지가 친구 사이라 "서로들 약주를 좋아하다
보니께 '네 딸 나 다구?', '사위 삼자'"면서 결혼에 이르렀다. 그이는 시
집에 와서 아랫목에 누워 있는 남편을 보고 나서 '속아서' 결혼했음을 알
았다. 정끝남도 형제들 가운데 막내로 올케 친정어머니의 소개로 결혼했
는데 남편의 상이를 모른 채 결혼하고 나서는 1년 동안은 무서워서 말도
못 건넸다고 한다. 이성원은 자신의 경우에는 일제 강점기 때 정신대에
동원시키지 않으려고 결혼했던 것처럼 피난 때문에 결혼을 서둘렀다고
했다. 서둘러서 간 곳은, '경상'이라고 듣던 것과는 달리 방에 누워 있는
신세였다. 이를 두고 이성원은 "음흉하기가 짝이 없다"고 표현했고, 시댁
쪽은 상이 등급이 결혼에 지장을 줄 거라고 염려해 상이 등급도 내려놓
았다고 했다.
  구술자들은 속아서 한 결혼에서 벗어나려고 몇 번의 짐 싸기를 시도
했다. 가부장인 아버지의 선택에서 벗어나고자 했다.

── 내뺄라구 한 보따리 서너 번 [쌌는데], '내가 어머님 아버지 얼굴
   만 세워주고 세상 살았냐?' 인저 속으루. 이모한테루 갔지. 첫 근친

(결혼한 딸이 친정부모를 만나는 일) 가서 그 사실을 얘기를 했더니 당장 나오라는 거여. "그렇게 살 필요가 없더라"는 거여. "나도 아주 한이 맺혔다"는 거여.[56] 이모님이 "내가 너를 한없이 가르쳐줄 테니까 와라" 이거여. …… 약속을 하고는 보따리를 가지러 왔어유. 보따리를 가지러 왔는데 아버님께서 출장을 가셨어요. …… 나는 이미 어머니한테 얘기를 했어, 낮에. [다음 날] 아침에 나는 저기를 다 띄웠지, 편지를. 시아버지 한 통, 신랑한테 한 통. "나는 결혼 생활에, 도저히 결혼 생활에는 취미가 없는 사람이니까 나는 내 갈 길을, 학업에 열중하겄다." 내가 [공부를] 좋아했거든 사실. "나는 재가두 안 하고 그걸루 해서 만족하고 이 세상을 살겠으니까 마음을 거둬들여 달라"고 그랬더니, 하여튼 저기하게 만리장서를 써서 보냈어 시아버지한테, 신랑한테. 써서 보내구서 어머니한테 얘기를 했어유. …… 그래가지고서는 누구 얼굴도 안 보고 인자 내일 아침에 새벽같이 뛸라고 하는데, 아이구 아버지가 뭐를 놓고 가서 오셨어유, 그 밤에. 밤에 오셨는데. …… 그러니까 [어머니가 아버지한테] 하신 거여, 밤에 주무시다. 그라니께 불호령이 떨어지는 거여 뭐. …… "이거 집안 망신을 어떻게.", "죽으랴?", "저 산에 올라가서 목매달아서." 응! "집안을 다 그렇게, 양짝 집안을 다 그렇게 할 티면 [차라리 죽어버려라]." "저 하나 희생하고 살[아서] 양짝 집안을 건질 생각은 안 하구 그 따위로 마음을 먹는다"구 "나가 죽으랴"구 막 벽력같이 소리를 지르구. 아이구! 너무 호되니까 또 감내를 못하겠다. 그러더니 앞을 세우고 출장이구 뭐구 다 집어내버리고 날 꼭지를 세우고 가는 거여. …… 그래 '아야' 소리도 못하고 [시집으로] 왔어요. 아 그러니까 애기가 있는 거여. | 이성원 |

이성원은 시집에 와서도 "말채나무 밑에 거기 보따리를 싸놓고 만날 도망을 갈라구. 인제 이렇게 세 번을 했다가" 결국 도망가지 못했다. 아이를 유산시키려면 남편의 도장이 필요했는데 시간이 차일피일 지나면서 "배가 불러오고 애가 놀구 하니까 그때부터 단념을" 했다. 이성원은 자신이 벗어나려고 했던 일을 말하면서도 친정 부모님의 행위에 대한 부당함을 끊임없이 설명했다. 어머니에게 자신의 계획을 이야기했을 때 깜짝 놀라는 어머니에 대해 "그저 자기만 알어들, 자기 얼굴만. 밉쌀맞데. 그것두 밉쌀맞어 낸중에 가서는. 그래서는 그때 약혼두 파기를 했으면 됐지, 응! 사주단자 하나 받은 건디. 그래 그렇게 가야 옳어유. 지금으로 말하면 그건 통하지 않는 얘기여 진짜"라고 속마음을 내비쳤다. 아버지가 딸을 데리고 시집에 가는 도중에 "아버님이 '어떻게 팔자를 그렇게 탔니?' 날 보고 하는 소리가. (가벼운 웃음) '그래요. 팔자가 자기들 얼굴 내세울라고 저러지 팔자여 팔자는' 인저 속으로" 생각했다. 팔자 타령은 자신을 위한 것이 아닌 부모님의 체면을 세우기 위한 타령임을 이야기했다.

구술자들이 속아서 한 결혼에서 벗어나려는 시도가 실패로 돌아간 것은 바로 친정아버지의 강력한 제지 때문이었다.

—— 나갈라구 몇 번, 도망갈라구. 그런디 아버지가 …… "네가 아들 딸 낳고 살면 다 묻히는 거다. 묻히는 거다. 아버지 가슴에 괜히 먹칠하지 말고, 네가 양반의 가정에서 그렇게 하면 안 된다. 안 된다" 하는 바람에 그냥 나가도 못하고. (한숨) …… 그렇게 하다가 어떻게 애들은 있어 또, 애들은 생겼어. | 정상호 |

—— 아이구! 원망도 많이 했죠. 그래 안 살라고 가면 아버지가 집에 들어가기만 하면 왔다고 뭐라고 하지. 문 앞에도 못 들어오게 하지. 그래가지고 울기도 많이 울었어요. …… 아버지가 집에도 못 들어오게 해요 그때는. …… 가서 안 살까봐. 못 오게, 거기를 한번 가면 못 오게 해요. "여기 뭣 하러 왔느냐?"고 혼을 내고. 그래서 친정에도 가면 오라는 사람이 있는가, 어디 갈 디두 없구, (웃음) 갈 디두 없구. 참 지나간 일이니까 얘기를 하지 다시 가라면 못 가겠어요 거기를. 거기를 못 가겠어요. 얼마나 울었는지 몰라요. 또 그렇게 완고하셨어요. 그래가지고 …… 그러니 아버지가 원망스럽더라고요 나중에는.

| 강옥정 |

강옥정의 아버지는 뒤에야 "잘못했다"고 딸에게 울면서 말했다고 한다. 짐 싸기의 시도는 가부장인 아버지의 반대와 "막상 싸놓고 보니께 갈 디도 없으니까 가기는 어디를 가"라고 갈 곳이 없었기 때문에 좌절했다. 몇 번의 좌절은 일간지의 기사처럼 책임감으로 변했고, 평생을 그 책임감으로 묵묵히 버텨 나가야 했다.

2부

낯선 세상에서 생존하는 길

어떻게 먹고 살아야 하는가는 전쟁미망인에게 가장 큰 걱정거리였다. 20~26세가량의 여성들이 낯선 세상에서 생존하는 길을 찾는 것은 쉽지 않았다. 이런 상황을 보여주듯이 신문에는 심심찮게 어려운 생활 때문에 전쟁미망인이 자살하거나 물건을 훔쳤다는 기사가 실리곤 했다.

— 생활고에 시달려 중년 과부가 자살: 김명도 씨(36)는 6 · 25 후 세 어린이를 데리고 피난살이를 해오던 바 …… 어린이 세 명은 고아원에 수용케 되었다고 한다.[1]

— 피랍미망인도 생활고로 자살: 이경순 씨(34)는 6 · 25사변 중에 남편이 납치 당하고 두 아들을 데리고 홀로 지내다가 생활고에 못 이겨……[2]

—— 오○○ 씨(25)를 때마침 순찰 중이던 경찰관이 체포하였는데 전기前記 오○○ 씨는 전쟁미망인으로서 생활고에서 달리다 못해 금년 2월 초순경 권수몰 씨 집에서 식모살이를 하다가 여의치 못해 창부로 전락하였는데 그것마저 불경기로 생활고에 쪼들리게 되어 도둑질을 하게 된 것이라 한다.[3]

― 풍찬노숙의 네 여인: 네 명의 여자 행려병자 …… 대개 6 · 25사변으로 남편을 잃은 전쟁미망인들로 …… 심각한 생활고와 싸우며 삶을 영위하여오던 중 설상가상으로 모진 병마에 걸리게 되어 활동의 자유조차 잃고 마침내 무료 진료소인 부산시 메리놀병원의 치료를 받아가면서 날을 보내기 벌써 6개월…….[4]

―― 창신모자원 15호실 거주 현 씨(35)는 30일 오전 동대문서에 출두하여 '29일 밤 9시 반경 괴한 두 명이 식도를 들고 침입하여 가족들을 이불로 뒤집어씌운 다음 재봉틀과 쌀 두 말, 이불 등을 강탈 도주해 갔다'고 신고함으로써 동서에서는 비상망을 펴고 수사를 전개한 결과 동 여인은 재봉틀 등을 뒷간 한 모퉁이에 감추어두고 허위 신고를 했다는 것이 밝혀진 것이다. 그래서 동 여인 현 씨를 동대문서에 연행하고 조사한바 "저는 6 · 25동란으로 남편을 잃었으며 그 후 어린 딸들(9세, 7세)을 데리고 생활고에 시달려오던 중 모자원에서의 덕을 입어 동 모자원에서 방 한 칸과 재봉틀 한 대를 대여받았고 매월 4000환가량의 금품을 희사받고 있으나 어린 것들은 학교에 다녀야 하고 그리고 저마저 폐가 나빠 고통이 심하고 요즈음에 와서는 둘째 딸이 감기에 걸려 앓고 있으나 치료할 돈도 없고 하여 재봉틀이라도 팔아버릴까 하여 허위 신고를 한 것이다" 하고 눈물로 고백하였다 한다.[5]

위의 기사들은 생활의 곤란으로 자살하는 전쟁미망인 그리고 병에 시달려 행려병자로 떠돌거나 모자원에서 받은 재봉틀을 팔아 치료비를 쓰려 한 전쟁미망인의 사연이다. 낯선 세상에서 살아가는 길을 찾지 못한 전쟁미망인의 상황을 짐작하게 한다.

재산의 많고 적음에 관계없이 전쟁미망인들은 어떤 형태든 생계유지를 위한 노동을 해야 했다. | 표-3 | 은 1950년대부터 1970년대까지 보건사회부가 집계한 전체 미망인들의 직업 실태표로, 직업 분류 기준의 변화에 따른 혼선이 있으나 미망인들의 경제활동과 관련하여 몇 가지 사실을 보여준다.

첫째, 많은 미망인들이 어떤 형태든 직업을 갖고 경제활동에 종사했다. 미망인들은 자신과 자식, 부모의 생계를 위해 일해야 했는데, 1957년 서울시 세 개 지역(홍은동, 문래동, 가회동)에서 조사된 여성 직업조사에 따르면 남편이 있는 여성은 조사 대상 198명 가운데 9.6퍼센트인 19명만이

| 표-3 | 전체 미망인의 직업 실태(보건사회부 집계) (단위: 명)

	1955년	1959년	1962년	1966년	1968년	1974년
농어업	227,912	255,479	237,951	328,532	331,794	347,187
광업	480	1,177	2,828	4,083	3,550	4,592
제조업	4,031	3,103	5,490	12,450	11,533	9,365
전기·가스·수도·위생업			20,493	4,966	3,660	
전기·가스·수도업						4,120
(상업)·금융업	35,676	39,666	12,404	7,932	8,110	7,590
운수 보관업	1,190	639	8,280	2,671	3,134	3,496
서비스업·(상업)	7,776	5,373	29,452	39,014	37,545	36,514
기타	63,387	46,506	187,979	200,772	174,625	194,091
무직	152,139	156,052				
계	492,591	507,995	504,877	600,411	574,951	606,955

참고 자료: 보건사회부, 각 연도, 《보건사회통계연보》

경제활동을 하는 데 비해 미망인은 조사 대상 80명 가운데 88.8퍼센트인 71명이 경제활동을 하는 것으로 나타났다.[6] 대개의 여성이 결혼과 동시에 직장을 그만두고 전업주부가 되는 것과 달리 미망인들은 경제활동을 지속하면서 다른 길을 갔음을 짐작하게 한다.

둘째, 여러 직업 가운데 농업에 종사하는 미망인이 월등하게 많았다. 특히 농업 종사자는 1960년대 후반부터 꾸준히 늘어나는 경향을 보이는데, 이는 부모 세대의 사망으로 분가하지 않은 미망인들이 점차 가장의 위치로 올라서는 한편 농촌에 사는 나이든 연령층 남성이 사망하면서 그 부인의 직업이 농업으로 조사된 것으로 생각된다.

셋째, 상업, 금융업, 서비스업에 종사하는 미망인의 비율이 거의 비슷한 수준에서 유지되고 있다. 한국전쟁은 특히 여성들의 상업 진출에 큰 영향을 끼쳤다. 통계에 따르면 한국전쟁 전 8만여 명에 불과했던 상업 종사 여성이 전쟁 기간인 1951년과 1952년에는 무려 58~59만여 명으로 늘었고 전쟁 뒤에도 20만 명 정도의 여성이 여전히 장삿길에 나섰다.[7] 전쟁 미망인도 큰 몫을 차지했다. 이로 인해 상설 시장에서 억척스런 '여자 장삿꾼'의 모습은 일상으로 자리 잡았다. 그러나 이 통계에 포함되지 않은 행상이나 노점상으로 나선 여성들을 생각한다면 실제 장삿길에 나선 여성은 적어도 통계의 몇 배는 되었을 것으로 짐작된다. 1959년 미망인 수용 시설인 서울부녀자직업보도소의 수용 미망인 50명을 대상으로 한 조사에 따르면 38퍼센트인 열아홉 명이 행상의 경험을 가지고 있었다.[8]

넷째, 광업이나 제조업 종사자, 곧 공장노동자의 비율이 1960년대 들어 그 전보다 배 이상 증가하고 있다. 이는 원호 정책의 하나인 직업 알선으로 군경미망인이 공장이나 전매청 등지에 취업했기 때문이다.

폐허가 된 도시의 모습. 집도 무너지고 나무도 검게 그을었지만 식수를 떠가려는 여성들의 모습은 폐허 속에 서도 일상을 꾸렸음을 짐작케 한다.

다섯째, |표-3|에 나타난 바와 같이 35퍼센트 이상을 차지하는 '기타'로 분류된 항목이다. 이는 직업 분류에 포함시킬 수 없는 항목이 많았음을 뜻하며, 그만큼 이들이 노동시장에서 불안정한 위치에 있었음을 가리킨다.

전체 미망인들의 경제활동의 변화는 전쟁미망인들에게도 비슷하게 나타났다. 통계에서 드러나지 않는, 곧 직업 분류로 포함되지 않는 일도 많았다. 구술을 통해 분류한 경제활동이 노동시장에서 전쟁미망인이 차

지하는 위치, 나아가서 여성 노동의 위치를 가늠하게 한다. |표-4|는
구술에 참여한 전쟁미망인들의 경제활동 상황을 정리한 표이다.

|표-4| 구술 대상자들의 경제활동 내역

성 명	군경미망인		피학살자미망인	
	1963년 이전	1963년 이후		
강경순	농업→삯바느질	삯바느질	곽용자의 어머니	사무원·교회
곽순진	농업	청소	김금자	농업, 행상
곽희숙	행상→음식점	공장노동자→일용 노동자	나금영	가사·교회
구영선	행상→잡화상→공무원	공무원	모강숙의 어머니	농업
김숙자	바느질	바느질	박광자	장사
김순영	국립의료원	국립의료원	이선자	삯바느질·장사
김순태	삯바느질	삯바느질	이성모의 어머니	기타
김예분	농업	가사	정정숙	농업-장사
오인주	삯바느질	삯바느질	한복순	농업, 행상
박수영	농업→공장노동자→식모	품팔이		
박원기	농업	삯일/행상→ 공장노동자(무림제지)	상이군인미망인	
박원빈	공무원	공무원		
박태영	행상	가사	강옥정	품팔이
양선숙	농업	농업	노희애	식모
양희선	행상	공장노동자(무림제지)	이성원	서점
윤철희	행상	공장노동자(피복 공장)	정끝남	품팔이
이경순	농업→행상	공장노동자→폐품 수집	정상호	행상
이동애	식모, 품팔이	품팔이		
이동호	농업/행상	농업/행상		
이순분	농업	농업		
이호영	농업	전매청		
임기영	농업	공장노동자(피복 공장)		
임정기	고아원, 제생원	제생원, 품팔이		
한명화	농업	품팔이		

1
농업 노동과
가사 노동

농촌에 거주했던 대부분의 전쟁미망인은 대개 농업 노동에 종사했다. | 표-4 | 에 나타나듯이 38명 가운데 16명이 농업 노동에 종사했다.

농사일은 크게 논농사와 밭농사로 나뉜다. 논농사는 못자리 작업, 모 심기, 논 김매기, 농약 살포, 거름주기, 벼 베기, 타작으로 구성되고, 밭 농사는 밭갈이, 씨뿌리기, 김매기, 이식하기, 농약 살포, 거름주기, 수확 등으로 나뉜다. 1980년 한 농촌 여성 조사에 따르면 논농사에서 모심기, 벼 베기, 수확 시에 노동력을 사서 하는 비율이 각각 28.9퍼센트, 25.6퍼 센트, 49.1퍼센트로 타인의 노동력을 많이 사용하고 있었다.[9] 농사일 가 운데 농약 살포, 거름주기는 거의 전적으로 남성이 도맡았으며 못자리 작업 역시 남성이 혼자 하는 비율이 높았다.[10] 밭농사에서도 밭갈이나 농 약 살포, 거름주기는 주로 남성이 맡았고 나머지는 남녀 공동으로 작업 했다.

이 조사는 논농사는 남성의 일, 밭농사는 여성의 일이라는 농업 노동에서의 전통적 역할과 상당히 차이가 있음을 나타나는데, 이러한 결과는 농촌에서 인구의 유출이 급속도로 진행되었기 때문이다.

전 인구 가운데 농가 인구의 비중은 1960년 58.3퍼센트, 1970년 44.7퍼센트, 1980년 28.9퍼센트로 급격히 감소했다.[11] 따라서 농사일에 차지하는 남녀 역할 구분은 농업이 주를 이룬 1950년대와 농업 비중이 급격하게 줄어든 1980년대에 큰 차이가 있을 것이다. 그렇다면 전쟁미망인은 농사일 가운데 어떤 일을 했을까?

─── 나 거기서 농사짓고. 그러니까 안 해본 일이 없지. 진짜! 쟁기질
  만 안 해봤어. 논매야지, 물 품어야지, 모 심으러 다녀야지 논 훔치러
  다녀야지, 밭일 해야지. 산에 다니면서 나무를 해서 지금 내가 산을
  안 가요. 산이 징그러워. …… 안 해본 일이 없어. 나는 제일 첫째는
  인분지고 가서 똥. 시골에는 똥 그거 퍼야 하잖아요. 벌써 그거 똥통
  이나 지고 가면, 여기[어깨]가 그냥 뻘겋게 멍이 들어요. 그런데 시동
  생들 시키기가 싫어. 따로 사니까 내가 해야 하니까. 차면 그거 치워
  야지. …… 그거 지고 갈 때가 제일 어려워. 갖다놓고는 우는 거야.
  여기[어깨]가 너무 아프니까. 이게 그냥 이렇게 쏠려서 밤에 보면 여
  기[어깨]가 시퍼렇게 멍들어. …… 그래 이 다리가 아파가지고, 그때
  부터 다리가 아파가지고 밭을 맬라면, 콩밭 같은 거 매야 하잖아요.
  철퍼덕 앉아가지고, 몸뻬 입고 철퍼덕 앉아서 이러구 댕겨 매, 매는
  거야. 쪼그리고 앉아서 못 매고. | 곽순진 |

―― 그래, 농사를 지가지고 그걸 남의 병작 부쳐가지고 그걸 하자면 얼매나 힘들었겠어요? 남의 논매고 남의 밭매고 안 해본 일이 없어요, 나는, 이 세상을요. 길쌈도 안 해본 일이 없고, 농사도 안 해본 일이 없어요. 지금 눈에 환해요. …… 품팔이하며, 남의 일 하면 나도 그 집 가 일해줘야 되지요. 돈이 있어야 품 판 돈을 주지요. 어허이구―. |이동호|

―― 밭매고 그때는 여자분들은, 남자만 논에 꺼 했지요. 밭에 꺼는 여자만 했지요. 내가 모씨 모으고, 나락 비고 오만 것 다 했어요. 내가. 밥도 다―하고. 나무도, 다― 산에 가 나무도 다― 해다 때고,…… 나중, 나중에는 변소, 인자 물, 그거 변소 물 처 치우고 인자, 그거 인자 다 치우야 되거든. 그것도 인자 내가 인자 옛날에 물지게 같은 거 지고 인자 내가 지고, 밭에 갖다 퍼 붓고. |이승분|

―― 아이구! 그러기 소 몰고 쟁기질만 안 해봤다니께. 벼 심고, 베고, 털고. 난 그런 일은 참 무슨 일이고 무섭지 않게 했어요. 벼도 해다가 그거 이거 밟는 회전기로다가 다 떨어야 되고 뭐. 보리도 사람 얻어서 쟁기질만 해노면 도리채로다 두드려서 해야 되고. 보리 1년 여름에 농사지어 놓으면 벼가마 여섯에서 일곱 가마씩 되도락, 낮이 그거 해서 떨어놓으면 밤이 그거 까불러야 돼 두 동서가, 동서끼리가. 그러면 허리가 그냥 잘라지는 거 같으고 하는 게, 그때는 자고 나면 일어나고 했지 지금 같으면 아이 하겠어요. 그렇게 살았어요. |한명화|

── 벼를 지어서 열 단을 지고서는 오는데 괜찮더라고요. 그러고는 지게질도 해봤어요. 그냥 참, 밭 가는 거 이런 거만 못 해봤지. 뭐, 감자 심고, 뭐 저기, 여물 심고 이러면, 뭐 재도 뿌리고, 뭐, 이런 거 다 해보고, 별 거 다 해봤어요. | 박수영 |

── 아이구! 나는 안 해본 게 없어. 벼도 얼마나 베 봤는지. (팔뚝과 손등을 보여주며) 그러면 이 사이에 닳아가지고 빨개요, 벼가 이게. 벼도 베 보고 뭐 논둑에 풀도 베고, 그거 살라면 또 돈 줘야 되니까 그거 내가 다 하고. 피도 내가 뽑고, 또 모판에 비료도 내가 뿌리고, 뭐 모판에 약 치는 것도 내가 그, 그 약통 작은 집에 있으니까 내가 메고 가서 주고. 그 들판에서 그랬는데 우리 시아주버님이 보고 "참 저 아주머니는 치마를 둘러서 여자지 참 남자 하는 일 혼자 다 한다"고 이랬는데. | 이호영 |

── 시골에 사니까, 농사짓는데 새벽같이, 그때는 모심기 할라 카면 물이 전쟁이거든, 그거를 엄마가 새벽에 3시, 4시 그래가가꼬 물, 그 물꼬를 대가 모심기 하고. 하여튼 엄마가 너무 밤잠도 안 자고 혹사를 해가지고 일찍 돌아가신 거 같애. 그러니께네 우리 시골서 나를 갖다가 인저, 물이 거기는 귀해서, 요새 같으면 강물 떠, 이래 갖고도 먹을 수 있는데 그때는 우물 하나 가지고 동네 그 큰 데 다 먹으니까 엄마가 잠을 안 자고 그거를 우리 집에 하루 먹을 거 그거를 하니께, 내가 물을 안 져봐서 아직까징 이런 게 서툴러요. 내를 일을 안 시켜가꼬 엄마가. 그거 다 하고, 밭매고, 논매고, 언덕에 가면 풀이 많으면 풀

베는 거, 나락 베는 거 그거 엄마가 다 하고, 할아버지 산소 있는 데 할아버지 산소에 벌초 그거 엄마가 다 하고. | 모강숙 |

전쟁미망인들은 논매기, 논에 물 대기, 모심기, 밭매기, 나무하기, 인분 처리하기 등 쟁기질만 빼고 농촌에서 할 수 있는 일은 모두 했다. 그래서 그들은 주위 사람들에게 "치마를 둘러서 여자지 남자 하는 일 혼자 다 한다"는 말을 들었다. 농촌에서 살았던 전쟁미망인들은 남성들의 일이라 간주되었던 쟁기질만 제외하고는 논농사도 맡았다.

— 구술자: 그거는 혼자 져야지. 원래 내가 바느질은 좀 했거든요. 그러니까 품앗이로 그거 해주고 일꾼들을 데려다 이렇게 하고. 저렇게, 많이 품으로도 했죠.

면담자: 바느질 대신 해주고?

구술자: 응, 와서 일을 해주고. 그러다가 인제 뭐시기 허길래 틀을, 몇 년 후에 인제 틀을 샀지. …… 김매기도 하고 뭐, 아이 돈을 벌라니까 남의 거시기도 했죠, 남의 거시기도 하고. 밭 같은 거 하고, 모도 심으러 다니고 별거 — 별거 다 했죠. 열심히 살았어요. 열심히 살았어, 살기는. | 강경순 |

— 구술자: 품앗이도 하고 시골에선 옛날에 뭐 — 길쌈해서 지금은 적삼이라고 그러지. 그런 거 하나라도 꼬(꿰)매 입어야 되는데 꼬매기 싫으면 재봉에다 가서 남 하는 사람 있으면 갖다주면 해오고. 그거 한 번 꼬다주면 밭을 가서 매줄라면 이틀, 삼 일씩 해줘야 돼요.

여성들과 소녀가 연자방아를
이용해 곡식을 찧고 있다

면담자: 아— 그러니까 바느질을 다른 사람에게 맡기면 그 집 가서 대신에 일해주고?

구술자: 예. 그래요, 그랬었어요. 그때는 아이구 뭐든지 다 그렇게 무서웠어. 〔이자〕 놀이하는 사람도 쌀 한 가마 주면 가을이 가서 가마 반 가마가 느는 거야.

면담자: 음, 장리 빚 놓는 분들이.

구술자: 예. 그러니께 시골도 그때는 있는 사람은 돈이 더 붙게 돼 있는 거고, 없는 사람은 만날 없고 그러니께. 없는 사람은 도지(일정한 대가를 주고 빌려 쓰는 논밭)라고 그래가지고 1년 내 농사짓고, 벼 두 가마 갖다 먹고, 남 논 몇 마지기씩 농사지어주고, 여름 내내. 그렇게 살았죠, 그때는. |한명화|

—— 장가가면 뭐 옛날에 명주 같은 거 이런 거 갖고 하거든. 그래 명주 바지 만들어달라고 하고, 두루마기 만들어달라고 하고, 그런 거 밤새워 하더라고 우리 어릴 때 보니까. 낮에 밭매고 이렇게 하고 밤에 에 에— 불 키놓고 꾸벅꾸벅 졸면서도 깃을, 깃을 옛날에는, 요새는 개량

한복은 이렇게 하지만 옛날에는 아주 요렇게 예쁘게 하는, 그 깃을 손을 가지고, 손이 꺼칠꺼칠하니께네 그게 안 되니께네 손을 갖다 이래 갖고 어디다 닦아가꼬 또 하고 그래. 그런 거 만들어가꼬 인제 바지저고리 뒤지가꼬 이제 장가갈 사람 입을 거 만들어 갖다주고. | 모강숙 |

모강숙은 어릴 적 낮에 일하고 온 어머니가 밤새도록 꾸벅꾸벅 졸면서 바느질을 하던 기억이 난다고 한다. 모강숙의 어머니도 품앗이 대신 옷을 만들어주는 일을 했던 것이다. 농촌의 생산노동 조직(경제적 이해 집단)에는 두레, 품앗이, 공동 모내기 작업, 고지대, 작목반 등이 있다.[12] 이 가운데 고지 또는 고지대라고 불리는 조직은 일제 시기 중남부, 그중에서도 전라북도를 중심으로 성행했던 농업 노동 청부제로, 빈농인이나 농업노동자가 개별적으로 청부하는 것이 있었고 또 일군의 빈농 및 농업노동자가 단체를 조직하여 그 대표자로 하여금 지주나 대농과 노동 청부 계약을 하게 하고 그 대표자의 지휘에 따라 노동에 종사하여 계약 임금의 분배에 참여하는 단체 성격을 띠는 것이 있었다.[13] 고지대는 이전부터 행해져 왔던 공동 노동 형태인 고지가 농촌 내부의 계급분화에 따라 변질되면서 발전했다.[14]

—— 그래가지고 그래 댕겼는데, 그 동네는 또 제국 시대 때부터 옥외 노동이라는 게 있어요. 모심는 데. 그래, 참 유지 어른이 이제 부인들을 인솔해가지고 아침 먹고 나와서 모를 쪄가지고 모를 심으면 양쪽에서 남자들이 못줄을 대주면 여자들이 논 가운데 들어가서 모를 심고 이러는데, 그러면 잘 심는 사람은, 모를 잘 심는 사람은 상—중—

하로 이렇게 구분을 가려가지고 돈을 나눠줘요. 그 [모를] 심어놓으면 논 마지기수를 받아가지고. 그래 어떻게 참말로 우리는 잘 심는 축으로 뽑혀가지고, 그래 1년 댕기고 그러다보니 익숙해져가지고 그러다보니 이제는 그 어른이 뭐라고 그러시는 게 아니라 "이제 모두 잘 심으니까 내가 따라댕길 것도 없고 인제는." 그 동네는 일꾼 둔 사람들도 남자들 해서 모 안 심어요. 전부 여자들이 낙(여성 일꾼)[을]사서 모를 심고 그랬는데, "이제는 모두 품앗이를 하든지 여자들을 사서 심든지 마음대로 하라"고 그러더라고. 그래 인제는 잘 심는 축에 뽑혀가지고 돌아댕기는 거예요. 인제 모심으로 댕기면, 이 손톱을 길러요, 기르면은 하여튼 한 50일을 댕겨요. 50일을 댕기고 나면은 이 손톱이 다 닳아가지고 아파요. | 이호영 |

이호영은 개인이 아닌 단체로 구성된 노동조직에 참가했다. 또한 여성들로 이루어진 노동 조직은 농업노동에서의 계급분화와 함께 성별 분화도 고려해야 한다. 이호영은 이것이 일제 시기 옥외 노동에서 비롯됐다고 했다.

―― 우리의 가정도 전장이고 우리 일터도 전선이오. 여자도 남자에게 지지 않도록 이 전선에 나서지 않으면 안 되오. 종전과 같이 옥내에서 꾸물꾸물하고 있을 수 없소. 들로 산으로 모내기에 김매기에 용기 있게 진군합시다. 그리하여 잘 일함으로 인하여 심신을 단련하여 황국 군인의 어머니로서, 또는 황국 군인의 처로서 부끄럽지 않을 부인이 됩시다. 자 일하자 부인도 남자에게 지지 않도록.[15]

일제 시기 총동원 체제의 '전가全家 노동, 불로不勞 노동력의 폐지'라는 청원에서 여성은 하나의 동원 단위가 되었고, 근로보국운동, 국민개조운동 따위의 실천 사항을 내용으로 한 여성들의 '옥외 노동'이 강조되었다.[16] 경기도 시흥군의 경우 1938년 6월 11일부터 24일까지 부인 근로 주간을 설정하고 군내의 20세 이상 50세 이하의 부녀자를 모내기에 동원했다. 옥외 노동은 국가적 근로 의식의 고취, '개인주의적 근로 관념'을 버려야 할 것을 논리로 삼고 있다.[17]

반면 한국전쟁 뒤 여성들로 구성된 노동조직은 다른 측면이 있었다. 일주일 정도의 동원 노동이 아닌 2개월 정도 모내기철을 맞아 마을마다 돌아다니며 전문적인 노동조직을 만들어 모내기 작업을 했다. 이호영은 영주로 이사 가서도 아들을 동서한테 맡겨놓고 모심으러 농촌에 갔다. 한 달이나 두 달 가서 일하면 돈을 모을 수 있었기 때문에, 그것이 눈에 밟혀 모심으러 갔다. 한복순도 "모를 심으러 대니면, 그때는 품앗이하니께, 그래도 모를 심으러 논으로 들어가요. 그래 장딴지가 비리하게 벗어지도록 대녔어. 저 토지로 어디로 대니면서 한 보름간은 모를 심고 대녔어"라며, 돈을 만질 수 있는 기회였으므로 장딴지 살갗이 벗겨지도록 모를 심으러 다녔다고 했다.

여성들이 중심이 된 '모내기 작업반'의 기원이 일제 시기 옥외 노동이었을지라도 그때의 노동력 동원과는 전혀 다른 의미를 가졌다. 식민지 시기 옥외 노동이 한시적인 노동력 동원으로 농업 노동의 성별 분업 체계를 여전히 견지했던 것과 다르게 모내기 작업반은 여성들에게, 전쟁미망인에게 '돈'을 모을 수 있는 계기였으며 성별 분업 체계를 넘어서는 작업이기도 했다.

논농사 가운데 가장 고된 일은 논에 물 대기였다. 논에 물을 대려고 새벽이나 깜깜한 밤에 나서는 일은 매우 위험했으며, 종종 다른 이들의 의심을 사기도 했다.

—— 한번은 저 우리 [마을이] 낙동강 둑하고 가깝거든. 그런데 그짝에 우리 논이 하나 있었는데. 항상 삽을 들고 다니는데 그래 새벽에 모심기하러 물로 그거 하러 가니까, 아니 모를 심어놓고 논에도 물을 줘야 되니까 [가는데] 이만한 개가 있더래요. 그 뭐꼬 달빛에 둑이 있는 거 같으면 개가 이래 서가 있는 그림자가 보이더래요. 그래 '아 누구 집 갠가 송아지만 하다' 그래 했는데 그게 어슬렁어슬렁 엄마 쪽으로 오더래요. 오더만은 이래 [냄새를] 씩씩 맡더니만 지나가더라네. 그게 늑대였어. 그래 엄마는 그게 갠 줄 알고, 늑대 같으면 무서워했을 텐데, 늑댄 줄 몰랐는데 그래 동네에 누가 돼지 사다 멕이고 닭 멕이는 사람이 "어젯밤에 늑대 와서 우리 돼지 잡아먹고 갔다" 이러더래. 그래서 엄마가 "아! 내가 새벽에 가니까 그기 동네 쪽으로 날로 지나서 가더니만은 그게 늑대였구나" 이랬대. 그러니까 그런 것도 무서워하지 않고 하여튼 물을 대야 농사를 짓는다카면 물불을 안 가리고, 무서워서 못 가고, 시간이 없어서 못 가고, 자면서 못 가고 이런 게 없어요. 그런 거 엄마가 다 하고. | 모강숙 |

—— 한번은 내가 논에 가 있다니까네 모판에 내가 어제 비료를 줬는데 모 끝이 안 보여요, 물이 들어와가지고요. 짤랑짤랑거리더라고. 그때 굉장히 가물어가지고 물 대기가 굉장히 힘이 들었는데. 모판에 비료

만 안 줬으면은 좋은데 모판에 비료를 줘가지고 걱정을 했어. 그리고 논때기마다 물이 찰랑거려. "아이구 물이 많이 들어와 좋긴 하다" 하고 들어서 쉰다고 방이 있다기께네 누가 밖에서 남자 기침 소리가 나더라고요. 그래서 문을 열어보께 우리 논 위에 논 사람이 나를 찾아왔어. 그래 "어디서 오셨어요?" 알고서도 내가 "어디서 오셨어요?" 그러니께네 "이 댁이 저 장계 논 부치시지요?" 그래. "예 그런데요" 그러니께네 "댁이 조금 전에 논에 왔다 갔지요?" 그래. "예 그런데요" 그러니께네 "내가 내일 모를 심을라고 밤잠을 안 자고 물을 대놨더니 댁이 나와가지고" 내가 나가서 자기네 논물을 다 따서 우리 논으로 댔대. "아저씨 그런 소리 하지 마세요. 내가 가니께네 물이 그렇게 짤랑짤랑하게 있어서 내가 어제 모판에 비료를 줬는데 물이 그렇게 들어와서 아무 효과가 없다고 걱정하고 있는 거예요." …… 그 이튿날 내가 또 나가봤어. 나가봤더니 그 집 모를 심더라고. 그래가지고 내가 "아이구 그래 모를 저기 심으시네요. 물을 어떻게 대가지고 심으세요?" 그랬더니 "어 저녁에도 밤새도록 물을 댔다"고 그러매 "아이고 죄송해요. 알고 보니까 우리 논 밑에 사람이 그 물을 따낼라고 우리 논 파내려간 거예요" 하대요. 자기네 동네 사람이래. 그래 "미안하다"고 그러더라고. 그래 "아저씨 다음부턴 혹시나 이런 일이 있어도 절대로 날 찾아오지 말라"고 "왜 알도 못하고 그러냐?"고 하면서 "남자분이 여자들 혼자 사는 집에 쫓아와가지고 왜 이러쿵저러쿵하느냐?"고 그러니께네 "예, 미안" 하다고 그러더라고. | 이호영 |

논농사나 밭농사 이외에도 길쌈은 농촌에서 현금을 만질 수 있는 주요한 일이었다.

―― 내 자는 방에 짜고. 시어머니, 시아버지캉 한 방에 자면서도 거 짜
고, 시어머니, 시아버지 주무시도 짜고 그랬어요. 내 시집가니까―
전깃불도 없어 호롱불 써놓고 있었어. …… 6·25사변 나고 나니, 전
기가 들어오니 막 얼매나 좋지. 전깃불이 들어오고는 막― 밤에도 막
짜는 거야. 그러면은 낮에도 짜고 밤에도, 12시가 됐는지 시계도 없
고, 뭐 얼마가 됐는지도 모르고, 뭐 라디오가 있나. 그러면은 그때는
한 스무나무 자씩(스무 자 정도씩) 짜는 거야, 하루. 그래 아침에 아침
해먹고 뭐 이래 해놓고, 낮에 점슴(점심)은 으른들 점슴 채려드리고
할라 카면 한 열두 자밖에 못 짜. 중간에 내려오고 하만. 또 밤에도 짜
고 이렇게 아침 안 해먹고, 저녁도 안 해먹고 하면 스무나무 자씩 자.
그래 짜면은 철카닥 철카닥 철카닥 철카닥 나오는 거지 뭐, 계속. 그
렇게 해양(해야) 그렇게 짜지. 느릉느릉 해가지고 하면 그렇게 못 짜.
오후 한, 말하자면 지금 시계로 말하자만 오후 한 4시, 3시 되면 막 짜
는데도 잠이 까박까박 오는 거야. 그래가 어떻게 정신 차리고, 이렇게
찰카닥 찰카닥 소리가 나거든. 소리 안 하면 시어머니나 시아버지가
야단이 나는 거야. | 박원기 |

박원기는 길쌈을 해서 나무를 사고, 나무를 사서 집을 지었으며 논과
밭을 샀다. 베 열 필을 짜려면 하루도 쉬지 않고 꼬박 한 달을 작업해야
했다. 명주는 40자가 한 필, 모시는 20자가 한 필인데 하루 열두 자 또는
스무 자 정도 짰다고 한다. 쉼 없이 베를 짜서 시집의 재산을 늘려놓은

뒤에 시가에서도 그 마을에서도 며느리로 인정받았다.

가사 노동은 으레 맡아야 하는 일이었다. 일하다가 들어와서 점심을 하고 저녁을 해야 했다. 가사 노동이 다른 농사일에 비해 큰 비중을 차지하지 않았지만 분가하기 전 곽순진에게 가사 노동은 이른 새벽에 일어나 늦은 밤 잠자리에 들 때까지 쉼 없이 해야 하는 일이기도 했다. 그래서 그녀는 다음과 같이 말하기도 했다.

── 〔일제 시기에〕 아 놋그릇 걷어 가니까 어떻게 좋은지. 안 닦으니까. 아이고 말도 못하게 일했어 나. 하하하─ 고생한 거 어따 말을 다 해. 그래도 그때는 재민 줄 알았어. 일만 하면 살고, 재민 줄 알았어. 싫으면 했겠어요? 싫으면 못하지 땡깡도 놓고 하지. 근데 그런 것도 못하고 그냥. 하면 하는가보다─. | 곽순진 |

── 그저 집안에서 만날 일만 하고 애들하고 그냥 그리고 노인네들 뒷바라지하고 농사지면 또 밥해 내가고 만날 그거 하다가 이렇게 세월 보냈어요. | 김예분 |

── 산골에 가서 참말로─ 방아도 못 찧고 그랬는데 또 우리는 그, 방아를 들라니까, (웃으며) 방앗다리를 번쩍 들어서, 그 방앗다리를 드니 뭐가 올라와. 그래서 우리 고모가 그랬어. "아이구, 얘들아 그거 드는 거 아니야. 올라서" 그래. 그래 참 둘이 올라서니까 되더라고. 그렇게 찧어서 밥해 먹고. 그냥, 뭐 참. 밭도 막, 그런 거 안 해봤는데 그런 것도 해보고 별거 다 해봤어요. | 박수영 |

――― 누구 어디 밭매러 간다고 그러면은 "아이고 나도 데리고 가라"고 그래 따라댕기면서, 생전에 그게 일을 해봐야 되지요. 시집올 때까지 내가 참말로 수건 하나 안 빨아보고 시집을 왔거든요. 그래가지고 모두 한 골 다 캐나가면 나는 반도 못 나가요. 딴 사람들 히뜩히뜩 매는데 이렇게 호미를 짜놓고 그놈의 풀을 하나하나 다 추려가지고 골라놓고 할려니까 더디더라고요. 그래 인제 모두 히딱히딱 나가가지고 나를 또 거들어주고 이래 따라댕기다 보니 좀 익숙해지더라고요. |이호영|

일제 강점기에 공출로 놋그릇을 걷어 가는 것도 오히려 좋았다고 할 정도로 곽순진에게 가사 노동은 버거웠다. 이들은 모두 결혼 전에는 그런 일을 해보지 않았다고 말했다. 디딜방아를 들라고 했는데, 정말 디딜방아를 들었을 정도로 아무것도 몰랐다고 한다.

2
행상과 좌판

자본주의 시장경제 아래에서 시장 출입을 포함해서 장사는 화폐가 교환되는 가치 있는 노동이며, 시장은 공공 영역이다. 장사하는 행위자로서의 여성의 출현은 한국전쟁 이전에도 존재했다. 황해도 여성이라면 으레 광주리를 연상할 정도로 그들은 봄철부터 여름철에 걸쳐 광주리 하나 달랑 챙겨서 장삿길에 나섰다.[18] 함경도 여성은 함지에 콩, 팥, 귀리 같은 곡물은 물론이고 각종 채소나 과일 등을 담고 장시에 출입했다. 북부 지방 여성들의 시장 출입은 비교적 자유로웠지만 해방 전까지 남부 지방에서는 시장에 출입하는 여성이 흔치 않았다.[19]

여성들의 시장 출입이나 장사가 빈번해진 것은 한국전쟁 때였다. 소비자로서 출입하는 것을 넘어서 판매자, 장사하는 행위자로서 출입하는 여성이 증가했다. 전쟁 뒤 장사하는 행위자로 등장한 여성의 증가는 상설 시장이든 5일장이든 행상이든 흔하게 볼 수 있는 현상이었다. 물론 내가 만난 전쟁미망인 가운데 동대문이나 남대문시장 같은 상설 시장에서 점포를 얻어 장사하는 사례는 거의 없었다. 이들에게 상설 시장에서의 장사는 꿈꿀 수 없는 것이었다.

―――― 8일 하오 4시 서울 시장실에서는 서울시 청파동 국립모자원에 있는 열 명의 전쟁미망인들과 김 서울 시장 간에 남대문시장 사용 문제를 에워싼 대언쟁이 벌어졌다. …… 하오 4시에 면회하였다. 이 면회 석상에서 전쟁미망인들과 서울 시장이 남대문시장 사용 문제를 에워싸고 주고받은 말을 요약하면 다음과 같다.

― 전쟁미망인 측: 우리는 군경원호회 서울특별시 지부의 원호 대상자이다. 우리들이 기다린 것은 대한군경원호회에서 원호를 목적으로 관재처로부터 이양받은 남대문 점포 120개 중 조금씩이라도 얻어서 장사나 하여 살아보려는 것이었다. 그런데 듣건대 이 점포를 대한군경원호회에서 시장의 연고자들한테 팔아버리었다니 그러면 우리는 어떻게 살란 말인가. 100만 환에 팔기로 하고 현재 50만 환만 받았다는데 서울 시장님은 지부 책임이니만치 책임을 져야 할 것이니 책임 있는 답변을 하여주오.

― 서울시장: 나도 전연 모르고 부지부장인 사회국장, 경찰국장도 모르게 아랫사람들이 팔아먹은 모양이다.[20]

전쟁미망인들은 남대문시장 점포 몇 개라도 얻어 장사하려 했지만, 이미 대한군경원호회가 다른 이들에게 팔아버린 상태였다. 대한군경원호회는 원호 단체로 가장 영향력 있는 단체였다. 그렇지만 일찍부터 이

개똥참외를 팔고 있는 모습

행상(《부산일보》 1953년 9월 7일)

단체는 인건비의 과다 지출, 직원들의 원호 사업비 유용 따위로 사회적 문제를 일으키고 있었다. 대한군경원호회의 이러한 사정 때문에 전쟁미망인들이 남대문시장에서 점포를 얻을 가능성은 무척 희박했을 것이다.

그렇다면 전쟁미망인은 어떻게 장사를 시작했을까? 행상의 경험을 가진 미망인은 모두 열일곱 명(곽희숙, 구영선, 김금자, 김숙자, 김순영, 박광자, 박원기, 박태영, 양희선, 윤철희, 이동호, 이경순, 이동애, 이선자, 이성모의 어머니, 정상호, 한복순)이었으며 구영선은 잡화점을 운영했다. 이렇게 전체의 절반에 가까운 구술자가 행상을 했던 까닭은, 행상이 특별한 기술이나 자본을 가지지 못한 전쟁미망인들이 가장 손쉽게 접근할 수 있는 일이기 때문이었다.

이들의 행상 품목은 자본금의 유무에 따라 결정되었는데, 나무장사나 채소 장사는 자본금이 없이도 시작할 수 있었고, 쌀장사나 옷 장사는 작은 밑천이라도 있어야 가능했다.

―― 새벽에 도시락 싸가지고 산에 가가 나물 뜯어가지고, 가가 인자 30리, 그 하루 이틀 것을 모아가지고 안 돼―, 며칠 것을 모아가지고, 그래 팔러 가. "다른 사람들은 잘 팔더만 왜 내 나물은 안 팔릴까?" 전부 뒤적―뒤적―하면 다 말라가 저녁 되면 나물이 쪼끄매―. 그래― 저 식당에 보면, 꽁치로―, 꽁치, 꽁치 그걸로, 지글지글 구워가

지고 그 식당에 밥 먹는 걸 보면, 그기 "아이구— 나도 저걸 사다가 한번 해먹었으면" 그기, "왜 그걸 한번 못 해먹었을까?" 나물 판다 해 봐야 돈이 얼마 되겠어요? 우예 살았는가 몰라. 사는 것도 참말로 뭐—. |이경순|

—— 쌀도 남으면은 장에 가서 팔고, 아무거나 갖다 팔았어, 그냥. 무수에다 그냥 채소 같은 것도 팔고. 그래 돈 할라고. 돈이 어디 가 있어야지. 내가 안 꼼짝거리면 돈을 할 수가 없어. 우리 삼 남매 키울 적에 내가 꼼지락거려야지. 그래 항상 이고 댕기면서 갖다놓고 팔고, 또 길쌈해가꼬 베 내가다 베 팔고. 저녁마동 잠을 못 자요. 그러면 베 매고, 짜고, 짜고 해가꼬는 그거 시장 돌아오면 100원이라도 팔아가다, 팔아가꼬는 갖고와 …… 그러니께 안 간 장이 없어, 이 근처에 다. 5일만에 한 번씩 장이 서는디, 그럭 안 하면 돈 꼴을 못 봐. |한복순|

— 구술자: 나무장사도 했어요.

면담자: 나무장사는 힘든 건데.

구술자: 그래두 어떡해요. 하나 업구, 작은 것은 업구 큰 것은 할머니한테 맡겨놓구, 그러구 다니면서 그냥 했슈. 그렇게 해가지구 벌어먹구 그냥 그렇게 살았어요. …… 그때 떡장사도 하고 별짓 다했어요, 나도.

면담자: 어디 가서 팔았어요?

구술자: 시장 바닥에서 인저, 한 10리, 20리 걸어 나와가지고 시장 바닥에서. 그리 안 하면 인저 노동자들 일하는 데 있잖아요. …… 그런

디 이고 다니면서 팔고. 나머지는 인저 오면서 오면서 집집이 들러서 팔고. 애기[를 업고] 그러고 다니니께 다 갈아줘요(팔아줘요). 쌀 되박이라도 주고 다 갈아주더라고. …… 그래서 가지고 와서 팔아서 먹고, 또 그냥, 밑천이 있어야 또 장사를 하지. 그 짓을 했어요, 그래서 살았어요. | 윤철희 |

―― 그냥 옹기, 저런 단지 같은 거 그냥, 저런 큰 단지 있잖아유. 저 부강서, 그래서 이 다리를 그래서 못 쓰는 거 같어. 그냥 세 걸음(빠른 걸음)을 한 겨. 저기 하나 갖다놓구, 여기 하나 갖다놓고, 또 가고, 여기 다 갖다놓고 또 가고. 그래 인자 그놈을 이고 산비탈루 이렇게 생긴 디를 댕기면서. 그때만 해두 보리, 겉보리, 그거 받아다 또 그 놈(보리를) 내가지고(팔아가지고) 장사 밑천을 하구. 이렇게 해가지구서는 어떻게 비누 같은 거 떼가지구 가지구 댕기면서 팔구, 그렇게 해서 그것들 멕여 살렸어유. | 박광자 |

―― [시어른 홧병에] 다 팔아가 [술 잡수시고] 없고 내 몽뚱이로 가 살고. 봄에는 산채에 가 산나물 뜯어다 팔고 콩 밭에 콩 숨긴 데 열무 갔다 팔고, 동네 감 따다 팔고 곰티재 30리 도티재 10리 걸었어. 새벽에 등불 들고 청도역전에 이고가 그거 팔아가 와가 제사 장보고 아 학교가 학용품도 사고. | 김금자 |

김금자, 박광자, 이경순, 윤철희, 한복순은 농촌에서 생활하면서 나무나 산나물을 뜯어 시장에 내다 팔았다. 김금자는 그 지역(청도)의 젊은 여성으로, 처음으로 시장 출입을 했다. "내가 젊은 사람이 제일 먼저 시장 당겼어. 그때는 여자는 시장 안 댕겼거든. 제사 1년에 아홉 번이라. 명절 제사면 열한 번 아니가. 그러니 내가 안 갈 수 없어. 그때 내 스물한 살 먹 었어. 그래가 걸어 여 갔다오고, 당겼어." 농사를 지으면서 행상을 병행했 다. 이경순과 윤철희는 농사를 지을 땅이 없어서 행상을 한 경우이다.

—— 처음에 대구 나와가지고는 채소 장사 하는데, 양철 다라이라고 그 게 있는데, 그걸 하나 살 형편이 안 돼서 누가 떨버져 버린 것을 줬는 걸. 그래가 저— 동촌 가가지고, 배추 솎아놨는 거. …… 그 사람들이 자기네 손을 할라카면 손이 안 돌아가니까네 그걸 "뽑아가라, 공짜로 뽑아가라" 해가— "좋은 거 놔두고 나쁜 거 뽑아가라" 해가 그걸 하 루 종일 가 뽑아가지고, 다라이 이래 담아가지고 놓으면 그기 시드 러지잖아, 안 시드러지고는(시드러지게) 물 차가지고(뿌려) 보자기 덮 어가 한 10리나 되는 데 [머리에] 이고, 머—. 물이 질질— 내려와, 뒤 에도 질질질질— 내려오고. 이러가 갖다 파니까, 그때 돈으로 30원도 되고, 그렇더라구요. 그때 연탄 한 장이 그때 20원 했는가? 15원 했는 가? 그랬어요. |이경순|

—— 채취해가지고 차에꺼징 실어다주고, 새벽에 나가서 해주면은 이 사람네들이 차에다가 얹어가지고 서울, 야채를 가지고 서울로 가는 거라. …… 서울장 해 보내고, 그 밑에 찌끄래기 남잖아. 미나리고 시 금치고 그거를 인자, 한 번에 보자기 가가지고 가서 줍는 거야. 그러 면 많이 줏어. 막 줏어. 줏어가지고 집에 와서 씻거가지고 삶아가지고

오후에 저녁 시장 보러 나오는 사람한테 그거를 파는 거야. …… 거기 동춘시장 가가지고 저녁 시장 보면은 5원도 받고, 인제 3원도 받고 팔고, 그래가지고 받고 팔면은 그 돈이 꽤 되는 거야. 다 팔면은 한 500원도 되고, 400원도 되고, 300 얼마도 되고. 그러면은 연탄 두 장 사고 쌀 한 되 사가지고, 애 도시락 싸가 가라고 인자 밥하고. …… 낸중에 그거 [채취해 서울시장 보내] 너도나도 하니께네 임금도 작게 주고, 임금을 그때 200원 받고 새벽에 나가가지고 다섯 시간, 여섯 시간 하니까, 그것보담도 야채 줏어가 파는 게 그기 그래도 돈이 어느 정도 모이더라고. | 박원기 |

도시로 올라와서는 대도시에 공급하는 채소밭에서 일한 뒤에 남은 채소를 갖다가 삶아서 저녁 시장에 팔거나, 솎아내기를 해주고 받아온 배추를 팔기도 했다. 초기 정착 과정에서 행상은 자본 없는 여성들에게 살 길을 마련해주었다. 구영선과 양희선은 옷 장사와 쌀장사를 했는데 약간의 자금을 갖고 시작했다.

──── 쌀 한 가마니 값도 안 되고, 반 가마니 값을 주셨는데, 그거를 갖다가 기금을 해가지고 인자 장사를 했는데 ─ 한 ─ 1년을 하니깐 한 ─ 쌀이 한 ─ 스무 가마니나 됐어요. 장사를 하니깐! 이제 점포세도 안 주고 ─ 제가 생활비도 하나도 안 주고 ─ 그래가지고 그 '고성' 이라는 데가 있는데. 그 '고성'이 쌀이 많이 나는 곳이었어요. 그래서 거기꺼정 인자 짐차로 가가지고 '모리때고개'라 하는 데가 있는데, 하─아(한숨 소리) 거기 인부를 거기다 대면 그 당시에 다른 몇십 원

이라도 줘야 이제 그 쌀 한 가마니를 갖다가 한 가마니라도 그— 차에다 쓰러꾸에다가 실어줬는데, 그거 안 할라구 제가 반 가마니씩 이고. 한 5리 길을 가다가 이고 가서 인자 그거 또 또 차에다 올리고. 그래서 그런 생활을 했어요. 그래가지고 뭐 고개가 아파가지고 난중에는 고개를 들지도 못하고. | 구영선 |

임기영은 점포를 얻어 장사를 했지만 시장 주위의 건달들에게 시달려 결국 그만두었다. "시장에 가서 점방을 하나, 64칸을 지어놓고 거기 한 칸씩 얻어갖고서 시숙이 '거기서 그럼 장사나 좀 해봐요' …… 그래 하는데, 그것도 막 '아이구!' 깡패 머스매, 내가 그때는 젊잖아요. 그러니까 머스매 새끼들이 와가지고 그냥 처먹고 돈도 안 주고 막 그냥 '돈 달라' 면 막 그냥 사과를 집어던져서 짜개버리고 그래서 그것도 못했어요. 또 그 장사도 할라다 못했지." 시장 건달들에게 시달림을 받은 것은 여성 혼자 장사하는 경우 심했을 것이다. 윤철희도 장사를 하면서 많이 얻어맞았다고 한다.

— 구술자: 좋지도 않더라고. 그리고 혼자 그렇게 얼굴에 바르는 게 뭐여. 머리도 이렇게 하고, 어린애 업고 다니께 그지로 취급하지 여자로 취급하지도 않어. 장돌뱅이들처럼 그렇게 하고 다니께 장사도 자리 그냥 뺏기고 두드려 맞기도 많이 맞았어요.
면담자: 누구한테요?
구술자: 장사꾼들한테. 자리, 장사도 자리 먼저 가서 맡는 게 임자 아니에요. 여자니께 지죠, 암만해도. | 윤철희 |

행상한 전쟁미망인은 가장 힘들었던 기억으로 '걸어 다니기'와 '무거운 짐을 머리에 얹고 돌아다니기'를 꼽았다. 더구나 1950~60년대 농촌에서는 물건 값으로 현금이 아닌 쌀이나 보리, 콩 같은 현물을 지불했다. 그러다보니 팔 물건과 받은 곡식 등 많은 짐을 이고 다니다 허리나 목, 다리에 무리가 와서 쓰러지기도 했는데 구영선, 김순영, 박광자, 박원기, 양희선은 수십 년이 지난 지금까지도 그 후유증을 앓고 있었다.

───── 아침 일찍 걸어갔다가 저녁에 깜깜해야 집에 와요. 그러면 뭘 사 가지고 오느냐면 저기 새우젓, 뭐 그런 걸 당장 먹을 걸 그런 걸 사가지고 오는데 거기서 또 걸어서 와요. 그렇게 세상을 살은 생각을 하면 지금, 지금은 잘 걸어 댕기지도 못하는데 그때 걸어 댕긴 생각을 하면 기가 맥히지. | 김순영 |

─ 구술자: 응 돌아댕기면서. 시장에는 그게(장사할 물건이) 있으니 팔리나 안 팔리지. 시골에는 그런 거 팔리거든. 그래서 인제 그 댕기면서 파니까.
면담자: 아, 그러니까 시골 마을을 돌아다니면서.
구술자: 그렇지. 돈을 안 주고, 돈을 안 주고 곡식을 주는 거야. 콩 겉은 거, 쌀도 안 나오고, 콩, 팥 주로 깨, 주로 그런 거만 주는 거야. 안 그러면 인제 보리쌀. 그런 게 이 가격 치고 옷감 가격 치고 그러면 이 짐이 무거워. …… 머리 짱 백여가─ 머리 짱 백여가 붙었는지 떨어졌는지 모르고. 저녁에 가면 무거분 거야. 너무 무거분 거야. 2년을, 근 3년을 가까이 하고 나니 허리가 이기 너무 무거브고, 허리가 한 번 치 뺐브드니만 짐을 힘껏 던지고 내가 막 칵 까무러친 거야, 길바닥에

서. 허리가 인자 무리를 가가지고. 허리가 무리를 가가지고 허리가 중심을 잃아노니, 그래 지금도 허리가 엑스레이를 찍아보면 이리 하나 삐뚜러지고, 이리 하나 삐뚜러지고. 세 개가 이짝으로 삐뚜러지고, 이짝으로 삐뚜러지고, 곤칠 수가 없대. 그래 지금도 허리가 아프니까 다리가 지리고〔저리고〕 아프고 그래. | 박원기 |

—— 밥 많이 먹고. 그래가지고 안 되겠어가지고 내가 장사를 시작했어요. 피난 가고 옷도 없고 다 타고 했는데. 인제 대구 80리를 아침에 통근차 가가지고 저녁 통근차 올라오고, 대구 저 어디냐 이번에 불난 데 있죠? …… 옷 지는 거, 저고리 같은 것도 그리 해가지고, 한 보따리 띠가지고 통근차로 올라온다. 통근차로 올라오면 내가 얼매나 놀랬는지. 뭐 캄캄할 때 통근차 오면 겁이 나서 만날 놀래가지고 오면, 그래가지고 오면 또 팔러 다니고,…… 딴 사람은 장사를 해도 식구들이 있어가지고 마지매(마중) 나오고 이러는데, 시골은 그때만 해도요 쌀 주면 쌀 받고, 보리 주면 보리 받고, 나락 주면 나락 받고. 다 이고 오는데, 물건 가가지고 가서 물건도 한 보따리지, 그것도 이고 오면, 그래가지고 인제 애들 둘이 있으니까 자고 오지를 몬 해요. 둘이 있으니까. 남의 방 하나 얻어가지고 둘이 있는데 그걸 놔두고 걱정이 돼〔자고〕몬 와요. 춥기나 덥기나 너댓 발을 이고 다니고, 춥기나 덥기나 제날 제날 와야 돼요. 그래가지고 한 보따리씩 여면 무거워가지고 어디 들에나 쉬려고 하면 이어주는 사람이 있어야 쉬지. 내 혼자 못 이니까요. 이 주면 내가 들고 내빼는 거예요. 그래서 내가 요새도 늙어도 걸음이 굉장히 빨라요. 나 몬 따라온다고 모두—. 하도 빨리 걸어싸서 질들어

가지고(길들어가지고) ―. 막 이래 〔머리에〕 여고 오만, 그래 어데 가다가 들에 누가 일하는 사람이 있으면 거기다 탁 내부쳐놓고 한참 쉬어가지고 그래 그 사람한테 이 달라고 해가지고 집에까지 오고, 또 밭매는 데 논매는 데 사람 있으면 쉬고, 이래 오면, 요새도 몸이 아플라 하면 이 모가지가 너무 아파요. 하두 여고 다녀서 모가지가 쑥 들어간다 카니까네. 이불 보따리만큼 곡식을 여고 다니니께. 곡식을 여고 그 위에다 보따리 여고 만날 이래 댕겼잖아요. …… 내가 스물여섯에 장사를 해가지고 10년을 그러구로, 10년을 장사를 했어요. | 양희선 |

"이불 보따리만큼 곡식을 이고 거기에다 물건 이고" 논이나 밭에 일하는 사람이 있어야 잠깐이라도 쉬었다가 길을 간 시간이 10년 동안 이어졌다. 이렇게 받아 온 곡식은 "그거 보리쌀이나 쌀이나 받아가지고, 그때에는 동네에 곡식 장사가 있었어. 집 안에 들어와서 사가지고 가서, 자기들은 또 소 구르마가 있었잖아. 구루마가 시내 갖다 내고 이랬는데. 집에 여고 오기만 여고 오면" | 양희선 | 곡식 장사에게 넘겨 돈을 모았다.

"외상 놔놓고 인제, 아무캐도 장사하면 외상을 돌라 카잖아요. 다음에 오만 주께 하면 주고, 받으러 가서 또 외상 받으러 가서 팔기도 하고 이런데, 그걸 적어야 되잖아. 누구 집에 얼매, 누구 집에 얼매 있다 카는 거 적어야 되잖아요. 〔친정 오빠한테〕 나는 누구 집에 얼매 있는 거 내가 보면 다 아는데 다른 사람 보면 그거 몰라요" 이카면, 〔친정 오빠가〕 "그게 젤 여물다" 이캤다 카니까네. (웃음) 우스워 죽지." | 양희선 | 이들은 비록 초등교육을 받지 못해 셈을 잘하지 못했지만 나름대로 셈을 해서 장사를 유지하면서 자녀들을 키웠다.

3
여성 전문직, 바느질

기성복이 대량생산되기 전, 삯바느질은 기혼 여성들에게 최고의 일거리였다. 삯바느질은 행상이나 노점과 다르게 집에서 일할 수 있었기 때문에 여성들의 천직으로 권장되었다. 이런 까닭에 서울부녀자직업보도소나 모자원에서도 여성들에게 재봉과 편물을 집중적으로 가르쳤다.

—— 원래 바느질은 여성들의 천직이라고 하겠습니다. 이러한 천직을 지켜나가며 또 한편 경제생활이 해결될 수 있다면 더욱 반가운 일이겠습니다.[21]

오인주는 시가에서 분가한 뒤 아들을 가르치기 위해 바느질하는 집에 들어가 시다로 일하면서 바느질을 배웠다.

김숙자의 재봉틀. 아직도 재봉틀로 일을 하고 있다.©

이선자가 서울 올라올 때 산 재봉틀. 이것으로 삯바느질을 했다고 한다.©

—— 나는 서울 인저 오늘 올라와가지고 이 이튿날 내가 가서 금호동으로 이사 왔어. 금호동. 금호동에서 산디— 내려오니까 바늘집이 있대. 그래서 그 집에 가서 "저 바느질 쪼까 할 수 없냐?"고. 저고리를 하나 해가지고 오라고. 그래서 해서 갖다줬더니, 그 이튿날부터 나오라고 해가지고, 그 이튿날부터 버는데. 광주서 버는 것보덤 저고리 하나에 광주에서는 그때 500원인가 했는데, 여기선 1500원이더라고. …… 자기가 500원 먹고, 나를 1000원을 주는 거야! 그러니깐 돈이 모이더라니까.

바느질 맡길 사람도, 입을 양반들이 다 그 효자동, 누와동 저기 뭐 옥인동 뭐 고런 데서 다 허고. 궁전동, 뭐 효자동, 뭐 누상동 고런 데서 모두 거기 그 시장으로 통일시장으로 다— 시장을 보러 내려가니깐 보고 다 들어오는 거여. 들어와서. …… 내가 〔바느질 가게에〕 방을 들여갖고 인자— 거기서 바느질하고, 우리 아들은 방 하나 얻어서, 살라고 또 주고. 나는 거기서 밥해서 먹어가면서 거기서 바느질하고, 사람들도 두고— 그랬지. | 오인주 |

오인주는 바느질을 해서 집도 사고 아들을 대학까지 가르쳤다. 광주

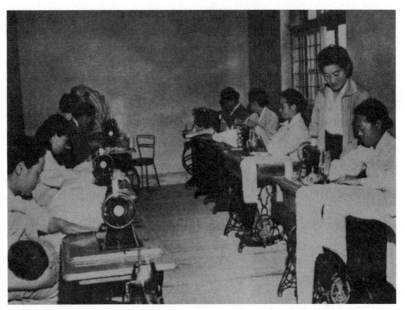
직업보도소나 모자원에서도 바느질을 가르쳤다. 젖을 먹이면서 배우고 있는 모습도 보인다.

에서 500원 하던 수공비가 서울에 오니 1500원이었는데 주문이 밀려 사람을 두고 바느질 가게를 차렸다. 그는 '돈 버는 재미'와 '아들 공부시키는 재미'로 살았다고 한다. "나는 사는 세상이 아들을 델고 고생을 허고 살았어도, 돈 모으는 재미! 아들 공부 잘허는 재미! 그 재미로 살은 거여 …… 밤에 잠이 안 오면 가만히. 거— 연금 받잖아요. 10월 달에 고놈 저축해서 이렇게〔친정에다〕쌀 사서 해 놔두고는 그놈이 올해는 몇 가마니, 내년에는 몇 가마니, 그런 거 계산하고 그런 재미로 살았어. 나는 다른 재미는 하나도 없고." 그는 돈 모으는 재미에 며느리를 보고도 서울 시내에서 안 해본 바느질이 없다고 할 정도로 오랫동안 바느질을 했다.

──── 며느리 얻고는 또 저기 해서 돈이 저기 해서 여그 동대문, 동대문

시장 거기 가서 보따리, 보따리 갖다가 한 거여. 하면은 해갖고 그냥 우리 며느리도 갖다주고 가져오고 갖다주고. 우리 애기 업고 거— 인자 지금 큰손자 고놈 질며지고 며느리한테 또 보내. 보내면 가서 갖다 주고. | 오인주 |

김순태는 여순사건 뒤 그곳에 있기가 무서워 친정어머니를 따라 친정에 왔다. 친정어머니는 바느질을 취미 삼아 살아가라고 가르쳤다. "친정에서 있음서 그냥 어머니가 '젊은 나이에 무엇이라도 취미가 있어야 산다'고 바느질을 가르치더라구요. 바느질 거기다 취미를 붙이라고. 그래서 인자 바느질을 배웠죠."

—— 여동생이, 여동생이 애들도 옷도 거둬 입히고, 생활도 거시기 해서 주고, 먹는 거만 거시 순전 동생 거 다 먹고살고. 그게 그냥 바느질이 어떻게 한 20년을 하고 나니까, 이제는 바늘 잡기도 싫어. 징그러워서 그냥. 그래가지고 그 산 것을 생각하면 그냥 …… 깨끼 같은 것, 모시적삼 같은 것. 그 전에는 그런 바느질이 있지요. 한복 치마저고리 같은 것. 깨끼. 인제 학생복도 배워가지고 학생복 같은 것. 와이셔츠, 그 전에는 와이셔츠 넥타이 같은 것도 많이 집에서 맞춰 입었거든요. 그런 것. 바느질. 그런 것도 하고, 인제 술집 여자들 것을 많이 했지요. 긍게 그냥 그 바느질 시간을 댈라면 그렇게 잠도 제대로 못 자고, 그냥 바느질이라면 징그러워.
그냥 밥만 먹으면 그놈의 바느질, 오직 바느질이니까. 그래갖고는 한번 그냥 뭐여 숯을 아낀다고 저녁에는 방에다 연탄을 때고는, 고가

(오래된 집)라 때야 여간(별로) 따숩도 않은데, 그 집 문간에다 화독에다 연탄을 때다놓고, 인두를 놓고 바느질을 했더니 그 가스가 독했든가 그냥 눈이 요리 막 시커멓게 기미가 쪄버렸어. 그래서 지금 생각하면 그 가스 때문에 그랬든가봐. 그래서 숯을 사서 쓸라면 거시기헌 게 낮에는 빼서 그놈에다 인두 꽂아서 바느질을 하고 그랬더니 그냥 이쪽이 시커머니 기미가 껴버리더라고요. 20년간을 바느질을 했어요. | 김순태 |

바느질이 징그러워서 장날에 멸치나 미역 같은 것을 팔려고 했다가 그것도 못해 다시 바느질을 잡았다. 바느질은 일과 쉬는 공간이 분리되지 않은 것이 가장 힘들었다. "제일 무엇이 부럽냐 하면, 다른 사람들은 장사하면 저녁에 집에 들어오면, 그래도 편히 누워서 쉬기라도 하잖아요, 이놈의 바느질은 밤낮이 없네요. 저녁에라도 편히 쉬어보면 살 것 같아. 언제나 한번 저녁에 그냥 밥 먹고 쉬는 때가 있을까"라고 김순태는 일하는 곳과 쉬는 공간이 분리된 사람들이 가장 부러웠다고 한다. 바느질이 여성의 천직으로 권장되었던 까닭은 집 안에서 일할 수 있다는 이점 때문이었다. 오히려 김순태는 그것 때문에 바느질이 더욱 힘들었다고 토로했다.

또한 바느질은 정해진 분량이 없어 소비자가 요구한 대로 일을 해야 했다.

—— 언제나 조마조마하니, 그냥 바느질이 들어와도 무섭고 안 들어와도 걱정이고, 그것이여 날마다 20년간을. 그래갖고는 잘 나오는 바느질을 하면 재미가 있어. 근디 까탈스런 바느질을 하면. | 김순태 |

—— 나중에는 너무 못 먹구 일은 할라구 하니까는 잠 안 오는 약을 하루 세 개씩 먹으면서 일 없을 적 생각하느라구 그냥 기를 쓰구 약을 먹구 하는 거예요. 그랬더니 나중에 이게 폐가 약해지더라구. 그래 돈 없으니까 약두 못 먹구. 폐가 약해져서 인제 보건소에 갔더니 폐는 아니구 기관지가 약하다구 하는데 제가 생각할 때에는 폐예요. 기침하구, 어깨루 숨 쉬구, 가래루 콩쪽 같은 게 나오더라구요. 그러니까는 제가 서른아홉에 그러더라구요. 그런데 스물아홉? 서른아홉인가? 서른아홉인가봐요? 그러면서 그때 가서 맨스도 없어지는 거예요. | 김숙자 |

항상 조마조마하며 일했던 심정을 '일감이 들어와도 걱정, 안 들어와도 걱정'이라고 표현했다. 김숙자는 들어온 일감을 끝내기 위해 잠 안 오는 약을 하루에 세 개씩 먹으면서 일했고 그 결과 몸이 허약해졌으며 서른아홉 살에 폐경이 왔다.

삯바느질은 행상보다 먼 거리를 이동하지 않고 자식들과 함께 지낼 수 있는 장점은 있지만 쉴 사이 없이 해야 하는 노동이었다. 바느질은 재봉틀 한 대로 가족의 생계를 책임질 수 있는 여성 노동, 여성 전문직 노동이기도 하다. 삯바느질은 기술이 필요한 여성 전문직 노동인 까닭에, 다른 일과 달리 삯바느질을 한 구술자들은 대개 평생 바느질을 해서 생계를 이어갔다. 삯바느질은 자녀를 돌보는 동시에 가장의 수입에 버금가는 소득으로 가정 경제를 안정시켰지만, 정규 노동으로 간주되지 않고 '소일거리' 또는 '보조적인' 노동으로 여겨져왔다.

4
정규직,
공장노동자

1960년대 들어서면서부터 공장노동자가 된 군경미망인이 늘어났다. 여기에는 몇 가지 요인이 복합적으로 작용했다. 우선 공업화 정책의 결과로 공장노동자가 늘어났고 군경미망인들에게도 취업의 기회가 늘어났다. 게다가 박정희 정권은 1961년 군사원호청을 설치하고 〈군사원호대상자임용법〉, 〈군사원호대상자고용법〉 같은 법률을 제정하여 상이군경과 전몰군경 유족에 대한 취업 알선에 나섰다. 그 결과 1961년부터 1962년 사이에만 3만 2302명의 보훈 대상자들이 직장을 알선받았다.[22] 이때 군경미망인의 일부가 공장, 전매청 등에 취업했다. 구술에 참여한 군경미망인 가운데 곽희숙, 윤철희, 양희선, 이경순이 공장에 취업해 노동자가 되었으며, 박원기, 이호영, 임기영은 이보다 늦은 1960년대 말 같은 경로를 거쳐 공장노동자가 되었다. 김순영은 1950년대 중반에 국립의료원의 세탁부로 들어갔다. 그러나 전쟁미망인 직업 알선 정책은 지역적으로 심한

편차를 보였다. 자료에 따르면 정부는 서울과 대구 두 곳에만 전쟁미망인 직업보도소를 세웠으며, 몇 달 뒤 용산에 직업보도소 1개소를 추가로 설치했다. 실제로 구술 과정에 참여한 군경미망인 가운데 원호처의 소개로 공장에 취업한 일곱 명을 취업 지역을 기준으로 분류하면 대구 세 명, 서울 두 명, 충청도 두 명이었다.

— **전매청**: 우리 아들이 하루는 지가 학교를 옮길라고 원호청에를 갔어요. 갔더니만 거기에 또 인제 저희 일가 한 분이 있었어요, 원호청에. 그 분이 "그래 너 요새 생활은 어떻게 하노?" 묻더래요. "생활이고 뭐고 할 것도 없고 말이 아닙시더" 하니께네 "그럼 니는 학교는 이왕 들어갔으니까 그냥 다니고 엄마 취직을 시키지" 그카더래요. "그러면 취직을 어데요?" 그카니까 "전매청에 들어가게 해주마" 그카더래요. 그래 우리 아들이 학교는 그냥 놔두고 "그럼 그렇게 해주세요. 우리 엄마 취직시켜주세요." (울먹임) 취직을 시켜달라고 그랬대요. 그래가지고 이 양반이 내 이력서를 자기가 써 넣었어요. |이호영|

— **국립의료원**: 그래가지고서는 인제 저기 조금 나아지니까 동에서 인저 저기, 저기 한 사람들 취직시켜준다구 그래가지고서는 나를 취직을 시켜줬어요. 저기, 그래서 취직시켜줘서 어디를 갔느냐 하면 국립의료원을 갔어요, 내가. 국립의료원에 가서 몇 년을 지금 거기 다니다가, 사는 게 지금은 조금 나아져가지고 그 애들 기르고 그러고 살았죠. …… 22년을 거기를 다니다가 나왔어요. …… 세탁소서 일하고, 그 세탁소에서 일하면서 세상에 갖은 고생 다 겪구 살았죠. 그냥 세탁소에서 내가

저기 일을 잘 못하구, 아침이면 애들하고 밥해 먹고 나갈려면 [힘들구].
그래가지고 몸이 안 좋아가지고요, 지금도 그래요. | 김순영 |

— **제지 공장:** 무림제지라고 대구에서 그 침산동 카는 데 무림제지가 있었
어. 거기 9년을 댕겼어요. | 박원기 |

취직을 해가지고 공장은 저기 대구 침산 거 있는데,…… 그때는 치마
를 입고 적삼을 입어야 해요. 여름에는 모시적삼을 (겨드랑이를 가리키
며) 요가 떨어져요. 땀이 나가지고. 그래가 도시락을 싸고 한 시간씩
걸어 댕겨요. 그래가지고 1년을, 2년을 댕겼는데, 그래가 쪼끔 벌어가
지고 침산 공장 곁에다 집을 얻어가, 그래가지고 15년을 댕겼어요.
15년을 댕겼는데 내가 지각을 한 번 안 했어, 한 시간씩 걸어 댕기도.
만날 일찍 들어가고 결근도 한 번 안 하고. | 양희선 |

— **고무 공장:** 그러다가 그 박정희 대통령이 취직을 시켜준다고 그때 신문
에 나고 그랬더라고요. 그래서 '아이고, 차라리 취직하는 게 낫겠다'
아무것도 몰라도 그래도 그런 데 가서 그래도 남 하는 대로 하는 게
낫지 않나 하구 거길.

처음에 인제 고무 공장이라고 저 청파동에 있는 데 거기 들어갔어요.
가서 아침에 가면 저녁 10시나 돼서 나오면 집에 오면 11시가 돼요.
11시가 넘을 때도 있고. 그러다가 어떻게 한 1년 댕기니까는 거기 인
제 거기 같은 데 친구들이 있잖아요.

어떻게 대한교과서를 들어갔어요. 종로에 있는데. 그래 거기를 한 6
년 동안 댕겼어요. 한 6년 동안 댕기다가 인제, 애들 학교 댕기고. 그

러다보니까 고등학교 다니고, 그래가지고서 거기 6년 댕기다가, 그것
도 이 책 하는 게 그게 참 힘들어요. 우리가 배운 게 없으니까는 그거
뭐이냐, 책을 와꾸(틀)로다 해서 정해놓으면 연탄불 펴놓고 거기다 말
리고, 만날 그거 들어다 옮기고, 그거 때고 들고 댕기고 하려니까 참
힘들더라고요. 그래서 아이고 차라리 청소하는 게 낫겠다고 하구서는
청소하는 걸 갔어요. | 곽희숙 |

— **피복 공장:** 그냥 뭐 큰집에 가서 일이나 해주고 애들 크도록 어떻게 할
수가 없어서 하다가 그래 수원을 가가지고, 저 수원에서 피복 공장 〔취
직〕하라고 보내주더라고요. 각 도에서 세 명씩, 두 명씩 이렇게 왔어
요. 그래가지고 수원에 그 연무동에 거기서 미싱 그거, 인제 거기서
교육받고, 그래서 거기서 한 10년, 10년 살다가 애들 좀 인제 고등학
교 졸업 맡고 어짜고 〔그랬는데〕,…… 그러니께 뭐 시다까지 해서 한
15년은 살았나봐요. | 임기영 |

또한 군경미망인들은 대부분 별다른 기술이 없고, 젊은 미혼 노동자
들에 비해 학력이 낮았기 때문에 포장 작업이나 짐을 옮기는 일 같은 단
순노동에 배치되었다.

—— 젊은 애들은 전신 앉아 이렇게 파지 빼내고, 그라고 파지 빼내 놓
으면 장수 세아려(헤아려)가지고 이래 해노만, 포장지 여기다가 큰 거
펴놓고 우린 만날 포장하는 거야. 이리 포장, 이리가지고, 퍼져가지
고, 간지르는 거야. 딱— 맞게. 하나도 요래 이거 삐뚜러지면 안 돼.

삐뚜러지면은 딱 요래 맞춰야 돼. 이래 종이를 이렇게 맞차가지고. 이거를 이렇게 맞차가지고 탁탁 포장을 해양(해야) 되지. 조금이라도 이게 잘못되면은 안 되니까. 9년 동안 그걸 했어. | 박원기 |

────── 기술이 없으니껜요, 인제. 그러면 이 손이 그냥 아프고 이게 이렇게 쥐지지도(쥐어지지도) 않고, 가위질을 왼종일 하고 나면. 여자도 많고 남자들도 있고. 태화고무 공장이라고. | 곽희숙 |

────── 내가 그 취직해가지고 제사 공장에 다니니, 기술이 없으니께네, 이거 뻔데기 놓는 거 그거 구루마 끄집고, 그걸 끄집고 댕기미, 어, 5~6년 됐구나. 7년인가? 그래 댕겼미 하다가. | 이경순 |

제지 공장이나 제사 공장과 다르게 피복 공장은 미싱을 먼저 가르치고 작업을 했다. 피복 공장에 다닌 윤철희는 아침 8시에 출근해서 새벽 2~3시까지 일을 했다.

────── 에─! 말도 못해요. 아침 8시에 나가잖아요. 아침 8시에 출근하면 9시부터 일하잖아요. 그러면 5시, 6시까지, 퇴근 시간까지 일하고서는 거기 야간이 있어요. 야간은 그거 한 푼이라도 더 받을라고, 그거 빠져나오지도 못해. 그 막 일이 밀려 나오는 거, 그 책임[량] 해야지 일어나니까. 막 새벽 2시, 3시까지 일을 했어요. …… [군인이] 제대할 달이 되면 밤을 새워가면서 해요. 발이 이만큼 부어요. 그 고무신을 신고 갔다가 집에 갈 땐 벗어 들고 가요. 들어가질 않아요. ……

부어가지고, 발이. 그 벤도(도시락) 싸가지고 가가지고 먼지 구덩이 속
에서 밥 한 숟가락 떠먹고 또 일하고. 그러니까 위장병이 생기더라고.

| 윤철희 |

　이렇게 해서 받은 월급은 500원 정도였으며 그 액수는 쌀 두 말 정도
였다. "쌀 한 가마 못 되지 아마. 하여튼 쌀 한 말에 250원인가 그랬어
요." 고된 노동에도 불구하고 공장노동자가 된 군경미망인은 정기적이고
안정적인 수입을 보장받을 수 있었다. 항상 경제적 불안감을 안고 있던
군경미망인들에게 매월 일정한 액수의 월급을 받는 경제적 안정은 그 무
엇과도 바꿀 수 없는 혜택이었다.[23] 이호영은 "내가 67년도 …… 10월 11
일 날 처음에 출근을 그래했더니 그래 한 5일 동안은 인제 월급을 그 인
제 저거(제외) 한다고 그러더라고. 한 보름치를 인제 받으니까 그때 돈으
로 690원인가 얼마예요. 세상에 이게 무슨 공짜 돈이고. 나는 서울에 올
라와가 10원짜리 한 장을 못 보다가 나는 그거를 보니까 '이게 웬 떡인
가' 싶은 게 아주 막 고마워 죽겠더라고요"라고 표현했다. 정년까지 계속
일을 하고 싶었던 그녀는 다리를 절단해야 한다는 의사의 권고에도 불구
하고 직장을 다니다가 결국 겨울에 넘어져 병원에 입원했고, 아들이 퇴
직서를 제출하고서야 직장을 그만두었다.

　공장노동자 이외에도 정규직으로 일했던 군경미망인은 곽순진, 구영
선, 박원빈이다. 곽순진은 동생에게 부탁해서 대학교 청소부로 15년 동
안 근무했고 55세에 정년퇴직했다. 박원빈과 구영선같이 공무원이 된 경
우도 있었다. 이 경우는 어느 정도의 학력이 있어야 가능했기 때문에 일
반적인 경제활동은 아니었다.

── 친구 남편이 그때 통영 시청 과장이었어요. …… 아이 친구 남편이 한번 면회를 와가지고 "아주마씨 시청에 들 의향은 없으시냐"고 그래요. 그래서 "아 그거 제가 아무것도 모르는데 어떻게 시청에 가요?" 이러니까, "여하튼 부녀 지도원을 새로 채용하게 되었는데, 이력서를 한 장 내라"고 그래요. 그래서 제가 자필 이력서를 냈더니, "아우 글씨가 너무 좋다"고 하면서 "충분합니다" 이러면서 "몇 월 몇 시부터 그 충무 시청에 근무하라"고 그래요. …… 요리 가르치고 인자 가족계획에 대해서 가리키고, 위생에 대해서 가르치고, 뭐 그런 거죠. | 구영선 |

임정기는 옆집의 소개로 종로에 있는 고아원과 수원 제생원에서 오랫동안 밥과 세탁을 했다.

── 아이구! 그래 애하고 어떻게 할 수가 없어서 그냥 그거를 수원에 사는데 어떻게 할 수가 없어, 먹을 것도 없지만 어떻게 할 수가 없어. 그래서 내가 고아원살이를 갔어요. 애 공부라도, 6학년만 졸업을 마쳐도 리아카 장사라도, 돈 셈은 하잖아요. 나도 눈이 멀었어요(글을 몰라요). 그러니까 스물여섯에 내가 혼자가 됐는데. 그래가지고설랑 했더니 그러냐고 하면서는 그냥 그렇게 해주고는 그냥 10년을 넘게 사니까 조그만 고아원은 또 해산이 된 거예요. 그래 큰아이 고등학교를 들어[가야 되는데], 그래도 사람이 욕심이 그게 아니야. 소학교 마쳤으면 하다가도 거기서 사니까는 하나하나 더 올라가고 싶어서. 중학교를 졸업 맞고서 큰놈이 고등학교 들어가려니까 그 고아원이 뜨는 거

야. 수원 시내 그 재생원이라고. …… 밥해주고. 100명도 넘어, 어떻
게 애들이 많은지. 처음에는 종로 성당도 있고 한데, 종론데 거기가.
순 애들이 큰 애들이, 그런 애들이 100명도 더 넘어요. 그때는 두레박
질 해사 물 떠 쓰고, 펌프가 있어 뭐가 있어. 죙일 손으로 퍼서 해주고
그냥 이러는 거야. |임정기 |

전쟁미망인 노동의 특징

— 박원빈: 시아버지가, "니네 남편 죽었단다" 그러드래. 그래서 뭐 "보지
도 않고 죽었는지 어떻게 알아요?" 그래고선 밥을 이렇게 담아다 주
드래. 그래가 그걸 다 먹었대. 응? 다 먹고는 또 일을 하러 갔대! 응?
나이들이 어리니까, 어.

이순분: 그때, 일밖에 없었는데, 일밖에 없으니.

박원빈: 또 일하러 간 거야. 그래 우리가 만날 "야, 이 곰아! 남편이 돌
아갔는데 뭐 그걸 삶으러 가냐". 허허허 — 그러면서 밥을 이렇게 준
걸 다 먹고 갔대요. 허허허.

남편이 죽었다는 소식을 듣고도 일하러 갔다는 이야기이다. '아직 어
려서', '세상 물정을 몰라' 그랬다고 했지만 '일밖에 없었으니까' 그리
행동했다고 변명하기도 했다. 전쟁미망인은 일하지 않으면 가족의 생계

를 유지할 수 없었다. 그이들에게 일은 현재이자 미래였다. 그렇다면 전쟁미망인이 한 노동에는 어떠한 특징이 있을까?

먼저, 전쟁미망인은 노동을 통해 근대의 기획, 곧 공사 영역의 분리와 사적 영역에서의 현모양처라는 틀을 깨뜨렸다. 공사 영역의 분리는 근대의 기획 가운데 성별 그리고 노동시장을 조직하는 중심 논리이다. 남성은 노동시장에 나가 노동자이자 가장으로서 가족의 생계 부양을 책임지는 존재임에 반해 여성은 가정에 남아 어머니나 주부로서 남에게 생계를 의존하는 존재로 여겼다. 공사 영역의 분리는 노동자 가족이 절대로 지킬 수 없는 기획인데도 근대 여성상과 남성상을 제공했다.

그런데 이 논리는 전쟁미망인에게 적용될 수 없었다. 농업 노동에서 남녀 역할이 논농사와 밭농사로 나누어졌던 데 반해, 전쟁미망인에게 농업 노동은 논농사와 밭농사를 애초에 구별할 수 없게 했다. 1980년대 농촌에서 일손 부족으로 점차 남녀가 함께하는 노동이 늘었지만, 못자리, 논에 물 대기, 농약 살포 따위의 일은 여전히 남성의 몫이었다. 그런데 전쟁미망인들은 쟁기질만 못했을 뿐 모든 농업 노동을 혼자서 해왔다.

또한 전쟁미망인이나 기혼 여성들이 중심이 되어 모심기 작업단을 만들어 1~2개월 정도 이 마을 저 마을 돌아다니며 일하는 경우도 있었는데, 이들은 작업 능력에 따라 상·중·하로 나뉘어 분류되었다. 상층에 속하면 돈도 모을 수 있었다.

이처럼 농업 노동에서 차지하는 남녀의 역할은 한국전쟁 때부터 흔들리기 시작했고, 그것을 가속화한 주인공은 전쟁미망인이었다.

시장을 출입하고 장사하는 행위자로서 여성은 공적 영역에 발을 들여놓게 되었다. 물론 황해도나 함경도 등의 북부 지방에서는 여성의 시장 출입이 흔했지만, 한강 이남의 남부 지방에서는 한국전쟁 전까지 여성의 시장 출입이 흔치 않았다. 그것을 깨트린 것이 한국전쟁이었고 전쟁미망인은 생계를 위해 옷가지나 놋그릇을 팔며 장사로 뛰어들었다. 전쟁미망인은 대개 3~10년 정도 행상이나 좌판의 형태로 장사를 시작했다. 상설시장에서 점포를 차려 장사하는 것과 다르게 이들은 산나물이나 상품 가치가 떨어지는 채소를 가져다 장사하는 경우가 많았고, 자본금이 없었으므로 좌판을 하기보다는 보따리를 이고 마을을 돌아다니는 행상을 했다. 구술자 가운데 장사로 성공한 사람은 한 분도 없었는데, 그들은 자본 없이 행상을 시작한 터라 점포를 차릴 만큼 돈을 모으지 못했으며 그 뒤 대개 공장에 취직되었기 때문인 것으로 추측된다.

둘째, 전쟁미망인의 생계 수단인 행상이나 삯바느질, 품팔이 따위의 노동은 도시 비공식 부문으로 분류될 수 있다. |표-3|에 '기타'로 분류된 노동이 여기에 해당된다. 도시 비공식 부문은 "첫째, 특별한 기술이나 학력을 지니지 못하는 근로자들이 소득의 기회를 획득 또는 창조하여 종사하게 되는 노동이다. 특별한 자원 없이도 노동의 기회를 얻을 수 있다는 점에서 이론적으로는 소득이 필요한 여성이면 누구나 비공식 부문의 노동을 시작할 수 있다. 둘째, 비형식성을 띤다. 이는 직업의 불안정성과 노동 보호의 결여를 뜻한다. 셋째, 남녀 간 성별 분업 현상이 두드러지며, 여성 노동은 가사 노동의 연장적 성격을 띤다. 넷째, 비공식 부문 노동은 도시 사회의 경제구조 안에서 가장 주변적이고 종속적인 위치에 속한다"[24]는 특징을 갖는다.

도시 비공식 부문의 노동이 갖는 이러한 특징은 전쟁미망인의 여러 노동에서도 찾을 수 있다. 학력이나 특별한 자원이 없는 상태에서 가장

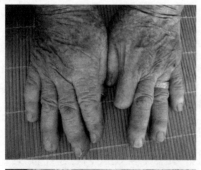
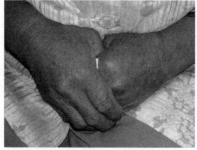

박광자(위)와 이선자의 손. 전쟁미망인의 손은 많은 일을 한 까닭에 유난히 크다.ⓒ

먼저 접근할 수 있는 일은 행상이었다. 도시에서 일자리를 쉽게 얻을 수 있는 것은 식모나 단순 노무였다. "내가 서울대학교 지을 때두 거기 방수 일 다니구 그랬었어. …… 조바 같은 거, 나보다도 젊은 그 아우님은 방 청소 하구 나는 그래 바께쓰 들구 저기 뭐여, 유한락스 바께쓰니 뭐니 들구 그냥 이 저기 화장실이니 이런 디, 세면대니 이런 디 닦구 그랬지."

—— 옛날에는 잔치가 다 동네에서 집에서 다 했잖아요. 그러니까 그렇게 해서 하고, 또 농사철 되면 가서 밭에서 일해주고 뭐 감자나 쌀 조금 얻어 오고, 또 겨울 같은 때는 산에 가서 땔감도 해다 팔고, 이렇게 해서 호구지책 한 거죠, 뭐. 그런 인제 어느 시점 돼서 자꾸 사회가 발전이 되다보면 그런 게 자꾸 변모되잖아요. 지금 인제 장묘 문화도 장례식장에서 [하지] 집에서 하는 이 없고. 그래 인제 자꾸 변모[하는 거죠]. 삯바느질도 하시고 뭐, 식모도 살으시고 뭐 안 해본 게 없지. 채소 장사도 하고 뭐, 그냥 사람이 살아서 돈이 될 수 있는 거는 다 한 거여. 여자로서 해서 돈이 될 수 있는 일은 다 한 거여. 뭐 열거할 수가 없을 정도죠, 뭐. 또 근로봉사라고 그래가지고 옛날에 뭐, 옛날에

는 신작로가, 신작로라고 그러잖아요. 신작로가 아스팔트가 거의 없었어요, 1960년대만 해도. 그러면 그 개울가에 자갈, 자갈 채취해가지고 그걸 인제 팔고, 그러면 그게 인제 업자들이 와서 사가는 거야. 그럼 그걸 갖다가 도로 포장하고 하는 데 써. 그런 것도 하시고, 제가 볼 때도 뭐, 또 소위 말해 옛날에 그 정부에서 그— 영세민들 보호한다고 근로 사업이라고 그래가지고 사방 사업 같은 거 동원해서 일당 밀가루 주고 뭐, 밀가루, 옥수수 가루, 우유 가루 이렇게 주는 거 가서 [하고]. 그게 다 생활의 방편이죠. 그래 사시사철 돈이 될 수 있고, 노동력으로써, 몸으로써 때울 수 있는 건 다 하신 거지. 어떻게 말로 하기가 수십 가지 되지. 예를 들어 설명을 해서 구체적으로 꼬집으라면 수십 가지가 돼요. 그렇지 않겠어요? 뭐 품삯도 팔러 다니다가 저기 하면은 배달도 갔다가, 또 아까도 얘기했지만 상 당하면 그 집에 가 일해주고 품삯은 못 받는데 우리가 가서 먹는 게 그게 식사 문제를 해결하는 거다란 말이야. 아침, 점심, 저녁을 다 거기서, 3일장 하면 3일을 거기서 먹는 거여. |이성모|

— 구술자: 시집이서 인제, 그게 결혼반지라고 서 돈을 해준 거지. 먹을 것두 없는디. 그래 그걸 팔아가지고 스물한 살 때부터 그냥 장사를 했어요. 란닝구도 떠다 팔구, 마늘도 떠다 팔구 그냥, 채소 장사 하고, 진짜 술장사만 안 해보고 다 해 봤어요. 다 하고 그냥.

면담자: 그때 먹고살기 위해서 무슨 무슨 일 하셨어요?

구술자: 밭도 매고, 저기 옛날에 저기 사방 공사라고 모를 겨들. 사방 공사. 사방 공사도 하구, 보따리 장사도 하구, 마늘 장사, 고추 장사,

쌀장사 다 해보고, 술장사만 안 해봤어. 여다가 배달해야지. 누가 해 줘. 나 쌀 한 가마씩 이고 다녔어요. …… 지게질도 나 잘햐. 시골서 지게질. 여기서 이렇게 하고, 시골서는 밭일하지, 또 방이 춥잖아. 그러면은 또 산에 가서, 톱 가지고 낭구 베다가 때야지. 조금만, 몸이 그러니께 조금만 춰도 못 살아. 있덜 못 해요, 막 소리 질러서. 쳐다 때야 돼.

면담자: 보따리 장사 같은 경우는 어떤 거?

구술자: 난닝구도 떠다 팔구, 옛날에는 왜 성냥, 비누, 뭐 그게 뭐여, 라이터, 별거 다 광주리다 이고 댕겼잖아요. 처음에는 그렇게 하다가 과일 나오면 인저 과일 떠다 하다, 인저 그렇게 하구 겨울이는 인저 내복 장사. 내복 떠다가 [팔구].

면담자: 어디 한 군데 점포 [잡고 장사하신 게 아니고].

구술자: 아니지. 그게 없지. 돈이 있어야 그걸 하지. 그냥 이고 댕기매. 사방 동네 다 댕기매, 이고 댕기매 했지. 그렇게 가게 자리에 앉아서 하면 편하게.

논에 시골서 모심으면 아침부터 가서 반찬 장만해주고, 일해주고, 밥 광주리 이다주고 오면 밥 남으면 이렇게 한 숟가락씩 이렇게 해서 양재기, 한 양재기 주면은 그거 갖다가 애들 저녁 해먹이고, 달머슴 이렇게 가면 한 달 내 그 집이 일을 해줘유. …… 한 달. 그걸 타야 한 달 동안 먹고 살아야 되니께. 1년은 못하구. 그런께 모심을 때는 그냥 그 집 모, 논 한 마지기에 쌀 몇 말, 이렇게 떼줘유. 그러면 열 명이면 열 명, 다섯 명이면 다섯 명 조를 짜가지고 스무 마지기면 스무 마지기, 열 마지기면 열 마지기 해가지고 고거 심으면, 다 심으면 쌀이 몇

가마다 그러면 그걸루 인저 열 명이 나눠갖는 겨. 그러면 새벽 몇 시가 됐든 좌우간 침침해서 땅이 보이면 나가는 겨. 그래서 땅이 어두면 인저 들어오고. 그걸 할라고. |정상호|

잔칫집에서 일해주고 식사 해결하기, 모내기철 모심으러 다니기, 철에 따라 과일 장사나 채소 장사나 내복 장사 하기, 자갈 채취, 사방 공사에 따라다니기, 나무하기 따위로 전쟁미망인은 이성모의 표현처럼 "여자로 돈이 될 수 있는 일은 다 했다".

그리고 정규직인 공장노동자가 되더라도 미숙련 노동자였기 때문에 하는 일이 단순해서 자주 옮겨 다니기도 했다. 곽희숙은 고무 공장(1년), 인쇄 공장(6년), 학원 청소(7년)로 옮겨 다녔다. 청소는 공장에서 하는 일보다 수월했다. 전쟁미망인의 노동은 한 곳에 오랫동안 머무르기보다는 자주 이동하는 특징이 있다. 따라서 불안정할 수밖에 없고 자신을 보호할 여유도 없었다.

── 어머니는 아버지 돌아가시고 난 다음에 제가 모시면서, 오빠가 죽어서 유가족이니까는 연금 몇 푼 받는 걸 손주들 뒷바라지해주고 저는 식모를 나가는 거예요. 아침밥 먹구 해 있어서 나가가지군 밤에 들어오고, 통행금지 있을 적에 돈 7000원 벌겠다고 7시에 끝나서 오다가, 어떤 집에 또 일해주고 오다가 버스가 끊겨가지구, 여기 그래두 저 밑에 살았으니까 "망자님 사는 데가 낫겠다" 하구 국립묘지 이쪽으로 오는데 군인이 칼을 들이대고 "아주머니 어디 갔다 오세요?", "나 이거 돈 7000원 벌어가구 오는데" 그랬더니 뭐라고 그러는고 하

니 "지금 12시 반, 1시가 다 돼가요" 그러면서 그래. 그래서 용서해달라구 그러고 또 오다가 요기 바로 밑에 또 거기에 걸려서 돈 7000원 벌은 걸 뵈였죠. 그러구서는 막 뛰어서 집에 오니까 어머니는 버스 타는 데 이러구 쪼그리구 앉아서 우시는 거예요. 그래 영감은 다리 하나 없는 사람이 방에 앉아서 한숨을 하는 거예요. (울먹임) 미안하다구. "그렇지만 한 집 일해주고 오지 주말에 누가 해달랜다고 7000원 더 벌겠다고 〔통행금지 시간까지 일하고〕 오느냐?"고 그러면서 세 식구가 울었던 일이 있거든요. 옛날에는요 정말 바가지만 안 들고 다녔으면 다행이었어요. 식모살이해도 그래두 도둑질은 안 하구, 그리고 거기서 뭐 음식 하고 나면은 비니루에다 꾸려줘요. "가지고 가서 애들 주라"고. 그러면 그거 가져오고. 그러면서 살았죠 뭐. | 노희애 |

반면 삯바느질은 평생 그 기술을 익혀 생활할 수 있었다. 그런 측면에서 삯바느질은 여성 전문직의 하나라고 할 수 있다. 한복보다 양장이 많아지고 기성복이 대량생산되면서 미혼 여성 공장노동자가 많아지기 전까지, 삯바느질은 가족을 부양하는 큰 방편이자 기술로서 그 가치를 인정받았다.

셋째, 전쟁미망인은 부를 축적하는 방법으로 '계'를 이용했다. 계는 여성들에게 금융기관의 역할을 했다. 권력과 특혜에 의해 움직이던 금융기관은 장삿길에 나서거나 돈벌이를 하는 여성들에게 '그림의 떡'에 불과했다.

───── 한 가마 갖다 먹으면, 서 말도 주고 닷 말도 주고. 그럼 그게 남잖

아요. 그렇게 해서 인제 쌀 모아가지고, 있다가 서울로 올라와버렸지.
| 곽순진 |

──── 계도 많이 했지. 돈놀이도 많이 허고, 돈을 그래서 모— 모였지.
내가 인자 계 같은 거 돌고 해서 이렇게 모아놨다가 우리 아들 대학
교, …… 돈 5만 원 딱 타다 놨다가 대학교 입학금 내고.
목돈 타면은 남 줬다가 이렇게 또 이자 받아서 그렇게 곗돈 넣고. 뭐
또 모으고 그런 거 많이 했지. 그렇게 해서 돈을 키웠지 글 안 허고는
돈을 키울 수 있나? 그래서 인자 저는 못 허고 아들이 벌어다 준 놈
갖고 요렇게 이리, 저리 돌리고 이자 줘갖고 이자 받고 뭐 연방 뛰면
서도 인자 그렇게 해갖고, 모아 집 사고 키우고 했지. 이렇게 벌어다
준 거 꽈—악 쥐고 앉아 있으면 안 커요. 크지를 안 해. | 오인주 |

──── 〔계를〕 모아가지고 한 구찌(개) 먹고. 회사 내에서 아가씨들한테.
그런 거 하고. 그래가 또 내가 장사 10년 해가지고 논을 서 마지기를
샀어. 사가지고 농사지다가, 그때만 해도 한 마지기 쌀 한 가마니씩
주고, 뭐 질 사람이 없어가 안 질라 카고 해가 팔아다가 좀 쓰고, 딸
치우고 그러고 뭐— 다 썼지 뭐. | 양희선 |

──── 계도 했죠. 계 안 하고는 돈이 안 모아지잖아요. 그러니까 주서 모
타서(주워 모아서) 조금씩 들어가고 목돈 타고 그러니까 그래서 많이
꾸려 나갔죠. | 강경순 |

―― 그래 그래 살면서로 내가, 그 하루하루 모심는 삯을 받아가지고 계를 또 했어요. 계를 하는 걸 누구한테 어떻게 어떻게 하면 된다는 걸 배워가지고 사람을 주위 모아가지고 내가 오야 노릇도 하고. 그렇게 해가지고 돈을 좀 모아가지고 인제 저거 했는데, 그때 한 8년이 되도록 나는 연금이라는 걸 몰랐어요. | 이호영 |

장사 밑천이든 아이들 학자금이든 자금을 조달하려는 여성들이나 돈을 저축하고 여윳돈을 불리려는 여성들에게 계는 가장 효율적인 수단이었다. 전쟁미망인에게도 계는 돈을 모으고 목돈을 쓰는 방법이었다. 농촌에서의 계는 현금보다 쌀인 현물로 모았다. 지역에 따라 변형이 가능했던 계의 이런 특징이 은행이 아닌 계를 성행하게 했다. 아울러 여성들은 계모임을 통해 사회에 대한 정보를 얻고 가정 밖 세상과 접촉할 수 있었다. 계에는 계원 간의 유대, 비밀 보장으로 인한 세금과 잡부금의 회피, 금융기관이 갖지 못한 여러 장점이 있었다. 계는 전쟁미망인을 비롯한 여성들에게 경제적 자립과 사회적 교류의 한 과정이었다.

3부

가부장과 '아직 죽지 아니한 아내,

남편이 부재한 집에서는 젊은 전쟁미망인이 시부모와 어린 아이들을 보호하고 생계를 유지해야 했다. 시부모는 전쟁미망인의 일상을 통제하고 감시했고, 전쟁미망인은 가족 관계 안에서 가장 낮은 위치에 있었다. 전쟁미망인에게 남편의 집은 억압의 장소였다.

일상의 감시와 통제는 '며느리 만들기'의 하나이다. 며느리 만들기는 노동에 대한 평가절하, 외양에 대한 통제, 친정 또는 이웃 간 관계 단절시키기 따위로 이루어졌다. 한편 상이군인미망인은 상이군인의 아내가 되어 평생 그의 손과 발이 되었지만 그녀들에게 돌아온 것은 일상의 '감시'였다.

'며느리 만들기'와 '아내 감시하기'는 가족 단위에서 그치는 것이 아니라 국가가 전쟁 피해를 '전쟁미망인'에게 책임지우는 방책의 하나였다. 이는 국가가 어떻게 가족에게 그리고 여성에게 전쟁 책임을 전가했는지 또는 공모했는지 잘 보여주는 대목이다.

1
결혼하기

    내가 만난 전쟁미망인들은 대개 15~20세의 연령대로, 해방 전후에 결혼했다. 이들이 이른 나이에 결혼한 까닭은 가난해서 빨리 보내려고 한 사례도 있지만 일제의 정신대 동원으로 인한 노동력 동원 때문이었다. 전시 동원 체제 아래서 조선총독부는 인적·물적 자원을 폭력적으로 동원했다. 1937년 이후 전시 동원 체제 아래에서 여성의 조혼은 강제 동원을 피하기 위한 방편으로 더욱 조장될 수밖에 없었다.[1] 일제는 1938년 〈국가총동원법〉과 그에 기초한 여러 법령을 통해 물자, 자본, 노동력을 전쟁에 동원하는 체제를 만들었다. 식민지 조선은 식량, 노동력, 병력의 공급지였고, 노동력 동원도 본격화되었다. 일제는 노동력 부족이 심해지자, 남성 노동력은 주요 군수산업에 집중 배치하고, 보충이 필요한 직종에는 여성 노동력을 동원하기 시작했다. 식량 확보를 위해 농촌 여성의 동원을 강화했고, 근로봉사나 근로보국대 단위로 각종 토목공사장, 군수

공장에 동원했다. 여자근로정신대 제도에 법적 근거와 강제력을 부여하기 위해, 1944년 8월 23일 '여자정신근로령'(칙령 제519호)이 공포·실시되었다. 대상은 12세 이상 40세 미만의 미혼 여성으로 제한했으나, 대상 범위에 들지 않더라도 지원으로 가능하게 규정되어 있었다.[2]

— 면담자: 그런데 친정은 논산이신데 어떻게 서울에 사는 사람과 결혼하셨대요?

구술자: 아니구 아버지가, 친정아버지가 발이 넓어가지구 돌아댕기니까 그렇게 아는 사람두 많대요. 그래가지구 그렇게 됐어요. 그리구 그 일정 때 왜, 전시 때 처녀 모집이 있었잖아요.

면담자: 예.

구술자: 그것 훈련받는 거 아버지가 빼다가 약혼을 허대요. 그런 사람은 안 데려가더라구.

면담자: 그러면 그 모집돼서 훈련받고 계셨는데.

구술자: 예. 빼다가. 그 뭐여, 옛날이 그 사람들보고 뭐라고 그러더라. 순사라고 그러던가. …… 옛날에 그 사람들은 인저 왜 모찌떡(찹쌀떡)을 많이 해먹었잖아요. 찹쌀 갖다주고, 몇 가마씩 실어다가, 구루마에다 실어다가 주고서는 빼서 약혼을 해가지고서는 그렇게 해서 어린 것을 그냥 한, 시집가고 나니까 해방돼요. 아이구.

면담자: 몇 살이셨는데요, 그때가?

구술자: 그때가 열일곱 살인가, 열여덟 살인가. 열일곱인가 열여덟인가 그러지요. | 윤철희 |

―― 열여섯이 뭐 알았겠능겨. 요새 열여섯 살 먹으면 애기지. 그 옛날 엔 왜 그랬을까 몰라요. 그때 일제 때, 처자 뽑아서는 기름 짠다코 했 싸니 마― 치아뿌렸어. 결혼시키뿌렸지. |이순분|

―― 그때는 소개로, 그때도 일본 사람이 처녀들 잡아간다고 해서 그냥 나이도 몇 살 많은 놈 얻어줘서 시집이라고 저 미아리 있는 데로 갔었 어요. 서울이 고향이니까 서울로 온 거지, 그래서 거기서 산 거지. |임정기|

― 구술자: 예. 왜정 때. 우리 졸업 맞던 해 해방됐어요.
면담자: 졸업하던 해?
구술자: 예. 그리고는 처녀들 모두 뽑아 간다고 저 우리 형부가 황해도 가서 있었는디 그리 가버렸죠. 그리 보내서 그리 갔죠. 우리 언니 애 낳고 그러는디 봐주고 그러고 있으라고.
면담자: 아― 처녀들 뽑아 간다고 해서.
구술자: 예. 일본 사람들이 정신대 뽑아 갔잖아요. 그래서. |임기영|

―― 우리 친정아버지 친구 분의― 친구 분 아들 있는 디다 거기다가 그냥 자청하다시피 해서 보냈어요. 그러니까 식구도 많고, 우리 시어 머니가 육 남매를, 갓난아기 젖먹이까지 있으시더라고. 그래가지고 거기 가서 나이도 어리고 그러니까는 인제 뭐. |곽희숙|

윤철희는 1944년 정신대로 뽑혀 훈련받고 있었다. 찹쌀 몇 가마와 모찌를 해서 순사에게 준 뒤 정신대에서 빠져나왔고, 그 뒤 결혼을 했다. 이순분, 임정기 같은 이들은 '처녀 잡아간다' 는 공포 때문에 동원을 피하기 위해 원치 않는 상대와 서둘러 결혼해야 했다. 결혼 이외에 임기영처럼 고향을 떠나 다른 지방에 피신해 가 있는 경우도 있었다. 강제 동원 이외에 집이 가난해서 입 하나 줄이기 위해 빨리 결혼시키기도 했다.

—— 그때는 중매를 해서 결혼을 하는데 열다섯에 우리 어머니가 나를 시집을 보냈어요. …… 내가 시집을 안 간다고 막 울고 그랬는데 우리 어머니가 시집을 보낸 거예요. 영감님이, 우리 시어머니, 시아버지가 기른 것도 아니고 저기 시, 일테면 고모지, 시고모. 고모가 잘살았어요, 그 전에 시골서. 잘살았는데, 그 집에 아들이 없는데 그저 아들 삼아 데리고 산다구 우리 애기아버지를 데려다가, 데리고 있다가 인저 나를 시집, 저기 일 시켜 먹을라고 장가를 들인 거예요, 일테면. 장가를 들였는데 내가 나이 열다섯 먹은 사람이 뭔 일을 그렇게 해요. …… 저기 우리 할머니하고 살다가 시집을 갔는데 밤에 몰래 우리 할머니한테 도망을 간 거예요, 내가. 그 집에서 밤에 몰래. 밤에 그렇게 몰래 갔는데, 거기서 한 6개월인가 살았나. | 김순영 |

김순영은 열다섯 살에 결혼했지만 견디다 못해 6개월 만에 몰래 시집에서 도망쳤다. 서울에 있는 시아버지가 데리러 와서 따라 나섰지만 남편은 고모네 집에서, 자신은 시집에서 사는 생활을 한동안 했다. 김순영처럼 다른 전쟁미망인도 남편과 몇 년 살아보지 못했다.

1920년대 후반 출생의 전쟁미망인은 1940년대에 10대 때 원하지 않

는 결혼을 했는데, 남편과 함께 산 기간은 짧게는 3개월, 길어야 4년에
불과했다.

── 그때 결혼해가지고 저를 데리고 나갔으면 한! 1년이라도 살았을
거예요. …… 같이 산 지로는. 그때 휴가 탓으로 애기가 생겼지마는
도 같이 산 거는 3개월 살았어요. 6·25사변이 났던 그해 ─ 그때 50
년도 3월 달에 제가 갔는데 6월 25일 날 커헉!(기침 소리) 거 헤어졌잖
아요. 그러니깐 3개월 살았어요. 3개월 같이 살 ─ 살았어요. | 구영선 |

── 열아홉에 해가지고 3년을 안 데려가드라고요. 자신도 없이 그냥
너무 가난하니까. …… 묵혀서 3년 만에 갔어요. …… 그러면서 동
서님이 그러더라고. 이런 말도 해도 된가? 나보다(나보고) 오지 말래
요. 친정 잘사는데 여기와 살도 못 허니까, 아직은 오지 말라고. ……
아주 산골짝 집이라 ─ 집도 그렇고 그냥 가서 보니까 심란하더라고
심란해. | 강경순 |

── 그 양반은. …… 그래가지고 결혼 생활이라고 해야 몰라 2년이나
잘 살았는가, 순 친정에서 ─ 애기를 나면 〔친정으로〕 쫓겨 가서 〔지내
고〕, 자기가(남편이) 〔친정집에〕 왔다 갔다 했지. 친정어머니 거시기 해
서. | 김순래 |

── 나는 시집을 하도 일찍 와서, 열여섯 살에 시집와서 3년밖에 몬
살았어요. 같이. | 이순분 |

──── 열여덟에 그러니까 동짓달에 시집갔지, 11월 달에. 열여덟에 시집 가가지고 큰집에서 내 방도 없이 시어머니에, 동서, 조카딸. 애 데리고 그래 와 있는 거 셋하고 나하고 한 방에 다섯, 여섯이 한 방 거취하다가 그래, 그래 큰집에서 시집가던 해 지내다가 그 이듬해하고, 그래 1년을 좀 더 살다가 살림을 내놓더라고요. …… 살림만 나가 거기 가서 잠이나 자고 아침 일찌감치 또 큰집에 가서 밥해먹고 종일 있다가 또 저녁에 와서 잠자고. 또 큰집에 가서 밥해먹고 종일 있다 와서 잠만 자고. 그걸 1년을 반복하다가 우리 조카며느리, 내 스무 살에 결혼해 오니까 그때서야 인제 내가 따로 살게 됐는데. 그러자 우리 양반이 또 서울에 공부하러 올라왔어요. |이호영|

──── 4년을 살았다니까. 4년 살았으니까 아들 하나 얻은 거야. 숭 안 지고 갈라고 4년. 그 사람은 열여덟이고 난 열여섯이고 그렇게 결혼했어요. 10월 달에. 옛날에 음력으로. |한명화|

구영선은 1949년에 결혼해서 시댁에 있었다. 1950년 3월 남편이 있는 청주로 가서 겨우 3개월을 함께 살았다. 결혼 기간은 평균 3~4년이지만 이들이 남편과 실제로 함께 산 기간은 1~2년에 불과했다. 강경순도 결혼 기간은 4년이었지만 친정에 3년을 있다가 1950년에 시가로 들어갔다. 김순태의 경우도 7년이었지만 아이가 생기면 친정집에 머문 시간이 많아 함께 산 기간은 2년 정도라고 한다. 피학살자미망인인 나금영과 박광자, 모강숙의 어머니는 8~9년 정도 함께 살았으며 구술자들 가운데 가장 오랫동안 결혼 생활을 유지했다.

2
일상의
감시와 통제

1 | '며느리' 만들기

남편이 없는 공간인 시가에서 전쟁미망인은 '미망인'으로 살아가야
했다. 죽은 자가 산 자의 지위를 결정하는 삶을 살아야 하는 것은 '미망
인' 자신보다 시가의 요구 때문이었다. 전쟁미망인을 붙잡아둘 수 있는
것은 아무것도 없었다. 남편과 살뜰한 애정도 없었고, 기초 생활을 영위
할 만큼 연금이 나오지도 않았다. 불과 1~2년밖에 결혼 생활을 하지 않
았는데도 그들을 시가에 붙들어놓을 수 있었던 것은 바로 미망인에 대한
일상생활의 감시와 통제에서 비롯되었다. 일상생활의 감시와 통제는 '의
심'에서 비롯되었는데, 국민에 대한 감시와 통제가 '국민 만들기'였던
것처럼 미망인에 대한 일상생활의 감시와 통제는 '며느리 만들기'였다.

남편이 부재한 상태에서는 며느리의 행위와 생각을 규제할 사람이

없었으므로 시부모가 남편 역할을 대신했다.

며느리 만들기는 노동에 대한 평가절하, 곧 일 못한다고 구박하기, 외양에 대한 통제, 친정 또는 이웃 간 관계 단절시키기 따위로 이루어졌다.

:: 구박하기-노동에 대한 평가절하

───── 나 시집살이 하느라 혼났어요. …… 시어머니가 별나 노니까, 이런 솥에 밥을 한 솥 하지요. 보리쌀 삶아서 밥을 하면, 물 넘거등. 그걸 안 넘겨야 되는데, 요새 해도 [밥물이 안] 넘는 수가 있나. 안 넘겨야 되는데. 그거 쪼매 물, 방에서 물 넘는 소리가 나면, 들으면, 아침에 밥 잡수면은 밥을 다 냄가뿌려가지고 밥맛이 없다 카고, 밥숟가락 탁 던져뿌고 밥 한 그릇 부고 이래 안 잡숫고 그러지. 얼마나 밸났는가 몰라요. …… 밥도 쪼금 늦게 주면 "왜? 내 논 있는 거로 밥 주는데, 니 벌어가 밥 주냐"고 "와 밥 늦게 주냐"고 막. 밥도 똑─ 12시. 아침 마 저녁에 똑 그 시간에 드려야 되고. 쪼매 늦으면 야단이 나고.
|이순분|

── 구술자: 우리 아버지가 날 그렇게 귀하게 키웠어. 그래 시아버지도 구박을 하더라고. "껍게(귀하게) 키워논 딸 갖다 며느리 삼는, 가시나 갖다, 아주 며느리 볼 게 아니다" 이래 싸코. 그래 동서도 그카고, 이라니까네. 그래도 그러한 것도 뭐, '시집은 이런갑다' 하고.

면담자: 그럼 그때는 동서가 왜 그렇게 시집살이를 시켰어요?

구술자: 그러게!(감정적으로 목소리 높임) 내가 참, 부모 시집 한번 살아

봤으면, 그 시어머니 시집 산 사람은 그렇게 안 그렇다고 하드만. 그렇게, 참말로, 그렇데요. 시아버지가 둘이 짜가지고 날 그렇게 미워하데. 왜 그럴까?…… 아까도 얘기했지만은, 겨울에 고, 고춧잎 이렇게 훑어가지고 다듬으면, 딱, 내가 담아가지고 저쪽에 주고 시아버지가 동서 칸에 이쪽 방에 앉아가지고 하고, 또 명, 명 잡는 거, 명 이거 실 빼는 거, 물레 돌려가 그거하면 요만치 줘가지고 올(오늘) 저녁에 언제 든지 뽑아가 다 하라고.

면담자: 그러니까 얼마만큼 일거리를 주고 그걸 언제까지 다 해라. 이런 식으로.

구술자: 응. 그니까 잠은 왜 그렇게 많이 오까 그때는. 잠도 잠도 그렇게 많이 오고. 그래 들에 가서 참— 땀 흘리며 들에 가가 그거 하고, 이 오면, 참 감자 삶아가지고 묵고 남은 것 있으면 한 쪼가리 얻어 묵고. …… 동서하고 시아버지하고, 그라니께, 저거 등신만치로 죽으라 카믄 죽고, 살라 카믄 살고. |이경순|

—— 이제 노인네들이 농사짓고 나는 애들 건사하고 집에서 살림하고,…… 그때는 만날 손으로 빨아서 꼬(꿰)매서 만날 하고. 버선이니 뭐니, 그런 거 만날 그거 하다보면, 나는 애를 쓰고 밤중에 그냥, 1시까지 그런 거 요만한 등잔불이, 요만한 초롱불이 그런 데서 하다보면 한참 바느질하다보면 나는 하느냐고 해도 만날 어머니한테 야단을 맞는 거예요. 왜 그렇게 빨랑빨랑 못하고, 왜 그렇게 못하느냐고 야단을, 그리고 그때는 왜 그렇게 졸린지도, 왜 그리 졸린지도 몰라요. 젊어서 그런지 어째서 그런지. 그럼 "다신 안 그러겠다"고 그러고선.

〔나는〕 만날 잘못했다고 하지 뭐— 만날 잘못했다고. 그럼 〔시〕어머니
가 "잘못했다는 소리도 한두 번이지. 만날 그냥 그렇게 못하느냐"고.
다른 말은 안 들었어도 만날 일 못한다는 소리만 들었어요. 아휴—
아휴— |김예분|

일거리를 주고 제때에 마칠 것을 요구하는 방식은 노동의 강도를 높
였다. 일을 제때에 또는 제대로 못했을 때는 "귀하게 키워논 가시나 며느
리 볼 게 아니다"라는 인신공격을 당하곤 했다. 김예분의 경우는 시가에
살 때 들일은 하지 않았지만, 빨래, 밥하기, 옷 짓기 따위 노동을 했는데
못한다고 매일 시어머니에게 야단맞는 게 하루 일과였다. 그녀는 "다른
말은 안 들었어도 만날 일 못한다는 소리만 들었다"고 한다. 이순분의 시
어머니는 밥물이 조금이라도 넘치면 밥맛이 없다고 숟가락을 놓기 일쑤
였다.

── 근데 6·25 나서 들어오니까는 아홉 식구예요. 근데 아홉 식구에
버는 사람은 없는 거예요. 시아버지하고, 시동생 하나, 시누이 하나,
우리 맏동서가 세 식구, 우리가 두 식구. 그러니까는 버는 사람이 없
죠. 그렇게 해가지고 참 떡장사도 하고 어— 그러면서 인제 또 바느
질 제품을 했어요. 그렇게 살면서 고통이 참 많았죠, 그러니까는 인
제. 그렇게 둘이서 벌어서 살면서 정말 14년을 살았어요, 시집에서.
…… 그런데 옛날 노인네들은 며느리만 들이면 아무것도 안 하는 거
야. …… 그래도 당신 아들이, 영감님이 계시니깐 아침에 나와서 아
들 밥이라도 해줘야 되잖아. 절대 없어요. 아들, 영감님 양말 꼬다리

(꽁다리) 하나 안 기워주는 거예요. 뒷바라지를 안 해주세요. 그러니까 우리가 참 힘들었죠. | 김숙자 |

김숙자의 손윗동서도 전쟁미망인으로 두 며느리가 아홉 식구의 생계를 책임지고 있었다. 바느질하느라 바쁜 와중에도 시어머니는 생전 식사한번 차려 드신 적이 없었다. 한명화의 경우도 크게 다르지 않았다. 한명화도 손윗동서가 미망인으로 두 며느리가 시아버지를 모셨지만 시아버지는 "나락 멍석이 떠내려가도 내다보지 않을" 정도로 당신 한 몸만 보호하다 가셨다. 김금자의 시아버지도 모시적삼 입고 논두렁에서 며느리더러 모를 심으라고 지시했지 일을 거들어주진 않았다. 출산일이 가까워졌을 때에도 가사 노동과 농업 노동을 혼자서 해내야 했다.

── 그런 생각을 해서 우리 시어머니, 시아버지들은 아들 없이 며느리들하고만 살았어도 그렇게 고생은 안 했어요. 우리 시아버지는 아주 선비였어. 또 글밖에 몰랐고. 그래서 일은 아주, 그야말로 참 옛날에 나락 멍석이 떠내려가도 [내다보지도 않는], 그 양반은 그런 양반이었어요. …… 명절 때면은 그땐 뭐 옷감이나 그렇게 흔하기나 했어요. [나무 해서] 인조[견] 뭐 자씩 바꿔다가 애들, 두 애들 저고리라도 하나씩 해 입히고. …… 시아버지 그렇게 저기 했어도 반찬 같은 거 안 떨어뜨렸어요. 동태 하나면 한두 끼, 세 끼는 드셔. 이렇게 투가리(뚝배기)다 해드리면 당신만 잡숫는 거예요 그게. 손자들 같이 먹어도 "요거 이렇게 너 먹어라" 덜어줘야 먹지 숟가락 안 갔어요. 그런께 선비라고 당신밖에 몰랐고 그 양반도. | 한명화 |

—— 시어른은 평소 일 안 하시는 어른인데, 며느리 혼자 모심구면 논두렁에 서가 뿌연 모시적삼 입고 버선 심고 가래로 가 여기 꽂아라(심어라) 저기 꽂아라(심어라). …… 기계를 발[로] 밟아서 타작을 안 하나. 애기 놓을 달이라 그거 얼마나 힘든 줄 아나. 그래 봐야 하나 [기계를] 붙잡지 않더라. [시아버지] 문 [열고] 내다봐야. |김금자|

이동호는 오십 평생을 홀시아버지를 모시는 과정을 "피 토할 노릇"이라고 하면서 그렇게 살아온 자신의 삶을 "요즈음에도 꿈인가 생시인가" 착각한다고 한다. "시아버지가 무서워서" 그렇게 50년 동안 모셨다고 한다.

이들은 생계 부양자이자 시가의 일꾼이었다. 생계를 책임지는 위치에 있었음에도 그 노동에 대해 인정받지 못했다. '일을 못한다'는 구박은 곧잘 인신공격으로 이어졌다. 인신공격은 며느리를 순종하게 하면서 가족 안에서 자신의 지위에 맞게 처신하게 했다. 노동에 대한 평가절하는 '며느리'의 노동으로 살아가는 현실을 부정하는 동시에, 생존과 직결되는 문제였기에 그들을 '며느리'로 만들기 위한 것이었다.

:: 행동의 감시

—— 시집가뿔면 뭐 몰라, 친정, 우리 아부지나 딸네 집에 온다꼬 한 번쓱 왔지. 남들은 안 댕겼어요. |이순분|

—— 우리 시어머니가 친정에도 못 가게 하고, 우리 언니들 있는데도

못 오게 해요. 하여튼, 친정식구들하고 나하고 접촉을 못 시키더라고요. 그렇게 ― 그래서 나는 나가지도 못하고, 만약에 여기서 우물 안에 고기였었어요. 그리고 신발이고 뭐고 일절을 다 사다줘야 내가 신을 줄 알고 10원 한 장 가지고 나가서 써보지도 못하고 난 그러고 살았어요. |김예분|

친정 출입은 가능하지 않았고 아버지를 제외한 친정 가족들의 출입을 막았다. "우리 언니들이 오면은 '당신 동상, 꼬여가지고 시집보내려고 왔느냐'고 그래서, 우리 언니가 그냥 너무 억울해서 그 소리 듣기 싫어서 오시지도 않고, 명일 날 아침에는 더 골을 내고 화를 내고, 그냥 막 뭐 집 어던지고 그러면 무서워서 나는 벌벌벌벌 떨고 그냥,…… 그래서 우리 언니들이 '애, 너 괜히 시집살이 시키니깐 안 온다'고. 그래서 우리 언니들이 발을 톡 끊어놓고 안 왔어요." 김예분의 경우, 시어머니의 구박은 명절을 앞뒤로 더욱 심해졌다. 결국 김예분의 언니들은 자신들과의 왕래가 동생을 더 괴롭히는 일이라고 생각해 출입하지 않았다고 한다.

― 구술자: 시어머니가 하―두 별나니 별나게 사는 거지. …… 그래가 팔십 여섯까지 살았어요. 그래 그― 모시고 살았으니 어디 나가지도 못하게 고라, 그래 난 죽기 등신이가 됐어요, 나는. 집에서 일만 하지. 여기저기 놀러도 못 가그로 하지. 혼자 놔두고 잠시라도 어디 쪼매 있다가 오면, 어디 갔다 오냐고 막― 야단이 나고,…… 그때는 모임에 놀면은, 저녁 때 모임 하면은, 뭐 딴 게 없고, 먹고 놀자 카면, 뭐― 막걸리나 갖다놓고 이래 노는 사람, 그때도 좀 노는 사람은 있었어요.

그랬는데, 나는 그런 데도 절대 가지도 못했어요. 시어매, 시어머니 때문에.

면담자: 동네에서 이렇게 친하게 다닌.

구술자: 친하게 댕기는 사람들도 우리 시어머니가 만―날 문을 열그로 놓고 있으니까네 택호(결혼할 여성은 이름을 부르지 않고 출신지를 넣어 ○○댁으로 부름)를 부르면 …… 내한테 놀러 몬 온다 이카는 기라. 만―날 문을 열어놓고, 가만―히 주야장창 문 앞에 고 옛날에는 마리(마루)가 있나, 평상 같은 이런 〔것을〕 짜놓게 해서 그거를 이렇게 문 앞에 놔놓고 있으면은, 만―날 거 앉아가 저, 대문에 밖에 사람〔들이 지나다니는 것을〕 이래 보니까네. 그 절대 우리 집에 놀러 몬 와요. 우리 할매가 무서버놔. 참 뺄났어예. 그래도 모두 다 "혼자 사는 매누리 해도 별나게 그런다"꼬 다 그랬어요. |이순분|

이순분의 시어머니는 대문 앞에 평상을 해놓고 주야장천 앉아 있었다. 그것은 이순분과 이웃 간의 왕래를 감시하고 통제하기 위한 방법이었다. 따라서 이순분은 동네 마실을 다닐 수 없었고 친구들도 시어머니가 무서워 그녀를 불러내지 못했다.

친정, 이웃 간의 왕래를 규제했을 뿐만 아니라 끊임없이 일상생활의 행동을 의심했다.

── 내가. 만날 어딜 가면, 그냥 빨래 가서도 빨래하려면 "뭐 때문에 빨래하러 가서 뭐 하느냐고 이때까지 있었느네. 뭐 하느라고". 남은 그냥 부지런히 하고 오려고 그냥 그러면은, 오면 글쎄, 그렇게 딴소리

를 하신다고. 그렇게. 그러면은 아주, 거기에 내가 울화통이 치민다니까. 내가 그냥. 그러면은. 아니 빨래 가서 누가 놀고 와요. 내가 참, 이렇게 살았어요. 내가. 아휴. |김예분|

―― 뭐 갔다 오시면 그냥, 들에 밭에 갔다 오시면은 그냥 심통이 비슷하니 이렇게 응 "누가 여 왔다가 안 갔나?" 이칼 정도로. 그래서 냇중은 인자 안 돼서 들에 나가 같이 밭매고. |박원기|

―― 골짜기라 전부 피난하러 다 거기 와가― 밤에 버글거리고 그랬는데. …… 농사지어가 무하고 배추 뿌리하고, 배추 숨가가 배추 뿌리하고 묻어놓고 묵었는데, 그 와가 막 "물 좀 돌라"케 주면, 밑에 누룽지 찌끄러기 그거 마실려고 묵고. 우거지 달아놓으면 그거 말라비틀어진 거 연뿌리 그거 뜯어가 묵고 하는데 그게 너무 불쌍해서, 우리 신랑이 생각나가 배추 뿌리 그거 한 숭그리 줬다 하니까네. 줘나 노니 칼로 깎지 않고 손으로 이렇게 뜯어가 옷으로 문대가 이리 먹드라고. 먹고 가뿌고 난 뒤에 시아버지 어디 갔다 오더니 그거 줬다고 난리가 나고, "그― 그런 놈들 줘가지고 너 서방을 하려고 줬냐?" 그 참말로. |이경순|

빨래나 들일은 집안이 아닌 집 밖에서의 노동이다. 집 밖에서 노동하고 들어왔을 때 시부모는 "왜 이렇게 늦게 들어왔는지," "누가 집에 오지 않았는지" 따위로 '의심'의 시선으로 대했다. 남에게 베푼 작은 배려도 "너 서방을 하려고 줬냐"고 의심받았다. 행동에 대한 규제는 며느리와 한

방 쓰기에서 더 잘 드러난다.

— 구술자: 우리 아버님이랑 어머님이랑은, 우리 군인 가고 나자 각방을 쓰셨어. 우리 어머니가.

면담자: 왜요?

구술자: 아니, "젊은 며느리도 혼자 자는데, 노인네들이 한방 쓰게 생겼느냐"고, 대단하지. 그래서 시어머니는 나하고 자고, 아들 데리고. 우리 아버님은 사랑에서 노인들 오면 얘기책 보고. 그렇게 살았어요. 어떨 때는 민망스럽더라. …… | 곽순진 |

—— 나는 혼자되니까, 이렇게 남편하고 쓰던 방이 싫더라고요. 괜히 무서워. 죽는 것 안 봐도 그래서 시어머니한테 들어갔슈. 그래가지고 50년을 시어머니하고 한방을 썼슈. 그러는디 인자 어떨 때는 내가 싫을 때도 있잖아. 그래서 내가 먼저 시어머니에게로 들어갔는데, 내가 나와서 딴 데에 가 잘라고 하면은 "늙으니까 냄새 나는게비"라고 서운해하시더라고. 그래서 그냥 같이 내처 자다가 돌아가셨어. 한방 썼어. | 유희수 |

—— 처음에 시집은, 따로 못 썼어요. 전부 동생이 몇이지, 시누도 많지라, 방이 두 개 세 갠데, 우리 시누캉, 시어머니캉 나는 한패로 같이 많이 잤어요. 매일 같이 잤지. | 이순분 |

—— 피난을 갔다 오니까, 신랑도 없이 갔다 오니까 집이 아래웃(아래

위) 채 홀딱 다 타고 없는 거야. 다 타고 없는데 …… 집이 다 타고 없는데, (울먹이며) 딸 하나 그거 들고,…… 돈이 없어서 집도 지지도 못하고, 갑자기 어떻게 해. 그래가 시어머니하고, 시아버지하고, 시누 둘하고, 시동생 하나하고 한방에서 그래가 3년을 살았다. 보다보면 무섭고 딸만 끌어안고 3년을 살았어. | 박원기 |

며느리와 함께 평생 한방에서 생활한 까닭은 다양하지만, 이는 결국 며느리의 행동을 규제하는 방법으로 작용했다. 곽순진은 남편이 군대에 간 뒤 시어머니와 함께 지냈다. 시어머니의 마음이 고맙기는 하지만 '민망스럽다'고 표현했다. 유희수는 남편과 같이 쓰던 방이 무서워 자신이 시어머니 방으로 들어가 생활했다. 다른 곳에서 자려고 하면 시어머니가 서운해해서 이들의 동거는 시어머니가 돌아가실 때까지 지속되었다. 이순분은 결혼 초부터 시어머니와 같은 방에서 생활했다. 일부 지방에서는 1950년대 초반까지도 결혼 초에 시어머니와 같이 자거나 부부가 따로 방을 쓰기도 했다. 결혼 초 여성은 자기 방에서 조카를 데리고 자거나 삼을 삼는 도구를 쌓아둔 좁은 공간에서 혼자 잤으며, 남성은 사랑에서 지내다가 가끔씩 아내 방으로 건너왔다고 한다.[3] 1950년대 후반부터는 신혼부부가 공간적으로 별거를 하는 현상은 거의 보이지 않고 "새댁은 방이 복잡해도 제 방을 줬다"고 한다. 주거 공간에 따른 신혼부부 별거 문화는 사랑채와 안채라는 내외법뿐 아니라 공간의 비좁음에서 비롯되었다. 여기에 한국전쟁으로 인한 주거 공간의 파괴로 시어머니뿐 아니라 온 가족이 함께 생활하게 된 것도 일조했다.

박원기는 전쟁 때문에 살림집이 불타 3년 동안 한방에서 시어머니와

시아버지 그리고 시동생들과 생활했다. 이 생활을 박원기는 "응. 얘기하
니까. 살아나갔는 거 그거를 생각하니까 눈물이 [나지]. 그래도 전쟁도 났
겠지만은 내 운명이라고도 생각할 수도 있지. 그지? 그런 것도 있지. 피
난하고 그기 집 태우고, 한 3년 동안 시어머니, 시아버지, 시동상하고 한
방[에서] 잘 적에는 '야 이게 개도 아니고 돼지도 아니고 이게 뭐냐?' 뭐.
한방에서 말이 쉬버서 그렇지 시어머니, 시아버지 주무시는데 혼자된 며
느리가 방이라도 널으나, 콕콕콕콕 찡겨가, 옛날에는 시골 방 적잖아 그
자"라고 힘겨움을 말했다.

:: 외양에 대한 규제

전쟁 때 몸뻬에 저고리를 입은 여성들의 옷차림은 흔한 모습이었다.
이 모습은 옷을 입은 것 같기도 하고 입지 않은 것 같기도 한 이상한 차
림이었다. 여하튼 몸뻬는 일제 시기부터 여성들의 허영과 사치를 금지하
는 방법으로 착용이 권장되었는데 한국전쟁 때도 경찰서에서 "종로서에
출입자는 남녀를 불문하고 사치를 한 자는 출입을 금하리라 하며 여자는
'몸뻬' 착용을" 요구했다.[4] 관공서에서 요구한 몸뻬 착용 방침은 여성의
허영과 사치를 금지한다는 명분으로 전시 비용을 갹출하기 위한 것이었
다. 반면 구술자들의 몸뻬 착용은 다른 각도에서 진행되었다.

— 면담자: 그럼 전쟁 때는 옷을 어떻게 입었어요? 그때도 치마저고리였
  어요?
  구술자: 그때는 치마저고리가 아니고요, 이런 거 치마저고리 그런 거,

무세 있는 거 입고 나가면 미국 놈들이 저거 한다고 우리 시어머니가 몸뻬를 해주시더라고.

면담자: 몸뻬?

구술자: 예. 몸뻬를 해주시고 그 남자들 입는 덧바(잠바) 있잖아요. 그 거를 입고. 그래 신발도 예쁜 거 집에 놔두고 꺼면 신발, 남자 신발 그 걸 신고 갔는데. 그 예쁜 신발은 장 밑에다 놓고 갔더니 들어오니까 없어요. 누가 꺼내 가고. 신어보지도 못허고. …… 진짜예요. 이거는. 그거 신고 가면 미국 놈들이 색시라고 쫓아온다고 우리 시어머니가 글쎄 남자 고무신을 꺼면 걸 그걸 신고 가라고 주셨어요. 그랬더니 그 거 신지도 못하고 잊어버리고 …… 아이고 고생한 걸로 생각하면 말 도 못하죠. |곽희숙|

—— 이렇게 시골길로 오니까는 이런 논 같은 데다가, 이렇게 미군들이 뭐, 그 텐트, 어, 이렇게 텐트 쳐놨다고 그러더라고. 오다가 보니깐 그 러면 그 미군들이 여자들만 보면 그런다고. 나는 그냥 그때 얼굴에다 가 이런 거 뭐 칠하고 애 그냥 업고 …… 예—쁜 여자들은 뭐 미군이 데려간다고 그래서, 그냥 시수(세수)도 안 하고 만날 그냥 자다 일어 나서 오고, 그냥 머리도 이렇게 길어서, 지금은 잘랐는데 길어서 여기 다가 핀을 이렇게 찍 꽂다 놓고. 그리고 남자들 웃도리, 남자 웃도 리에다가 그냥 쓰봉 쪼가리에다가 그냥 애를 업고 그지, 그지, 상거지 죠, 뭐. 말을 뭐해. 이는 득실득실하고. 아휴 6·25 생각만 해도 끔찍 스러워요. 지금 젊은이들은 당해보질 않아서 몰라요. 몰라. |김예분|

관공서의 요망 사항과 다르게 전쟁미망인을 비롯한 젊은 여성들은 미군을 피하기 위해 저고리 또는 남성 겉옷과 몸뻬 차림을 하거나 얼굴에 검정 칠을 하고 다니곤 했다. 이동할 때 젊은 여성들은 아이를 업고 다니거나 거지 같은 차림을 했던 것이다. 이런 차림은 대개 시가 어른들의 명령에 의한 것이었다. 곽희숙은 '예쁜 신발' 대신 검정 고무신을 신고 가라고 해서 예쁜 신발을 신어보지도 못했는데 그 일을 못내 아쉬워했다.

— 면담자: 그럼 머리는요? 머리 모양은,

　구술자: 머리 모양은 만날 쪽 지고, 만날 …….

　면담자: 언제 머리 쪽 푸셨어요?

　구술자: 쪽 푼 지가 난 얼마 안 돼요. 시집 살 때는 쪽도 못 풀었어요. 서울 올라올 때 조금 전에 풀었는가봐. 우리 시어머니 돌아가신 담에. 어른들이 못하구로 해. 얼매나 별나니 못하구로 해. |이숭분|

—— 머리도 그냥 저기였어요. 쪽 지고 시집가고, 쪽 졌지. 그런데 그냥 머리 자를까봐 집에서는 막 집에서는 저길 하지 뭐여. 머리가 궁뎅이(궁둥이)가 내려왔는데. 그래 그렇게 하고 있는데, 나중에 우리 아들 그렇게 되고 그러니까, 머리 잘라버렸어. (웃음) 그랬더니 막 저, 미쳐서, 어, 바람났다고 이제 그러지. 그러거나 말거나 나 안 나면 고만이지, 뭐 까짓. 시방 내가 남자 해가지고 이 자식들 그지 만들면 뭐 하느냐고. |박수영|

— 구술자: 남편이 죽었다고 색옷을 입어? 결혼 때 해가지고 간 거 하나

입어보도 못하고 다 쪼작거려가지고 애들만 해 입혔어요. 하얀 거, 검은 거. 두 가지 색으로 계속.

면담자: 한 번도 이런 거 안 입어보고, 색깔 있는 거?

구술자: 하나도 못 입어봤죠. [머리는] 쪽 찌다가 한 번 잘라 가지고, 어찌 친구들이 "너는 그대로 늙어 죽으려냐?"고 하도 해싼 게 그냥 막 끄집고(끌고) 갔어, 나를. 그래서 그랬는데 가서 [머리 손질을] 하다보니까 저물어졌지요. 벼는 널어놓고 그랬는데, 아이구 혼났어. 수건을 쓰고 이렇게 가리고 왔는데 그날은 몰랐는데, 늦게 왔다고만 하고 "어디를 돌아다니느냐?"고 난 우리 시어머니가, 그때 한 번 시집살이 해봤구만. 그러더니 그 뒤에 보고 그게 뭐이냐고, 좋은 머리를 잘랐다고 얼마나 뭐라고 하시더라고. 그러다가 바람 들까 무선께. 어딜 갈까 무선께. | 강경순 |

—— 그리고 우리 시어머니 돌아가고선, 2년 만에 동네 할머니가 나를 끌고서, 손을 끌고 어디를 잠깐 좀 가자고 그러더라고. 그래서 "왜요?" 그랬더니 "글쎄. 어디를 좀 가자고" 그래서 갔더니 그때서 "이 머리 좀 자르라"고. "시어머니 돌아간 지 2년도 됐는데 뭘 그거를 만날 그거를 머리를 못 자르고 그걸 그렇게 두느냐"고. 그래서 내가 우리 시어머니 원 풀어주느냐고, 머리를 안 자르고 이 생머리를 내가 그렇게, 우리 시어머니 머리, 머리 풀어드렸다고(시어머니 장례식 때 머리 풀고 곡할 사람이 없다며 며느리 머리카락을 자르지 못하게 했다). 내가 정말이지. …… 그래서 그제서 머리를 잘라서 이제 파마를 한 거야. 내가. 그러기 전엔 내가 파마도 안 했어요. | 김예분 |

—— 시아버님이 며느리들 옷을 곱게 못 입게 했어요. 뭔 옷을 못 입게
했어. | 한명화 |

옷과 머리 모양도 마음대로 할 수 없었다. 옷은 고운 색은 입지 못했
고, 결혼할 때 가져온 옷도 입어보지도 못하고 자식들 옷을 만들어주었
다. 전쟁미망인은 전쟁 뒤에도 머리 모양, 옷 색깔에 대해 시부모로부터
제재를 받았다. 오랫동안 쪽 진 머리를 했는데, 이순분, 이영례는 시어머
니가 돌아가신 뒤에야 머리카락을 자를 수 있었다. 색깔이 있거나 고운
옷을 못 입었다는 언급은 이들이 외양을 규제당했음을 알게 해준다.

:: 며느리 되기

남편의 집 곧 시가가 전쟁미망인에게 억압의 장소인 까닭은 일상생활
에 대한 감시와 규제 때문이었다. 일상의 감시는 노동 가치를 인정하지
않고 구박하기, 이웃 간 왕래를 감시하기, 머리나 옷 모양을 규제하기 따
위로 전개되었다. 이는 '바람날까봐', '다른 곳에 갈까 무서워서'였는데
며느리 만들기의 한 과정이었다. 시가의 며느리 만들기는 전쟁미망인이
순종하는 며느리가 됨으로써 어느 정도 성공했다.

—— 베를, 베를 짜가지고 열 필 팔아가지고 집 짓는 나무를 샀어. 그
래 또 짜가지고, 또 열 필, 스무 필 짜가지고 팔아가지고 집을 졌어
요. 집을 져놔 노니 베 짜가 팔아놔 노니께, 여물게 내가 하고 하니
까 시어머니, 시아버지 그때는 좀 인정하더라고. 그래가지고 낸중

또 열 필 팔아가지고 밭을, 밭을 그때 열닷 마지기를 샀어. 그래 사고 하니까 인자 '저건 우리 식구 될란가보다' 이래 생각을 하더라고. 모심을라 카이 못자리가 없어서 여섯 필을 팔아가지고 못자리를, 지금 말하자면 300평이지, 사고 해가지고 농사를 잘 짓고 잘 해가지고 내가 살림살이를 많이 늘켰어(늘렸어). 늘카 놔노니까네, 그때서 인자 저 집 며느리는 살아줄 거다 이카는 거야. |박원기|

—— 시집살이는 안 했어요. 시집살이는 안 했어. 왜 그러냐면 모든 식구들이 다 좋아했어요. 그저 먹고 순진하게 일만 하니까, 시동생도 새벽밥 해줘서 밥해 먹여서 학교 보내야지, 빨래 해줘야지, 눈코 뜰 새가 어디 있어. …… 난 죽어라 일만 하니까 좋다지. 뗑깡(생떼)도 안 놓고, 일만 하니까. 황소같이. 어려운 건 없었어. …… 나는 머저리같이 일만 하면 사는 줄 알았지. 하하하. |곽순진|

베 열 필을 짜려면 하루도 쉬지 않고 한 달을 작업해야 한다. 쉼 없이 베를 짜서 시집의 재산을 늘려놓은 뒤에야 시가도 그 마을도 며느리로 인정했다. 곽순진은 남편 형제들이 많아 "남자들이 왔다 갔다 하면 저게 신랑인가? 저게 누군가?"할 정도로 신랑 얼굴도 몰랐다. 그녀는 들일을 하지 않았지만 새벽부터 저녁 늦게까지 가사일로 쉬지 않았다. 전쟁미망인은 일을 열심히 하고 시부모에게 순종함으로써 며느리로 인정받았다. 남편이 부재하고, 국가에서 생활할 만큼 연금을 받지 못했는데도 며느리 만들기 프로젝트는 어느 정도 성공했던 것이다.

2 | '아내' 감시하기

'나 하나 희생하면 한 가정은 일으킬 테지'라고 결심했지만, 상이군인미망인은 전쟁의 상흔으로 남은 몸과 마음의 상처를 감당하기가 어려웠다.

—— 그러니까 그런 양반들하고 살아본 사람이 속을 알아요. 그 짜증을 부려가지고 괜한 투정을 부려요. 자기가 다쳐놓으니까, 얼굴이 제대로 없지, 또 손도 그렇지 그래놓으니까는 그냥 마음이 이상해가지고 오죽하면 죽을라고 그랬겠어요. …… 그때는 미울 때가 많았는데. 불쌍해요. | 강옥정 |

—— 그래 학도병으루 나가기 때문에 정신두 좀 이상하더라구유. 어떤 때는유, 날 궂으면. 저놈을 내, 내 '드러운 데루두 시집을 보냈다'. 아 만날 늑막염 앓구, 맨날 지랄육갑을 해여 그냥 막. …… 아우 승질 나서 지금두. | 이성원 |

—— 처음에 결혼할 적에는 다리가 다 있었어요. 다 있었는데 나중에는 요거 자르고, 요렇게 자르더니 골수염이라 여기서, 이 속에서 피고름이 나오는데, 그러더니 여기 잘라야지, 6개월 이상 못 산다고 요기 자르고, 그래 3년 되니까 여기 대퇴부 있는데, 대퇴 여기 자르고 …… 영감 다리 자르면 1년이면 반은 병원에 있구. 그러니까 영감하구 저하구 40년을 살았는데 20년은 병원에 있었나봐요. 20년은 살았

구. | 노희애 |

—— 남편은, 남편은 그렇게 하다 그냥, 뇌를 다쳤으니까, 그렇게 하다
그냥, 그러니께 한 달에 몇 번씩 까무러치는 거예요. 그 정신을, 그 지
금으로다 하면은 그 지랄병. 그거 마냥 하다가 깨나고, 깨나고 그렇게
하더라고. 그 남의 품 팔고 장사 해갖고 1년에 보약을 네 첩씩을 멕였
어요. …… 참 방에서 똥, 오줌 싸다가, 50년 동안을 그냥 대변을 받
아내다가. | 정상호 |

—— 인자 어디 가면은 그 양반은 뚱뚱하고 나는 약하고, 그런께 전깃
대(전봇대) 한 개, 전봇대가 50미터씩 전깃대 나무 서 있잖아요.⁵ 한
거리는 내가 업고, 한 거리는 자기가 지팡이 짚고 걷고, 차가 별로 없
을 적에는 그라고 그랬어요. | 정끝남 |

정상호는 결혼한 이듬해부터 혼수를 팔아 장사를 시작했고, 지금까지
안 해본 일이 없다고 한다. 가족을 위한 생계 활동은 큰 걱정거리가 아니
었다. 50년 내내 대소변을 받아내는 생활을 했다. 그래도 이 일은 어렵지
않았다. 그녀가 가장 힘들었다고 기억하고 있는 것은 종종 정신을 잃어
응급실에 가느라 그동안 모아둔 작은 돈을 병원비나 약값으로 써서 빚을
지고 처음부터 다시 시작해야 하는 어려움이었다. 자신의 노동으로 차곡
차곡 쌓아간다는 기쁨을 알아가는 과정은 힘들지만 누구에게나 삶의 희
망을 가져다준다. 그러나 정상호는 그런 기쁨을 느낄 겨를이 없었고, 반
복적으로 원점으로 돌아가는 일이 자신의 생애에서 가장 힘든 일이었다

고 기억하고 있다. 노희애의 남편은 처음에는 다리가 온전했지만 시간이 지나면서 다리를 잘라내야 했다. 그래서 40년을 함께 살았지만 20년은 병원에서, 20년은 함께 살아왔다고 말한다. 정끝남은 남편의 출퇴근을 업어서 시켰는데 남편은 몸집이 크고 자신은 체구가 작아 힘에 부쳤다. 이성원은 "지금도 생각하면 성질이 난다"고 날이 궂으면 남편의 정신이 더 이상해져 힘에 겨웠음을 토로했다.

상이군인의 몸은 결혼한 여성들에게 전달되었고, 그들은 생계 활동을 하면서 남편의 몸을 돌보아야 했다. 육체적 고통은 큰 문제가 아니지만 정신적 타격은 오랫동안 남아 있게 마련이다. 전쟁미망인은 분가를 통해 시가의 감시와 통제에서 벗어났다. 그러나 이들은 누워 있을지라도 '가부장'인 남편이 존재했고, 남편의 의심과 언어폭력에 시달려야 했다. 언어폭력은 상대방에 대한 무시와 멸시를 동반했고, 그 폭력에 노출되었던 당사자는 자존감을 상실했다.

—— 자기 몸이 그러니께 내가 바람나는개미(바람날까봐), 바람나는개미 의심을, 의처증을 두더라구유. 아주 시장에 가면 시간부터 재요, 시간부터. 〔나갔다 오면〕 "야! 이년아! 지금 몇 신데 어디 갔다 왔느냐? 어떤 놈하고 붙어 왔느냐?" 별소리를 다 해유. 의처증 그거 무섭더구먼. …… 아이 그냥 이짝 귀로 듣구 이짝 귀로 새구 그냥, 속상하면 그냥 바깥에 나가, 저 산에 가서 그냥 앉았다 내려오구 그라지. | 정상호 |

—— 성격이 안 좋았어요. 안 좋아가지고, 다치고 그러니까, 그 전엔 안 그랬는디 굉장히 짜증이 심해가지고 어디 내가 문 앞에도 못 나갔었

어요. 그래서 어디를 못 갔어요. 그래도 어디를 좀 다니면 날 텐데 집에서 어디를 나가지를 못했어요. …… 몸이 그러니까는, 또 내 나이가 그때는 젊고 그러니까는 그렇게 싫어하시더라고요, 어디를 나가기만 하면 싫어하시고. 어디 시장에만 가도 딱 바라고 이러고 섰고, 〔문 밖에〕 나와 있었어요. 그래 내가 문 바깥에도 못 나갔습니다. 지금은 그래도 돌아다니지만. (가벼운 웃음) …… 어디서 조금 늦게 들어오면 늦게 들어왔다고 뭐라고 그러고. 그냥 시장에도 가도 이렇게 쳐다보고 있어요, 가지도 못하도록. 시장에 한번 가도 쳐다보고 앉아 있어요. 〔그래서〕 가서 있도 못하고. | 강옥정 |

——— 아픈 몸이라도 불호령하면 나는 그냥 저 어디 숨으러 가버리지 그냥. …… 자기가 성질이 불길마냥 일어나면 나는 숨으러 가. | 정끝남 |

정상호는 장사를 하고 돌아오면 행실을 의심받았고, 강옥정도 자유롭게 문 밖 출입을 하지 못했다. 시장에 갔다 오면, 남편은 쳐다보고 앉아 짜증을 냈다. 그래서 지금은 "남편이 없으니까 돌아다니기는 맘대로 돌아다녀요. 어디 가서 밥도 그렇지, 어디 가면 짜증내지 그러니까 맘대로 돌아다니지를 못했어요. …… 숨을 좀 가졌어요"라고 숨을 쉬고 산다고 한다.

구술자들이 지금까지 가정생활을 유지할 수 있었던 까닭은 자신의 성질을 숨기고 남편의 화를 그대로 받아들이면서 살아왔기 때문이다. 가부장인 남편의 감시와 통제는 행위를 규제하는 방식으로 나타나기도 했지만 무시와 멸시라는 언어폭력으로도 나타났다. 노희애는 자신이 식모살이하는 집에 부탁해 경비 일을 하는 남편의 정년을 연장시켜놓았다. 이에 대해 남편은 "내 힘으루 연장을 못하구 여편네가 식모살이 가서 거기에 높은 사람을 통해서 하니까 안 된다"라며 자신의 위신을 먼저 생각해 그 부탁을 거절했다. 40년을 돌봤던 부인의 몸 상태가 안 좋아 검진을 받을 때에도 "영감 2000년도에 입원시켜놓고서 살이 자꾸 빠지고 그래. 그래 '이상하다, 이상하다' 그러구서는 종합검진 받을라니까 영감이 뭐라 그러는가 하면 '아무리 보훈병원이 국가에서 해주는 병원이지 너가 어디 아프냐? 어디 다쳤냐? 니가 왜 종합검진 받으러 댕기느냐?' 구 막 뭐라고 그러더라고요"라는 말에서 알 수 있듯, 걱정은커녕 핀잔을 주었다.

가부장의 권위는 결혼할 때 이미 허물어졌다. 그들에게 속아서 결혼했고 '가장'의 역할을 못해 대신 생계 활동을 해야 했다. 그런데도 가부장의 권위와 행사는 행위에 대한 감시와 통제로, 무시와 멸시로 자행되었다.

상이군인 남편은 처음부터 그런 성격을 타고난 것이 아니었다. "성격은 굉장히 착해유, 내성적이구"라고 말하는 것처럼 상이군인은 전쟁의 고통을 함께 나누며 살아가려 하지 않고 감시와 폭력으로 자신들의 고통을 없애려고 했다. 물론 개인의 문제가 아니다. 전쟁 동안 겪었던 그들의 경험과 상처를 말하고 치유의 과정을 통한 성찰적 삶을 만들어가는 대신에, 국가는 상이를 오직 육체적으로만 간주해 그것의 치료에만 관심을 두었다. 육체적으로 아픈 몸과 전쟁 경험으로 인해 얻은 상처는 개인이 가족이라는 공간에서 갇힌 채 감당해야 했다. 그것은 가장 가깝고 필요한 존재였던 아내에게 향했고, 감시와 폭력이라는 형태로 진행되었다. 여기에는 당연히 국가의 책임이라는 문제가 있으며, 가부장인 남편을 중요하게 간주하는 사회의 역할 또한 무시할 수 없다.

──── 전사한 양반들은 굉장히 그때는 그냥 말할 수도 없지만 그 대신 괜찮은데, 고생은 상이 입은 사람 부인들이 고생이에요. 내가 살아보니까 말도 못해요. 그 세월을 갖다가 젊어서부터 시작해가지고 그거 애들 볼 사이가 없어요. 애들 돌볼 사이가 없어요. 그러니까 미안하죠. 야들한테도. 낳아놓고. | 강옥정 |

4부

여성 가장과 새로운 공간의 창출

군경미망인의 경우 분가를 통해 자신의 공간 만들기에 성공했
다. 분가는 시부모와의 갈등 속에서 어렵게 얻어낸 결과이며,
자신이 만든 새로운 공간이었다. 피학살자미망인의 경우 남편이 학살당
했기 때문에 시가나 마을이나 이웃 간에 거리 두기를 할 수밖에 없었다.
이웃들의 거리두기는 결국 의지할 공간을 찾아 나서는 계기가 되었고,
이들이 의지한 공간은 종교나 가족 간 결속이었다. 반면 상이군인 부인
들은 일찍 분가를 한 대신 출산, 즉 자식 낳기를 통해 자신의 존재를 확
인했다. 군경미망인이나 피학살자미망인이 1~2명의 자녀가 있다면 상
이군인 부인들은 5~6명의 자식을 두고 있다.

군경미망인, 피학살자미망인, 상이군인미망인 등은 어떻게 자신들만
의 공간을 만들었고 전략들을 세웠는가? 군경미망인에게 분가는 새로운
삶의 시작이자 자신만의 공간을 만드는 곳이지만, 피학살자미망인에게
분가는 세상 밖으로 내몰리는 경험이기도 했다. 서로 다른 처지에서 여
성 가장으로 어떻게 자신들의 공간과 전략을 만들었는가?

전쟁미망인이 새로운 공간에서 이룬 가족은 어떤 특징을 갖는가? 그
이들의 자녀들은 아버지의 영역과 부재를 어떻게 체감하고 있었고, 그
부재를 채우기 위해 기억을 어떻게 구성했는가?

1
공간 만들기와
전략들

1 | 분가—남편의 집을 나와 새로운 공간을 만들다

전쟁미망인은 20대에 시가에 머물면서 시부모에게 순종함으로써 며느리 되기에 성공했다. 30대에 들어선 그녀들은 일상생활의 통제와 규제로부터 벗어나고자 했다. 감시와 통제로부터 벗어나는 방식은 남편의 집을 떠나 자신이 만든 공간을 쟁취하는 형태로 나타났다. 전쟁미망인은 시가로부터 분가를 시도했다. 시가와의 분가는 쉽지 않았다. 물론 남편이 전사했다는 소식이 전해지자마자 분가했던 전쟁미망인들도 있지만 대개 이들의 분가는 힘겨운 싸움으로 전개되었다. 분가는 복적이나 재가와는 다른 차원이지만, 그렇다고 해서 분가가 쉽게 이루어진 것은 아니었다. 분가는 왜 힘겨운 싸움이었는가?

| 표-5 | 군경미망인의 분가 시기

이름	남편	분가 시기	이름	남편	분가
김순영	장남	1947~48	이경순	차남	1957
김순태	차남	1948	곽순진	차남	1960~61
오인주	장남	1948~49	윤정숙	장남	1960
박태영	차남	1950	김예분	장남	1960~63
윤철희	독자	1950	박원기	장남	1962
양희선	차남	1951	강경순	막내	1962~63
구영선	장남	1950~53	임기영	차남	1963
이동애	차남	1953	김숙자	차남	1965
임정기	장남	1953	한명화	차남	1975
박원빈	차남	1954	이호영	막내	1948/67
박수영	장남	1954~55	이순분	장남	1985
양선숙	장남	분가 못 함	이동호	장남	분가 못 함

:: 분가를 얻어내기 위한 갈등과 싸움

—— 아이고 시골서 사면서(살면서) 그래도, 이렇게 조렇게 하면서 해마
다 논 사고 살았어. 그런디 내가 그냥 서울로 떠나니까. 그냥 막! 아
떠나니까 동네에서 막 못 떠난다고. 못 떠나게 했지만 자식 갈킬라니
깐 떠났지. | 오인주 |

—— "바느질 해가지고 삯 받아서 애들 공부 가르치고 그러라"고. 그래
서 인저 닥치는 대로 인저 중의적삼 같은 거니 뭐니 그냥 해달라는 대
로 그냥 해주고 그냥 돈 조금씩 받아서 그냥 쓰고 그래도 안 되겠어

요. 도저히 애들 공부시킬 수가 없더라구. | 임기영 |

── 저 저 초등학교 졸업하고 나서 "아버님, 어머님 의논드릴 게 있어
요. 아무래도 저거 내 더 놀라니〔낳으려니〕 더 놓을 수도 없고 딸 저거
를 키울라 카만 공부라도 시키야 안 됩니까?"…… 그래가 한이 돼가
지고 딸이라도 공부시켜야지 싶어서 "중학교 시킬랍니더" 카니까네
못 시키게 하는 거라.
그래 마 "눈〔너〕도 바람나고 딸도 바람난다" 이카는 거야. 옛날에 그
때는 양갈보 카는 게 많았어. "그런 거 된다" 이카는 거라. "아버님 이
때까지 20년 가까이 살아가지고 제 맘을 모릅니꺼. 저는 그래도 양반
집에서 시집을 왔기 때문에 그런 거 없심니더. 우리 집안에는 재혼하
고 그런 거 없심니더. 아버님이 더 잘 안 아십니까. 재혼하는 거 없심
니더. 그러니까 그런 걱정은 하지 마세요. 제 머리가 파뿌리 될 때까
지 아버님 사세요." | 박원기 |

── 올라올라니까 남의 식구 된다고, 안 보내준다는 거예요. 어른들이
시부모들이. 아이고, 도저히 농사는 못 짓겠고. 그 전에는 쌀을 주고,
인제 쌀을 몇 말씩 주고 일꾼들을 그렇게 데려다가 썼어요. 그런데 그
것도 그냥 시골에 젊은이는 다 서울로 올라오고, 그것도 어려워요. 그
러니까 여자가 뭘 해. 농사질 때 되면 안 되면 그냥 남할 때 못하면 그
냥 우는 거야. 승질이 나서. 하진 못하지. …… 한번은 도저히 못 살
겠어. 힘이 들어서 못 살겠어. 그래서 나 서울로 간다고 그러니까, 못
간대, 시어른들이 못 간대, 가면 남의 식구 된다고. 젊으니깐. 그래도

그냥 이렇게 올라와가지고 서울서 사는 거야. | 곽순진 |

전쟁미망인이 분가를 결정하는 계기는 자식 교육 때문이었다. 자식 교육은 전쟁미망인이 분가를 주장할 수 있는 가장 큰 명분이었다. 이에 대해 시가에서 분가를 반대하는 가장 큰 이유는 "너도 바람나고 딸도 바람난다", "남의 식구 된다" 따위였다. 곧 '며느리'의 재혼을 막기 위해 분가를 반대했다. 며느리 만들기를 위해 일상생활을 규제하고 감시했던 것은 며느리의 재혼을 막는 것이었고, 분가는 그러한 규제와 감시를 일시에 무너뜨릴 가능성이 있었다.

— 구술자: 인제 아무 데라도 보내만 주면 갈라고 그랬어요. 그랬는디 우리 시어머님 살아가지고 〔계셨는데〕 충주로 갈라고, 날짜도 안 잊어버려, 4월 5일 날 충주로 가기로 날을 받아놨었거든요. 그랬는디 우리 시어머님이 일주일을 밥을 안 잡숫고 술만 잡숫고.

면담자: 아! 떠난다니까?

구술자: 예. 내가 충주 가가지고 애들 막 천대하고 이래가지고 내던지고 시집간다고. 그짓말도 하고 우리 시어머님이, 거기 군청이 댕기는 사람이 있는디 우리 옆집에 살았는디, "그 인순이 아버지가 그러는디 거기는 가마니 깔고 짚 깔고 그렇게 산다더라. 가지 마라" 막 우리 시어머님이 그렇게 그짓말을 하셔요. 그래서 내가 가만히 저녁 먹고,…… "뭣 좀 물어볼려고 왔는디요" 그러니께 "물어보세요" 그러더라고. "거기 모자원에 갈려구 저기를 해놨는데 우리 어머님이 그러시는데 거기 가마니 깔고 멍석 깔고 막 짚 깔고 그렇게 했다매요." 내가

그러니께 그이가 "껄껄" 웃으면서 "나는 할머니보고 그런 말 한 적도 없고. 지금 그런 디 없어요. 할머니가 아주머니 못 가게 할라고 그짓말 하시는 거지. 나는 그렇게 할머니 만난 적도 없고 그런 말 한 적이 없다"고.

"나 죽걸랑. 내가 죽걸랑 니 맘대로 하고 나 죽기 전에도 꼼짝도 하지 말라"고 그래요. 그래 내가 "그러면 어머니 돌아가시면 난 어떻게 살아요?" 내가 그러니께 "다 니 성네 집에도 가고, 니 오빠들 집에두 가고 다 니 맘대로 하고 나 죽걸랑 하"래. 자기 살아서는 못 본다고. 그래서 4월 5일 날 갈라고 날짜까정 받아놨는데 못 갔어요, 어머님이 그래서. 그래 못 가고 그해에 병이 나셨어요. |임기영|

—— 응. 집안일만 했지. 아이고— 일일이 뭐, (내가 살아온 이야기를) 책을 모아도 모을 꺼야. 나 따로 나가서 산다고 나가가지고, 아들이랑 나갔는데. 그 (이사간) 집에서 뭐 동티가 났다나. 시골에는 뭐 그런 거 많이 보잖아요. …… 누가 이사 오면 잘못 와가지고, 뭐, 뭐 잘못됐다. 뭐. 그런 얘기들 하잖아. 그래서 따로 아들이랑 나갔는데. 그 집에서 뭐 점을 읽는데, 뭐가 동티가 났대. 그래가지고 그때 아이고, 한숨스럽드라니까. 그래갖고 내가 그냥 밤에 살림살이를 바깥에다 다 끄다 내다놓고, 우리 시댁 식구들 속 썩였어. 그때는. 왜 그러냐 하면, 왜 내가 뭐 잘못했어. "이렇게 한 12년씩 내가 이렇게 새벽밥을 시동생들 밥해주고, 왜 집 한 채 안 지어주고, 왜 나 나가게 해가지고 이런 소리 듣게 하느냐고. 나는 여기 와서 잘못한 거 하나도 없다고. 나는 죽어라고 일만 했지 잘못한 거 없다"고 그러면서 살림살이를 다 끄다

내놓고, 우리 시댁에 사랑방 거기서 밥을 따로 끓여 먹었어. 허허허허허허. 따로 끓여 먹어봤어. 그러다가 나와 돈 벌어갖고 집, 나도 집 지어가지고 나도 남들같이 한번 살아본다고. 그러고 친정 가 있는데, 데리러 왔어. 우리 조카랑 우리 아들이랑. "아이고, 집 지어준다고 오랴. 작은엄니 집 지어준다고 오랴." 그래서 해가지고 집 짓고 살다가 서울로 올라온 거여. 너무너무 속상하더라고. | 곽순진 |

임기영의 시어머니는 분가를 반대하기 위해 밥도 안 먹고 술만 마시면서 자신이 죽기 전에는 분가할 수 없다고 반대했다. 그이가 가려고 했던 모자원은 돼지우리와 같은 곳이라고 거짓말을 하기도 했다. 곽순진은 아들과 나가서 살고 싶어 분가했는데 주인집으로부터 이사를 잘못 왔다는 소리를 들었다. 그래서 이사간 집에서 살림을 모두 내놓고 시가의 사랑채에 따로 살다가 친정으로 가버렸다. 그이가 친정으로 돌아올 때는 시가에서 집을 따로 지어주겠다는 승낙을 얻은 뒤였다. 박원기는 길쌈을 해서 모아놓은 재산을 모두 놓고 분가를 결행했다.

―― 이 숟가락도 하나 안 주는 거야. 이불이고 뭣이고 아무것도 안 주고. 넘의 북(부엌)방, 둘이 끼어 자면 딱 맞을 그런 방을 하나 얻어가지고, 그때 돈으로 한 달에 500원 줬어. 방 하나 얻어가지고 사는 데. 그래가지고 친정을 가가지고 멘뎅이(냄비) 하나 얻고 숟가락 두 개 얻고, 밥은 해야 되지 밥 퍼놓고 할라 카니 밥 풀 그릇이 또 없어. 그래가지고 우리 친정, 친정 집안에 오빠 되는 분이 그때 돈으로 6000원을 빌려주드라고. "니가 이걸 갚아도 괜찮고 안 갚아도 괜찮고 하니까,

가져가서 너 같으면 산꼭대기 갖다놔도 살 끼다." 그 오빠가 사람을 그렇게, 그 6000원 가지고 교복 해 입히고, 학비 옇고(넣고), 학비 대— 대고, 입학금 내고, 책 사고, 연탄 사고, 이불 하나.

대구 나와가지고 이불 없이 내 치마 덮어가지고— 덮고— 내 치마 덮고 지캉 내캉 꼬부려가지고, 연탄 한 장에 그때 15원 했어. 그것도 못 사 때가지고 그 며칠 동안을, 한 닷새를 5일 동안을 냉방에, 2월 달이라 카만— 음력으로 2월 달이라 카만 춥거든. 둘이 벌벌 떨면서, 그래 가지고 입학시켜놓고. | 박원기 |

시가에서 분가를 반대했기 때문에 박원기는 아무것도 가져오지 않았다. 친정에 가서 냄비, 숟가락을 얻어 왔고 5일 동안 돈을 마련할 길이 없어 냉방에서 딸과 함께 자기의 치마를 덮고 잤다.

분가를 결정하고도 '남의 식구' 되는 것을 감시하기 위해 시아버지가 생존해 있는데도 시어머니가 따라오기도 했다.

—— 집은 조그마한 거 있었는데. 그래가지고 시어머니가 또 따라오시 드라고요. 내가 스물다섯이니까 너무 안 잊히고 그러니까, 그래서 시 어머니를 한 5년 모시고 살다가 …… 그리고 또 잡숫는 것도 같이 계 실 때 뭣이 맛있게 해드리고 밥을 또 큰집엔 그렇게 쌀밥을 못해 먹 는데, 여름에라도 쌀밥을 생각하고 인제 이렇게 해드리면 "너희 큰아 버지는 보리밥만 먹고 산다"고 또 이렇게 해—쌌고. 그 양반까지는 모실 수가 없잖아. 내가 바느질하니까 밀려 있지, 우리 일도. 나도 길 쌈도 하고 그랬으니까. 그러는데 우리 일은 손을 안 대고 "니가 다 할

것이다" 하고 손을 안 대고 또 묵는(먹는) 거만 보면 "느그는 잘 먹고 산다, 잘 먹고 산다" 하지. 이러니까 애들이라 아무래도 보다보다 못하니까, "할머니는 인제 큰집으로 가실 때가 됐다"고, "큰집이서 사시라"고. |강경순|

──── 그런데 어른들은 아들 없다고, 딸들만 있으니까는 별로 취급을 안 하는 거예요. 인제 ─ 그때서부터 괄시를 하시는 거야. 저것들 꽁지 병아리모냥(마냥) 길러놓으면 다 날라갈 거라고. 그래서 참 어쩔 수 없이 설움을 받아가면서 얻어먹고 살았어요. 그러다가 우리 시어머님이 데리고 나오시더라고. 시아버님이 이제 둘째 며느리 얻으니까, 둘째 며느리 아들 나니까 그냥 그것만 이렇게 하고 우린 저거 하니까, 이제 내가 내 자식들 두고 갈까봐, 어디로 갈까봐. |곽희숙|

분가하는 가장 큰 목적이 자식 교육이라는 명분이었지만, '밥만 먹고 살 수 없다'는 생각과 혼자 살고 싶은 욕망 때문이기도 했다.

:: **"너무 자유가 없어서"**

──── 그래 우리 동서도 그렇고 (내가) 가서 일을 해주면은 밥은 얻어먹어요. 밥은 소리도 안 하고 주는 디 돈 같은 건 안 줘. 돈 같은 건 안 주고 그러니께 살 수가 없죠. 그러니께 내가 수원 (피복 공장)에다가 갈 날짜를 정해놓고 하니께 (동서가) "지랄하고 여기서 살면 대학 보내줄 건디 간다"고 그러구 있더라구. |임기영|

── 우리 형님네 애는 우리 아들보다 두 살 더 먹고, 우리 아들은 두 살 어리고 그러니까 싸우는 거죠. 이게 각각 살았으면 안 싸울 텐데 한데 사니깐 싸우니까 그 꼴도 보기 싫고. 그러니까는 이래저래 심정이 사나워지는 거예요.

그래서 한번은 내가 그랬어. 애들 이렇게 이렇게 해서 팽이 이렇게 돌리는 거 있잖아요. 그게 돌리고 싶어서 환장을 하는 거예요. 그런데 우리 조카는 그걸 하는 거예요. 마당에서 신나게 돌리니까 구경하다 "나도 저거 사고 싶은데 형아만 한다"고 그래. "새끼야 보지도 말라"고 그러니깐 펄펄펄펄 뛰는 거야. 그래 우리 형님이 하는 말이 "난 돈 안 줬다. 누나가 줬는지". 그래 골목길에 데리고 들어가서 때려주면서 "너하고 나하고 이렇게 살면 뭐 하냐?"고.

너무 자유가 없으니까. 차라리 고등학교까지라도 졸업을 맞고서 살림을 났으면 내가 들 고생했을 텐데. 그런데 이게 벗어나고만 싶었던 거야. | 김숙자 |

── 그냥 일만 하면 사는 줄 알았어. 그때만 해도 너무 순진해가지고,…… 그런데 나이가 먹으니까, 나오고 싶더라고, 시댁에서. 나도 따로 좀 호젓하게 살아봤으면 좋겠다, 아들하고. 그래서 집을 지어줘서 그냥 거기서 살다가 내가 일루 올라왔지. | 곽순진 |

── 그 100명이 한 울타리서 사는데 듣는 게 그거지 뭐. 그러니까 그때는 뭐 그냥 (엄지손가락을 들어 보이며) 이거지 뭐, 내 세상이지. 먹고 배도 부르고 그러니까. | 윤철희 |

임기영은 일을 해도 돈을 만질 수 없는, 곧 아무것도 할 수 없는 상황에서 벗어나고픈 욕망이 있었고 밥만 먹고 살 수 없었다. 김숙자는 모자원에 가려고 했는데 전쟁미망인이었던 손윗동서가 같이 가자고 해서 결국 포기했다. 분가 시도가 실패로 돌아갔지만 시어머니와 갈등은 여전했고 아들이 손윗동서 자식들과 다투는 것을 견딜 수 없었다. 그래서 아들이 고등학교 졸업 때까지 분가하지 않았으면 그렇게 힘들지 않았을 것이라고 자책했지만 '너무 자유가 없으니까' 나올 수밖에 없었음을 분명히 했다. 곽순진도 '호젓하게' 살고 싶은 욕망에 나오고 싶었고 그것 때문에 분가를 결정했다.

처음 분가해서는 사과 상자로 옷장이나 찬장을 만들어 쓰다가 점차 살림을 늘렸다. 늘어난 살림살이는 기쁨을 가져다주었다. "이사 가가지고 그때는 인제 또 전세를 하나 얻었는데 방 조금 좋은 거, 방 하나라도 큰 거. 크고 그때 농도, 농 하나, 호마이카 농이 그땐 최고야. 호마이카 농을 그때만 해도 이불 넣고, 옷 넣고 복판에 가로세로 달렸는데, 1만 3000원 주고 사가지고 집에다 들여다 놓으니 얼매나 좋던지. 1만 3000원 주고 농을 호마이카 농을, 호마이카 농이야 그때는. 호마이카에다 겉에다 뺑끼 칠한 거 그거 사가 살았죠." |양희선| '내 세상'이라고 외친 전쟁미망인에게 분가 뒤의 삶은 호마이카 농과 같은 것이었다.

|표-5|에 나타난 바와 같이 전쟁 전후에 분가한 경우도 있다. 일찍 분가를 한 경우는 친정이 개입했거나 시가로부터 어떠한 재정적 도움도 받지 못한 경우였다. 김순태는 여순사건으로 남편이 죽자 "그래 거기서 바로 큰집에 가서 초상 치르고는 어머니 따라서 그냥 와버렸지요. 무서워서 못 살겠어. 거기가 또 산중이고, 그냥 떨어져서 못 살 것 같아서" 시

가에 있지 않고 친정어머니를 따라왔다. 그 뒤로도 시가 도움을 전혀 받지 않았고 친정 동생의 도움으로 평생을 살았다.

박수영은 전쟁이 끝나자마자 일찍 20대에 분가를 했다. 박수영은 큰아들이 갑자기 눈이 보이지 않아 눈을 고치기 위해 아들을 데리고 무작정 서울로 올라왔다.

―― 이 눈 고쳐야 된다고 서울로 왔었어요. …… 그러고서는 나는 이
제 집을 나가야 되겠다고. 그러면서 이제 딸만 데리고 나왔어요.
우리 시아버님이 애 눈 버려가지고 왔다고 얼마나 구박을 하고, 참 설
움도 많이 받고 그랬어요. 그래도 그냥 참말로 꾹꾹 참고, 인제 참말
로 나이 먹걸랑 이제 몇 살까지 오라 한다는 날까지, 이제 꾹― 참고
있었지. 그래서 이제 일곱 살, 이제 여덟 살 될 때 인제 데리고 나갔어
요. 그런데 막― 데리고 간다고 그냥 "저년이 젊으니까." 옛날엔 그러
잖아. 시집가려고 저런다고. 서방이 없으니까. 그런데 시집가려고 그
러면 그것들, 요런 것들 놔두고 어딜 가. 어휴, 옷도 못 가지고 가게
해서 그냥, 입은 참 그냥 나갔어요. | 박수영 |

이들은 상속재산뿐 아니라 전사금까지 시가 친척들이 가져가 원하지
않았던 분가가 이루어졌다. 구영선, 박원빈, 윤철희, 이동애는 맨몸으로
시가에서 쫓겨났다.

2 | 의지할 곳을 찾아 나선 피학살자미망인

:: 가족 간 결속

　군경미망인은 강제징집되었든 영장을 발부받았든 전쟁이 끝나면 언젠가 돌아올 것이라는 희망을 갖고 있었고, 이웃이나 가족 간에도 남편의 출정은 떳떳했다. 반면 피학살자미망인은 눈앞에서 남편이 경찰, 군인, 청년단체원에게 끌려갔다. 끌려간 뒤에도 소식은커녕 물어볼 수조차 없는 상황이었다. 이웃들은 이들을 멀리했다.

　대신 남편이 학살당함으로 인해 가족 간 결속은 강해졌다. 남편의 학살로 '미망인' 뿐 아니라 시부모도 함께 고통을 받아야 했기 때문에 의지할 곳이라곤 가족밖에 없었다.

— 구술자 : 시할머니, 시아버지도 다 같이 모시고 사는 세상이다는께 그런 맘도 먹어보두 못하구, 그렇게 안 하면 살 수도 없구. 그래 내 — 인자 일하면 같이 일도 하고, 난 들일 보러 대니고, 손주들 보다 심심하신께 밭두 나가구, 그러구 살았어.

면담자 : 혹시 뭐 시어머님께서 그때 시집살이나 이런 건 안 시키셨어요?

구술자 : 시집살이 안 시켰어. 아들 하나 키워가꼬 며느리 하난 게 시집살이하고 그런 건 없었어요.

면담자 : 그럼 서로 의지가 되셨겠네요.

구술자 : 응. 소탈하고. 그래 인자 시어머니 돌아가시니께 어떻게 살까 싶더라고, 새끼들 데리고. 그런디 그래도 또 그대로 살았어.

면담자: 할머니 일 다니시면 시어머니가 애기들 봐주고 그러셨겠네요?
구술자: 다 봤죠. 시어머니가, 시어머니가. 옛날에는 통 할매가 다 봤지 누가 봤어. 할매가 보고 인자 할매도 일할 때는 애기, 그때는 애기볼 애기들도 돼요. | 한복순 |

—— 우리 할머니가 열여섯 살, 열일곱 살 시집와가꼬 아버지 한 분 낳고 〔할아버지께서〕 우리 할머니 스물세 살 때 돌아가셨다 하거든. 그래가꼬 수절한 분이시거든. 그러니께 우리 엄마가 그 할머니를 갖다가 하늘같이 받들고 있는 거라. 자기도 가슴이 얼마나 아픕니꺼. 이 병아리 같은 아—들 데리고 이래 사는데 우리 할머니를 너무 잘 모시고. 그러니께네 동네 사람들이 무슨 뭐라 할꼬, 시어머니하고 고부 갈등 있을 때는 우리 집에 와서 얘기를 하더라고. "할머니는 어떻게 며느리를 해서 이래 잘 지내고 남들이 부러워하느냐?"고. 그래 마 엄마가 잘하니께 할머니도 그야말로 포용을 잘하는 거 같애. | 모갱숙 |

—— 아이구! 우리 시어머니나 시아버지구 어른들이 불쌍하게 지 신랑은 저렇게 죽었는데 애기 데리구 사는 것만 기특해서, 노인네들은 국물하구 시래기만 먹구 나는 아이 어머니라구 좁쌀이나 보리쌀 넣구 끓이면 그 건데기는 나 퍼주구 그랬어유. 노인네들, 어머님, 아버님이, 할머니가. 그래 "얘, 애 젖 주구 하게 일찍 나와 〔일〕 하지 말어라" 하구 아침에 나가면 우리 할머니가 보리쌀을 퍼내 닦아서 헹궈서 갖다 불만 때게 솥에다 앉혀놓구 나가셔, 들루 일하러. 그럼 내가 가서 보리짚 푸득푸득한 거 때가지구 밥해서 그냥 먹구 그랬쥬. | 이선자 |

한복순은 자신이 들일을 나가면 시어머니가 아이들을 돌보면서 생활을 했고, 모강숙의 어머니도 사이좋은 고부 관계를 유지해 동네에서 소문이 자자할 정도였다. 이선자의 시어른들도 시래기죽이나 나물죽을 하게 되면 며느리는 보리쌀을 넣어주고 자신들은 국물과 시래기만 먹고, 일찍 나와 일하지 말라고 불만 지피면 밥이 되게 보리쌀을 닦아서 솥에 앉혀놓고 일하러 갔다고 한다. 이들은 며느리에게 '남편을 저렇게 잃었는데 애기 데리고 사는 것이 기특해서' 최대한 배려를 해주었다.

곽용자의 어머니의 경우에는 그 관계가 더 잘 나타난다. 곽용자의 아버지는 삼대독자였는데 할아버지가 구례로 들어오라고 해서 광주도청에 있다가 구례군청으로 옮겼다. 이 때문에 곽용자의 할머니는 할아버지하고 말을 안했다고 한다. "삼대독자 외아들을 저놈의 영감탱이라 오라오라 해가지구 죽였다고 우리 할머니가 말을 안 해야, 할아버지하고. 그러고 살았어." 곽용자가 전하는 친조부모의 사이는 이러했다. 할아버지의 죄책감은 곽용자의 어머니에게도 그대로 전달되었다.

— 구술자: 동생 나하고 여섯 살 차이 나.

면담자: 그럼 막 태어나서였네요.

구술자: 막 간난이여. 그래가꼬 간난이 죽든지 말든지 아버지 죽었다고 외갓집으로 가뿌러논께 외갓집에 가.

면담자: 어머님이요?

구술자: 응. 외갓집에 가뿌러논께 외갓집이서 막 〔젊어서 혼자 살면〕 안 된다고 막 다시 시집가야 한다고 해싸서 〔어머니가〕 '아이구 가야겠다'고 집이 다시 와서. | 곽용자 |

남편이 학살당하자 곽용자의 어머니는 화가 나서 아이 둘을 시댁에
두고 친정에 가버렸다. 그 때문인지 시가 어른들은 더욱더 며느리에게
의존했다.

— 구술자: 내가 보기는 할머니들이 그나마도 며느리 가버릴 땜이, 아이

　　어떡혀 가버리면 그만인께. 그러면 우리 할머니 혼자 떨어지잖어, 예

　　를 들면은. 할머니 혼자 떨어지니께 며느리한티 요만치도 말 한마디

　　도 안 했어. 그래 어머니 면에 다닐 때 시아버지가 그냥 며느리 지키

　　고 앉어 있다가 끝나면, 근무 끝나면 또 같이 오고.

　　구술자의 남편: 가버릴까봐. 우리 장모님이 가버리면, 가버릴 땜이, 서

　　방도 없구 어디 가버릴 땜이, 그냥 통 며느리.

　　면담자: 비위 맞추시고.

　　구술자: 따라댕겼어, 비서라, 비서. (웃음) 우산, 전에는 소깔¹ 그거 갖

　　고 따라댕기고.

　　면담자: 아예 시아버지가 며느리를.

　　구술자: 응. 그래갖고 인제 "아가! 오늘은 내가 못 가졌다" 그러면 인

　　제 우리 할머니가 가고. 또 글 안 하면 몸종을 보내고. | 곽용자 |

—— "아가야, 며늘아가! 젊은 청춘에 혼자 고생하고, 나는 죽게 살기

　　를 며느리 없으면 못 산다"고 울고. (웃음) 시어머니, 시아버지가 울고

　　따라댕기는 집은 우리 집뿐이여. 우리 어머니 말이 그래. 우리 어머니

　　한테 들었어. | 곽용자 |

며느리가 팔황경을 읽어주면 시아버지가 아픈 머리가 나았다며 좋아하셨다고 한다. "한문으로 된 책이 이렇게 두꺼운 것을 밤새 읽으면 시아버지가 '아이구! 아가, 며늘아가! 내가 머리가 개운하니 낫어버렸다. 니가 그것을 읽어줘서 개운하니 낫어버렸다'". 시아버지는 하루도 거르지 않고 며느리가 퇴근하기를 기다렸다가 집에 같이 오곤 했다. 비가 오는 날이면 고깔을 들고 면사무소 앞에서 기다렸고, 시아버지가 몸이 아프면 시어머니가 대신하곤 했다. 며느리 없이 못 산다고 울고 따라다녔다는 이야기를 곽용자는 어머니에게 들었다. 그런데도 시어른들은 홧병으로 식음을 전폐하고 일찍 세상을 뜨셨다고 한다.

이렇게 피학살자미망인은 자신을 비롯한 직계가족 간에 결속을 유지했고, 아기를 데리고 사는 모습이 안타깝고 고마워서 "며느리 없이 살 수가 없다"고 말하는 시부모와 서로 의지하며 생활했다.

:: **종교에 의지하기**

―― 신랑은 그렇게 갖다 거시기에다 실어가서 그렇게 죽여번졌지. 산내에다 갖다 죽여번졌어. 그렇게 해노니께 나는 애들 둘 데리구 어디루 갈 데 올 데가 있어 인자. 그러니께 시골에 시어머니가 또 개가해 갔어, 시어머니가. 의붓아버지여. 의붓아버지한테루 어디 올 디, 갈 디가 없으니께. 애들 둘만 데구서. 그렇게 해서 거루 찾아들어가 가지구선 그것들을 인제 의붓아버지가, 그때만 해두 먹구살기가 대단하구 하니께. [시어머니가] 많이 먹구 시집두 안 간다구 막 그렇게 볶고 그렇게 해서 인자, 그 형제를 떼내버리고 가면 개밥에 도토리지 어떡햐. 그

지 되구 마는 겨. 그래 할머니라구 있어야 의붓, 영감한테 거시기 하니께, 전실 자식 둘 애들 데리구 와서 있으니 그거 어떻게 할 겨. 그러니 나는 그것들 불쌍해서 어디다 떼내버리구 시집두 못 가지, 뭣도 못하지 그렇게 한께 여기 들어와서 내가 이 동네 와서 밥을 다 얻어다 먹었어유. 어디 뒷산에 가서, 이르면은 뒷산에 가서 쭈그리구 앉았다가 [굴뚝] 연기 끝나면은 바가지 들고 와서, 여기 저 큰 동네 있어유. 그 동네 와서 밥 얻어다가, 그래두 한 번 얻어가면 이틀까장 그거 시래기 넣어서 끓여서 멕이구. 이렇게 해서 이것들 형제를 키웠어유 내가.

그래 거시기 하는 디 원체 어려웠어. 나물을 뜯어 오면 소금두 없어서 나물도 못 무쳐 먹었어. 그 집이두 그렇게 가난하게 살았어. 차라리 방 얻어갖고 내가 밥을 바가지 들고 얻어먹는 게 더 낫더라구. | 박광자 |

의지할 가족이 없는 경우 그 삶이 더 거칠었다. 박광자는 남편이 그렇게 학살당하자 아이 둘을 데리고 갈 곳이 없었다. 그래서 찾아간 곳이 시어머니가 개가한 집이었다. 그렇게 찾아갔지만 나물을 뜯어 와도 소금이 없어 무쳐 먹을 수 없이 가난한 생활이었다. 결국 시어머니와 의붓시아버지의 눈치와 개가하라는 시어머니 등쌀 때문에 그 집을 나와 결국 동네에서 구걸을 해서 먹고 살았다. 박광자는 시가도 친정도 도움을 받을 수 없는 처지였고 의지할 공간이 없었다.

한편 어디에도 자신의 공간을 마련할 수 없는 경우, 적극적으로 찾아나서기도 했다. 나금영이 그 경우이다. 나금영은 둘째 며느리였지만 시아버지의 욕심으로 20년 동안 종갓집 며느리 역할을 해야 했다.

—— 그라고 20년을 큰며느리가 있는데도 내가 둘째거든요. 그런데도 겨울에는 명주 다듬이, 사철 보약 잡숫고. 여름엔 모시 두루막, 모시 두루막 그거 한번 입고 나갔다 오면 [땀에] 줄줄 젖잖아요. 빳빳하니 빨아가지고 다려서 또 다음에 나가실 때 입어야 되고. 어쨌던지 뭐 물질 궁해가지고 고생은 하진 않았지만은 참 어른 밑에서 시집살이했어요. 하여튼 혼자 있는 며느리 꼼짝달싹도 몬하게 하고. …… [딸을] 시집보내고 종갓집 문제로, 막 종갓집 문제로 시끄러워가지고, 내를 종부로 삼고 싶은데 우리 시아버님이, 큰아들이 있는데도 종부로 삼고 싶은데 아들이 없잖아요. 그래놓으니 지금 우리 아들, 막 출생한 것처럼 이렇게 양자로 해갖. …… 우리 제일 끝에 시삼촌이,…… "어디 친정 곳에 가서 편하게 살아라" 시삼촌이. …… 그래가지고 옷가방 하나 들고 나오면서, 이 머스마 떼놓고 나왔거든요. 가만히 자는 거 놔놓고. 얼마나 울었는지,…… 그래가 나와가지고 예수 믿었거든. 그래가 나와가지고 예수 믿은 거야. 20년을 그렇게 생활했잖아요. 20년을 시집살이, 눈치 봐가면서. | 나금영 |

시어머니가 안 계신 상태에서 집안 살림을 야무지게 해냈다. 그 때문에 둘째 며느리이고 홀로 된 며느리인데도 시아버지는 놓아주지 않았다. 심지어 나금영을 종부로 삼기 위해 양자를 들였는데 이 문제로 집안이 시끄러워지기도 했다. 결국 시삼촌의 도움으로 몰래 짐을 싸서 도망칠 수 있었고 그 길로 교회로 들어갔다.

—— 교회 등록을 했는데, 보니까 가정도 없고 '아 저거 교회 일 시키

면 되겠다' 싶어갖고, …… 첨에는 오니까 "바느질 해먹고 살거라" 이래가지고, 그 미싱 아직도 있어요, 골동품. 그래 인제 바느질은 제법 했잖아요. …… 그래 처음에 3년, 한 3년 바느질하니까 먹고살 만하고 괜찮대요. 그렇드만은 탁 할 만하니까 치우라 카고 교회 딱, 교회 안에 잡아다 넣어놔 놓고, 탁 주만 바라보고 할 수 있는 일꾼, 그 위에 선배들도, 권사님들도 몇 분 계시고 이렇더라고. 그래가지고는 비품부장, 봉사부장 온갖 거 다 시키고, 그래 그러면서 교회 처음에 지으면서 회계를 하라 그러더라고. 처음에 인제 교회를 짓는데 지출, 그거를 시켜보니까네 좀 하겠거든. | 나금영 |

2007년까지 나금영은 교회 사택에서 지내면서 온갖 궂은일을 도맡아 했다. 교회에서 생활이 편안하지 않았음에도 시집 살림에서, 봉건적 가족제도(종갓집 맏며느리 역할을 요구했던)에서 벗어나는 길은 종교에 의지하는 것이었다. 시아버지가 사망했다는 소식을 듣고 시가에 갔을 때에도 우상숭배를 하지 않겠다는 신념 때문에 나금영은 아무 일도 하지 않았다.

──── 〔시아버지가〕 임종하고, 그래가 뭐 노제 지내고 뭐 제사 지내잖아요. 참석 안 하거든. 안 하고 그 막 큰 장렌데 야단나거든. 그래도 마 참석 안 하고 방에 있던지 어디 있던지 마 부엌에 있던지 참석 안 하고, 아주 마 딱 믿기 시작하고는 성경에 위배된 거는 하나도 안 했어요. 다 지켰어요. | 나금영 |

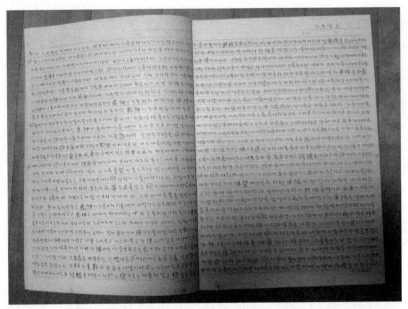

나금영은 1984년부터 성경을 노트에 쓰기 시작했다. 가지런히 쓰인 글씨체는 주인을 닮아 있다.ⓒ

예전 같으면 그 모두가 나금영이 해야 할 일이지만 참석 안 하고 방이나 부엌에 피해 있었다. 그래서 시가 가족뿐 아니라 동네 이웃들도 "다 놀랬지, 이랬는데" 나금영은 자신이 바람을 피운 것도 아니고 "나는 뭐 예수 믿는 게 죄 되나요? 아니지"라고 행동의 떳떳함을 역설했다.

나금영은 활동적이며 자아 의식이 높은 여성이다. 시집살이를 하면서도 자모회장이나 대한부인회 부지부장을 했다.

―― 그랬는데 학교, 우리 딸 저 학교, 학교는 모자회장 하고,…… "결의문 읽은, 결의문 읽은 그분을 부지부장 시키라" 그래가지고 부지부장도 했고, 학교에는 모자회장, 장長 자가 뭐, 대산면에는 부인회장. 그런께 우리 시아버님은 며느리가 마 당신 수발이나 약 수발이나 옷

수발이나 하고 가만히 들어앉아 있으면 좋겠는데, 어른은 어른대로 속상하는데 자꾸 며느리가, 그래놓으니게 인자 면에 가면 "어르신 똑똑한 자부 봤습니다, 어르신 똑똑한 자부 봤습니다" 그 소리 듣기 싫은 거예요. 듣기 싫은 거예요. 가만히 들앉아 있으면 좋겠는데. 그래 시집살이했어요, 그렇게 시집살이. | 나금영 |

── 집안일만 해도 많은데 뭘. 중참, 상참 뭐 다 그거만 해도 밖에 나가서 뭐 할 여가가 없잖아요. 일꾼들 해먹이고, 그것도 그렇지만 노동이, 그것도 노동이 되지만은 마음이 너무 안 편했잖아요. 그래도 클때도 그렇고 그래도 뭔지 희망을 가지고 그래 했잖아요. 공부도 뭐 많이 하지는 못했어도, 그래도 뭔가 이성적으로 좀 살아보겠다 그런 그것도 있었는데 사람 그렇게 됐지. 그래도 꽉 매여가지고 하여튼 20년을 마 진짜, 그래 20년 동안 병치레는 얼마나 했는지. …… 아파 몸 시름시름하면서도 어른 수발하고. (가벼운 웃음) 참 그때 20년 동안을 참 생각하면. | 나금영 |

나금영은 공부를 많이 못했지만² '희망'을 갖고, '뭔가 이성적으로 살아보겠다'는 생각을 품고 있었던 인텔리 여성이었다. 그런 까닭에서인지 20년 동안 시집살이를 하면서 온갖 병치레를 다 하곤 했다. 20년 뒤 자신만의 공간을 찾아갔던 곳에서는 거의 아프지 않았다고 한다. 구술자는 "아이구! 아유 마 휴! 그런데 그 속에서 내가 탈퇴해서 나왔다"고 표현했다. 병치레를 구술자는 마음의 병, 곧 스트레스라고 했다.

3 | 출산으로 존재 확인하기

상이군인미망인은 군경미망인과 다르게 분가가 '내 세상'을 뜻하지 않았다. 분가는 생계 활동도 해야 하고 아픈 남편의 몸도 돌보아야 하고 자녀 양육도 혼자 도맡아야 하는 힘겨운 생활이었다. 군경미망인은 시가와 친가로부터 일정한 거리 두기가 가능했지만, 상이군인 부인들의 삶 속에는 남편과 친정아버지라는 가부장이 자리 잡고 있었다.

—— 영감이 다리를 자르고 보훈병원에, 오류동 병원에 입원했는데 아버지는 사위가 다리를 잘랐다 하니까 혈압으로 쓰러진 거야. 그리고 오른쪽이, 오른쪽으로 마비가 됐는데, 마비가 됐는데 글쎄 제가 머리가 이렇게 길어서 이렇게, 요새는 묶는 게 유행이잖아, 그때 묶었더니 영감이 보훈병원에서 하는 말이 뭐, 6인실에 있으면서 하는 말이 뭐라느냐 하면 "여자들 면회 오는 사람 중에서 귀신 중에 너 같은 귀신은 없으니까 머리나 좀 제발 파마하고 오면 좋겠다"고 그래서 2500원인가 1500원 주고서 야매로 하는 파마를 했어요. 했는데 아버지가 그거를 한 며칠은 못 봤어. …… 아이들 이렇게 마당에서 노니까 "쟤네들 상이군인 새끼 소리 안 들으라면 너 어떻게 하고 살아야 된다는 거 알지" 그러면서 저 파마한 걸 그거 저기 대나무 긁개로 이렇게 하면서 "이거 파마한다고 상이군인 여편네가 귀부인이 되냐?" 그러더니 여기 이걸 올리라고 그래. 이걸 올렸더니 여기를 30대도 더 갈기나봐, 여기를. 그러고 나더니 엉엉 우시더라고요. | 노희애 |

상이군인 부인의 위치를 가장 잘 보여주는 사례이다. 아버지와 남편이라는 가부장 권력이 일상생활에서 어떻게 작용하는지 알 수 있으며 그로 인해 여성은 어떻게 상처를 받는지 짐작할 수 있다. 노희애는 파마와 관련된 일상생활에서 남편과 아버지의 차이로 인해 가슴 아픈 일을 겪어야 했다. 노희애는 남편이 귀신같다고 해서 파마를 했는데 파마한 모습을 본 아버지는 "너가 그런다고 귀부인 되느냐"고 호통을 쳤다. 이런 일들은 한두 번이 아니었을 것이다. 가부장의 뜻에 따라 행해졌던 행위가 시각의 차이로 인해 어떻게 다르게 읽혀졌는지 알 수 있으며, 그로 인한 상처는 고스란히 상이군인미망인의 몫이었다.

상이군인미망인은 군경미망인이나 피학살자미망인과 다르게 대개 자녀들이 4~5명 정도였다. 그녀들이 군경미망인보다 5~7년 정도 젊은 여성들이었고, 전후 베이비붐의 영향을 받았기 때문일 것이다. 그러나 여기에는 상이군인 부인들의 자기 선택도 작용했고, 그 선택은 자기 존재의 확인으로 드러났다.

―― "저 미쳤나베 암만해도", "나, 저 시누 시동생을 자식이거니 하고 기를래유" 그랬어유. 또 시어머니 사촌 여동생이 시골에서 와가지구, "자네 이 고생을 해가지고 어떡하나? 저거 다 손바닥 달르구 손등 틀리다구 낸중에 굉장히 잘할 것 같지만은 낸중에 손등이 짝을 맞춰놓으면 이건 자네하군 관계가 없네" 이라는 겨. "설마 그럴라구" 인제 내가 그랬어유. 아버지 그라지, 그 양반 그라지. "이거 어떻게 하느냐? 저것들 이렇게 열심히 키우면 자네 신세가 너무 딱하다"는 겨. 그래 밤에 곰곰이 생각하니까, "자네가 더 낳지. 업어주고 죽이라도 같

이 멕여가매" 그 도리밖에 없다는 겨, 두 분 얘기가, 아버지도 그라고. "노후에 이제 생활을 네가 좀 찾을라면은 그것밖에 없다"는 거여. 지금 어렵더라도. "저것들이 다 업어 키우고 시할머니도 업어 키우고 손은 많지 않느냐?" 이거여, 손길은. 그러니까는 그렇게 하라구 그러더구먼. 그래 첨에는 그렇게 쓴 소리를 제가 귀먹은 욕을 했지만은 나중에 곰곰이 〔생각해보니〕 그 말씀이 옳더라구유, 그 말씀이. 내가 어디 가 보상을 받을 길이 없어. 그래서는 셋째를 낳았어유, 다섯 살 차이루. 넷째지. 인저 아들 낳구서. 〔딸〕 둘 낳구, 아들 낳구 이제 그만 찍을라구 하는데 그 야단들을 해서 인저 낳았어요. 낳구서 또 아들 하나 더 낳을라구 연년생으루 또 낳았어. 그래 다섯이 됐어. (가벼운 웃음) 인제 끄트머리는 연년생으루 막 낳아버렸어. 계산적으루 낳은 거여. |이성원|

이성원은 구 남매 맏이와 결혼했고, 결혼한 지 4~5년 만에 시가는 기울어졌다. 고위 공직자였던 시아버지는 관직에서 물러나야 했다. "시아버님이 그때 쉰 하난가 둘인데, 3급이면은 모조리 잘랐어, 박정희가 들어와서. 모조리 잘랐어요. 그래서 겨울에도 짠지 단지는 파가지고 가야 햐. 관사에 살았는데. 그러니까는 뭘 미리 시작을 했어유, 할 줄도 모르는 거." 시가의 사정이 이러하자 이성원의 아버지는 딸을 찾아와서 "니 신세가 큰일났다"고 하시면서 물길과 혼인길은 건너기 나름이라고 충고하면서 "그냥 와서 '니가 자식을 더 낳으라'구" 자식 낳기를 권했다.

이성원은 시아버지가 그렇게 물러나자 열네 식구의 생계를 맡았다. 그래서 이성원은 더 이상 출산하지 않고 어린 시누이와 시동생들을 자식으로 생각하기로 했지만 손바닥과 손등이 다르다면서 주위에서 자식 낳기를 권했다. 이성원도 처음엔 주위의 충고에 귀 기울이지 않았지만 시간이 지날수록 이끌렸고, 나중에는 계획적으로 임신과 출산을 했다.

— 면담자: 아 딸이 위로 쪼르르, 아들은 밑으루.

구술자: 예, 예. 그래 아들 낳을라고 자꾸 낳다보니께 막내는 쌍둥이를 낳은 거여. |정상호|

— 면담자: 그러면 어떻게 된 거야. 마흔다섯이니까, 위에 누나들이에요, 전부 다.

구술자: 예. 누나들이에요. 오십이 넘었어요, 큰딸이.

면담자: 누나 넷에. 누나들 넷에 막내아들.

구술자: 예. 그때는 아들이 없으면 안 된다고 그래가지고.

면담자: 그래서 계속 낳으신 거예요?

구술자: 예. 욕심, 욕심은 있어가지고 뭐 하러 그렇게 많이 낳았는지 모르겠어요. 아무것도 모르고, 아무것도 모르고. (가벼운 웃음) |강옥정|

—— 시어머니 딱 보니까 호랑이띠 기집애거든. 그러니까 엎어놨어. "왜 엎어놨어요?" 우리 어머니가 그러니까 간호사가 애를 버려야 될 텐데, 인큐베이타 넣으면 지 아버지 한 달 월급에 몇 번 못 들어가. 그랬는데 그때 머스마도 아니고 기집앤데 그러니까 숨이 붙은 걸 그냥 버릴 수 없으니까 할머니가 엎어놓으라고 그래서 엎어놨대. 그 소리를 우리 어머니가 듣고서 (울먹임) "이런 집안이 어디 있냐? 기집애는

사람이 아니냐? 살다가 죽을 때까지 내버려두지" 그러고서는 옷 다 입히고서는,…… 우리 엄마가 사위에게 돈을 주고 시발택시를 해서 싣고 여기를 왔어. …… 그랬더니 〔시어머니께서〕 말끝마다 "호랭이띠 계집애, 호랭이띠 계집애", 당신도 호랭이띠 딸 낳았구만. 우리 셋째 시누 호랭이띤데 …… 우리 딸이 돌 안에 아우를 봤어요. 그랬더니 시어머니가 부르더라고요. 그래서 "왜 그러느냐?"고 그랬더니 "첫딸을 낳으면 내리 셋을 딸을 낳을 테니 애를 유산시키고 와라. 너희 흑석동 집에 가서 유산시켜달라고 그래서 갔다 와라" 그러고는 쫓아요. 그러면 하나 업고 흑석동 집엘 온다고요. 그럼 아버지는 "니 나이가 몇 살인데 기집애라도 내가 길러주고 사내라도 내가 길러줄 테니까 유산시키지 마라" 그러면, 그러고 쫓겨가잖아. 그러면 안 시켰다고 "왜 안 시켰냐?" 그래서 세 번 유산시키러 왔어요. | 노희애 |

정상호와 강옥정은 아들을 낳으려고 낳다보니 오 남매를 두었는데 그것을 '욕심'으로 표현하기도 했다. 노희애는 첫딸을 낳았는데 시어머니가 '호랭이띠 계집애'라며 엎어놓았다. 다행히 친정어머니가 보고 딸과 손녀를 데리고 왔다. 그 뒤에도 임신은 했지만 "첫딸을 낳으면 내리 셋을 딸을 낳을 테니" 유산하라고 했다. 유산시키라고 몇 번을 시가에서 불려 갔지만 결국 유산시키지 않았다. 그녀가 유산시키지 않았던 가장 큰 까닭은 친정아버지의 만류였고, 6~7개월이 지나면서 유산이 어려워졌기 때문이기도 했다. 그러나 차일피일 미루어 시간 끌기를 했던 본인의 선택도 있었을 것이다.

2
여성 가장이
만든 가족

해방으로 한자리에 모였던 가족 구성원은 한국전쟁으로 다시 흩어져야 했다. 물론 일제 강점기에도 해외 이주나 징병·징용 같은 노동력 동원으로 가족이 헤어져 살아야 하긴 했지만, 한국전쟁처럼 지리적 이동이 광범위하고 한 치 앞도 예측할 수 없이 진행되지는 않았다. 전쟁미망인에게 피난길의 낯섦 그리고 막막함보다 더 큰 충격은 피난과 남편의 죽음에서 시작되는 가족 관계의 재편이었다.

전쟁미망인이라는 신분 자체는 이미 부부와 자녀들로 구성되는 가족 관계의 한 부분이 해체되었음을 뜻한다. 그리고 남편의 죽음은 전쟁미망인들에게 남편을 매개로 한 가족 관계, 곧 시가와의 관계에 변화를 가져왔다. 부계 혈통을 중시하는 가족 관계 속에서 결혼한 여성은 시부모와 동거하거나 분가하여도 시가와 가까운 곳에 정착했다. 그들에게 시가는 가족 관계의 중심이었다. 구술자들의 한국전쟁 이전 가족 관계도 이와 크게 다르지 않았다. 그러나 피난과 남편의 죽음으로 이어지는 전쟁을 거치면서 시가와의 관계는 상당히 느슨해지거나 때로는 완전히 단절되고 그 자리의 상당 부분은 친정 식구들로 메워졌다. 다소 무리가 따르긴 하지만 이 같은 전쟁미망인-시가-친정의 관계를 유형화한다면, 남편의 사망이 확인되면서 시가와의 관계가 단절된 경우, 시가와의 관계는 형식적이나마 남아 있으나 가족 관계의 중심이 친정으로 바뀐 경우, 시부모가 사망할 때까지 시가 중심의 가족 관계가 유지된 경우, 현재까지도 시가 중심의 가족관계가 지속되는 경우로 분류할 수 있다. 전쟁 뒤 전쟁미망인들이 겪은 가족 관계는 어떻게 변화했는가? 또한 자식들은 부재한 아버지의 기억을 어떻게 재현했는가?

1 '강한' 어머니

이들 여성들은 남편의 죽음으로 인해 여성 가장이 될 수밖에 없었다. 이들은 가족을 대표해서 자립적이고 강한 지도력을 가지고, 살아남은 가족의 생존과 계층 상승을 위해 온갖 고생도 마다하지 않았다. 좌익 관련 남편을 둔 여성 가장들은 한국전쟁 이전과는 달리 적극적인 생계 부양자로서 아들을 성공시키려고 노력했다.[3]

내가 만난 구술자들은 여성 가장이었던 점, 강한 어머니였던 점, 생애사 서술의 중심이 자식이라는 점에서는 비슷하지만, 그 자식이 반드시 아들인 것은 아니었다. 딸만 가진 전쟁미망인도 있었고, 아들과 딸이 있어도 아들만 특별하게 대우한 경우는 드물었다. 피학살자미망인의 경우 군경미망인보다 아들을 중시하는 경향이 있었지만, 그것이 딸의 희생을 강요하거나 차별하는 것으로 나타나지는 않았다. 피학살자미망인은 보도연맹 등 예비검속으로 학살된 남편에 대해 금기시된 과거로 침묵당했지만, '불쌍함'과 '억울함'의 감정을 갖고 있었다. "남편은 금기시된 과거이며, 반공이데올로기하에서 억압된 기억의 저편으로 묻어버려야 할 존재"로, 이 점이 아들의 성공을 통해 한국 사회에 편입하고자 했던 좌익인 남편을 둔 여성들과 다른 부분이다.[4]

없는 집에서 있는 집으로 집안을 일으키고 일구어낸 사람은 시가 사람들이 아닌 전쟁미망인 바로 자신이었고, 그런 자신이 자식과 함께 가족을 만들어냈다. 따라서 굳이 아들이 아니어도 상관이 없었다. "지금도 시방 그칸다카이. 아들 하나 딸 하나 (웃음) 입에 배어가지고. 그캐쌌어. 참 옛날엔 왜 딸을 그렇게 설움을 줘." 딸만 둘이었던 양희선은 시집가라는 소리가 듣기 싫어 아들이 있느냐는 질문에 아들, 딸이라고 대답해 지금도 그 버릇이 남아 있다고 한다.

자녀들이 기억하는 어머니는 대부분 가련하기보다는 '강한' 어머니였고 이는 지금도 변하지 않는 어머니의 모습이었다. 그 강함은 때로는 다른 가족들과 대화가 소통되지 못하는 고집스러움, 독선, 애증으로 나타나기도 했다.

:: **"우리 엄마가 하면 모든 게 다 해결된다."**

김순영의 딸은 1950년 전쟁 중 피난지에서 태어났다. 그녀의 아버지는 1950년 12월 1차 피난 뒤 돌아온 서울에서 국민방위군으로 입대해 얼마 지나지 않아 전사했다. 그녀는 고등학교를 졸업하고 직장 생활을 하면서 방송대를 졸업해 현재 어린이집을 직접 운영하고 있다. 그녀는 자신을 홀로 된 어머니와 사는 '딸'이다보니 학교에 갔다 오면 "엄마가 오기 전에 항상 물 해다 놓고, 밥해놓고, 설거지하고, 정류장에 가서 무거운 짐을 들고 온" 효녀 딸이라고 소개했다.

― 구술자: 어머님이 항상 병원에서 환자들 먹는 밥 같은 거, 고런 거 남은 거를 항상 싸가지고 다니셨어요. …… 나는 항상 그걸 받으러 버스 정류장 가서, 그게 굉장히 무겁거든요. 밥을 이만큼씩 싸가지고 오시면은. 그래 그걸 들고 와서 인제 …… 네 식구가 그걸 먹고. 그때만 해도 산동네니까, 제가 지금도 약간 어깨가 굽었는데, 제가 초등학교 5학년 때까진가 수돗물이 없어가지고 지게를 지고 다녔거든요.
면담자: 그럼 오빠들은?
구술자: 제가 딸이니까 엄마 오기 전에 밥이나 청소 같은 거 해놔야 된다는 생각 때문에 그거 해놓고, 제가 초등학교 다닐 때 오빠들은 중고등학교 다니니까 오빠들은 또 그때 늦게 오고 그러니까, 저는 항상 엄마 기다리는 입장이니까는 늘 버스 정류장에서 엄마 기다리고 보따리 받아 오고. | 김순영의 딸 |

딸이었기 때문에 어머니를 도와주어야 한다고 생각한 그녀는 지금도 여전히 자식 셋 가운데 가장 자주 어머니를 찾아보고, 돌보고, 위로하는 존재이다. 그녀는 어머니가 "혼자 사셔서 그런지 고집도 세시고 굉장히 강인"하다고 말했고 그런 어머니의 고집을 "아들 말들 안 듣고 아들 이겨 먹는다"고 표현했다. 그러면서도 "저는 그게 이해가 돼요. 어머님이 그렇게 하신 게. …… 혼자 사시다보니까 본인이 혼자 해결해야 되니까는 그게 몸에 배신 거 같아요"라고 이해했다. 이러한 이해는 어린 시절부터 만들어진 것으로 그녀에게 어머니는 세상의 해결사였다.

—— 지금까지도 제가, 어렸을 때 기억으로도 제가 '우리 엄마가 하면 모든 게 다 해결된다' 그런 기억만 있어요. 왜 오빠들 어렸을 때 사고 치고 다니고 이러잖아요. 경찰서 같은 데. 그때, 어렸을 때 기억도 그런 게 있었어요. 그러면 엄마가 가서 다 해결하고 오셔. 어떻게 해결하는지 하여튼 간에. 그래 지금도 어렸을 때 기억에 우리 엄마가 해결하는 거다, '뭐든지 다 [해결]할 수 있다'. | 김순영의 딸 |

그녀의 어머니 김순영은 연민을 불러일으킬 정도로 '연약한' 인상의 노인이었다. 그러나 딸은 어머니를 세상의 해결사로 간주했고, 그것을 남성스러움으로 표현했다.

—— 무뚝뚝하고 약간 남자다운 성격이세요. 혼자 그 생활 하셨기 때문에 약간 남성스럽고 그런 면이 강하세요. 그러니까 어떤 남자든 다 이길 수 있어, 우리 엄마는. …… 그 전에 왜 [살던 데가] 빈민촌이니까는 왜 그 옆집 사람들하고 싸우는 게 많아요. 그래 그때 난 창피해서, 엄마가 그 옆에 있는 아저씨하고 그렇게 싸움을 하니까는 그것도 그렇게 창피했고. "엄마 어디 가서 싸우지 좀 마"라구 "왜 그렇게 싸우

느냐?"고 "아저씨들이랑". …… 동네 사람들하고 그렇게 싸움을 잘 해가지고. |김순영의 딸|

그래서 그녀는 엄마 말이라면 "네, 네" 하고 따랐다고 한다. 그렇지만 "엄마가 소리 지르고, 그러니까 악다구니라고, 그러셔가지고 그런 소리 들을 때마다 깜짝깜짝 놀라(고). 요즘 애들 같으면 같이 엄마랑 못 살지. 다들 뛰쳐나가지"라며 착한 딸이었기 때문에 강한 어머니와 함께 살 수 있었다고 말한다.

:: **"아부지, 이제 엄마 날 오이소."**

모강숙은 1942년에 태어났다. 모강숙의 어머니는 아버지가 국민보도 연맹 등 예비검속으로 학살된 뒤에도 행방불명인 줄 알고 10여 년을 아랫목에 밥을 담아 기다렸다고 한다. 아버지를 기다리는 어머니의 모습보다 강렬한 것은, 너무 고생해서 어머니가 일찍 돌아가신 것은 아닌가 하는 자책이었다. "내가 지금에 생각하니 엄마가 너무, 엄마란 단어만 나오면 마 눈물부터 나는 거라. 내가 인자 살아보니까. 얼마나 고생을 하고 살았으면, 속골병 들은 거는 넘한테 말 안 하니 모르고 몸속, 몸에 밖에도 당뇨도 오고 혈압도 높고 마 비만도 오고 마 마 나이가 오니 이렇더라고. 돌아가실 때 마 너무 측은하고 마 마, 불쌍하고 마 죽겠는 거라."

농촌에서 자식 셋을 데리고 살았던 어머니에 대한 기억은 오직 일하는 모습뿐이었다. 자다가 중간에 잠깐 깨어나 보면 초롱불을 켜고 옷을 꿰매고 있었다. 밖에 나갔다가 돌아올 때는 머리에 무언가를 이고 들어오고, 이른 새벽에는 퇴비를 만들었다.

───── 하여튼 이 시골 가면 퇴비장이 있어요. 퇴비장에 그건 참 남자도 힘든 건데 여름에 그걸 할라 카면, 퇴비 뒤진다 카면 넘의 일도 안 해 주거든요. 퇴비 그걸 어떻게 하느냐 하면 우리 풀 같은 거 베고 집에 마당 쓸고 이래 모아놓으면 안에는 썩지만은 겉에는 안 썩거든. 그걸 바꿔야 되는 거라. 바꾸게 되면 잘 썩으라고 뭘 하는가 하면 인분을 퍼붓는 거라. 그걸 아무도 안 해줘요, 여름에는. 그럼 엄마가 그걸 새 벽에 아주 우리 잘 적에 일어나서 그걸 한다고. 일어나면 반쯤 해놨 어. 인분 퍼붓고 그거 뒤지고 이래 하는 거. 퇴비를 그렇게 1년에 몇 번 해야 농사를 짓는 거라. 그것 가[지고] 보리 심고 이래 하는데 그걸 엄마가 다 하더라고. | 모강숙 |

쉼 없이 일하는 어머니의 모습을 바로 옆에서 지켜보고 있는 것처럼 말했다. 홀시어머니 모시면서 어머니가 일벌레처럼 살았던 까닭은 자식 들 교육 때문이었다.

───── 남들이 그랬어. "이래 장리 [빚을] 내서 뭐 할라꼬 딸아까지 공부 시키꼬?" 머슴아들도 그때 되면 남의 집 살으라고 그랬거든. 응! "뭐 할라꼬 아―들 셋이 다 가방 들려 보내노?" 하면서 그라면 엄마 마음 속으로는 가슴 아픈 일이 속에 차여 있는데 "저그 할라 카는데 어 쩌겠노. 할라 카니께네 내 힘 닿는 데까지 고되더라도 마 시켜주는 거 지 지 안 할라 카면 어째 시키겠노" 이래 말해도 엄마 가슴에는 그게

아니었지. 내가 만약에 뭘 알은 거 같으면 인저 내 남편 안 잃는다. 잃어도 이유나 알고 한다. 이유도 모르고, 10년 간이나 우리 밥 떠놓고 기다렸어요. | 모강숙 |

모강숙의 어머니는 농촌에서 장리 빚을 얻어 "오빠 한 해 놀고, 내 한 해 들어가고 또 내 한 해 놀고 동생 한 해 들어가"는 휴학과 복학을 번갈아 시키며 세 자녀를 교육시켰다. 이렇게 자식들을 교육시켰던 까닭은 자신이 무지해서 남편을 잃어버렸다고 생각했기 때문이다. "엄마는 '내가 무식했기 때문에 남편을 잃었다. 이러니까 딸아―도 뭔가 알 거는 알아야 된다'고 말했어요." 자신이 무지하지 않았다면 "조금이라도 이유를" 알았을 텐데 이유도 모르고 남편을 잃어버렸다고 생각했다고 한다.

―― 내일 아버지 제산데 오늘 가셨던 거라. 그래서는 아버지하고 제사를 같이 모시는데 "아버지는 지금까지 몇 십 년을 모셨은께 인제 엄마 날 아버지가 오이소" 하면서 아버지 제삿날 인자, 엄마 제삿날 아버지를 인자 우리가 제사 지낼 때마다 "아버지 인자 엄마하고 같이 오이소. 엄마 날, 오늘이 아버지 밥 잡수시는 날입니다" 이렇게 하고 그래 하루 댕겨가꼬 엄마 제삿날 안 합니꺼. | 모강숙 |

평생 일에 매달렸던 어머니는 아버지 제사 전날에 돌아가셨는데 이를 천생연분이라고 했다. "아버지보다 엄마가 더 가슴이 아파요"라고 말하던 그녀는 그렇게 해서라도 어머니의 힘겨운 삶을 대신하고 싶었다. 가끔 청소하다가도 엄마가 생각나면 눈물이 쏟아지고 열이 난다는 그녀는 어머니의 삶을 〈울 엄마는〉이라는 시로 표현했다.

― 삼십 초반에 모진 세월 만나
　병아리 같은 삼 남매 품에 안고
　위로 청상이신 시어머님 모시고
　사별인지 이별인지 홀로 되신 울 엄마

　동네잔치라도 할라치면
　솜씨 좋다고 바느질 부탁받고 서슴없이 해드리고

　장롱 속엔 고이 간직한 의관들
　혹시나 오시면 드리려고 모셔두었다

　허리 펼 날 없이 사신 세월이 고작 사십 년
　어찌 그리도 길고 험하던지
　겉으로 표내지 못해 쌓인 설움
　세월의 무게에 짓눌려
　채 풀지도 못하고

　이형임의 아버지도 모강숙의 아버지와 같은 곳에서 학살당했다. 이형임은 1944년에 태어났다. 이형임의 어머니는 둘째 며느리인데도 호된 시집살이를 살았다.

—— 할아버지가 또 엄청 어머니 시집을 되게 살리셨어요. 큰며느리는 맘에 안 들고 어머니가 둘쨀데, 그러니까 모든 걸 어머니한테 다 맡겨가지고, 그래가 제사도 지내게 하고, 또 혼자 되셨는데도 마 안 놔 줘요. 큰집 따로 있고, 바로 이웃에 우리 집이 있었고. 그래 큰집이 있었는데도 큰며느리, 큰아들한테는 의지를 안 하시고 혼자 사는, 세상에 과부 며느리한테 그렇게 다, 어머니를 꼼짝을 못하게 하셨어요.

| 이형임 |

종가 살림을 하느라 어머니와 이형임은 거의 함께 지내지 못했다. 초등학교까지 어머니와 보내고 중고등학교는 다른 곳에서 보냈다. 초등학교까지 자신을 "예쁘게 키웠다"고 하는 어머니는 중고등학교 방학 때 내려가면 온갖 일들을 시켰다고 한다.

—— 저 혼자 무남독녀로 커도 모도 심어봤고 밥해서 중참도 나르고 점심도 나르고, 이리 벼, 그거를 뭐라고 그러죠, 볏단 묶어서 하는 거, 추수, 추수 때 수확 때는 가서 막 볏단도 묶고, 물도 물동이에 집에 우물이 없으니까 공동 우물에 가서 물도 길어 나르고, 새벽에 그거 짚을 때니까 재가 쌓이거든요. 그 재를 막 이렇게, 재를 친다고 그래요, 그것도 그러고. 어머니가 저를 아주 그냥 시키더라고요. "어머니가 계몬가" 예, 너무 저를 이렇게 일을 시키니까 "어머니가, 우리 어머니가 계몬가" 하고 막 눈물짓고 이래도 어머니를 원망을 안 했어요. | 이형임 |

그래도 어머니를 원망하지 않을 만큼 어머니에게 순종했다고 한다.

어른이 되면서 아버지와 관련된 일을 알게 되자 "우리 엄만 진짜, 정말 불쌍하고 참 한이 많은 엄마다, 엄마가 안됐다"라고 생각하게 되었다. "어머니랑 갈등은 없었어요. 엄마가 너무 훌륭하시니까." 그리고 어머니의 삶을 뒤돌아보게 되었다.

― 부부의 애정을 확인할 겨를도 없이
  시집살이며 6 · 25를 맞고

  당신의 나이 스물일곱에
  끝내 아버지와의 사별을
  통한으로 삼키신 어머니
  장손도 아니셨건만
  종가 제사까지 맡기시어
  조부님은
  어머니의 외로운 심신마저
  혹독하게 짓밟으셨다. | 이형임의 시 〈나의 어머니〉 |

:: "자지 네 개만 보고 살아라."

곽용자의 어머니는 1917년에 태어났다. 그녀의 어머니는 수피아여고를 나왔고 아버지는 광주농업고등학교를 나왔다. 어머니는 아버지보다 세 살이 많았다 한다. 어머니는 결혼 후 중등교육을 받지 않은 남편을 학교에 보낼 정도로 신여성이었다. 1920년대 말~1930년대 초 여학교를 졸업해 이상적인 가정생활을 꿈꾸었던 어머니에게 여순사건은 삶을 송두리째 바꾼 사건이었다.

—— 요 위에 봉수산 데리고 가서 총을 쏴부렀는디 우리 아버지는 여기 복숭아씨만 맞아가지고 살았더래. 그래가꼬 "저요! 저요! 한 말씀 하겠습니다" 그런께로 가슴을 그냥 탁 쏴뿐게 단박에 죽어불더래. 이 말을 누구한티 들었냐. 인자 우리 부락에, 우리 집이 잘살다본께 하인들이 많아. 그런께 그날 우리 집이서 쌀 열 가마니씩 준 뭣이 서이 따라갔지, 또 우리 집이 거시기 한 하인들 따라갔지, 몸종들 있어, 그런께 그 몸종들 따라갔지. 그랬는디 그분 한 사람이, 그분은 여기를 맞아가꼬 살아가꼬 왔어. 그런디 갖다 내뻐려도 가만히 죽은 척, 가만히 죽은 척, 저 서신에 다리 밑에다가, 저 섬진강 가에다가 갖다 내뿌렀는지, 그 막 모래사장에다가 내뿌렀는디 싹 가만히 있었는디 우리 아버지는 가만 있었으면 살았을 건디 "저요! 저요! 말 한 말씀 하겠습니다" 그라니께로 가슴을 쏴가꼬 죽여버렸다, 와서 그렇게 우리 어머니한테 와서 이야기를 해. 그런디 우리 엄마는 인제 아버지 돌아가시고 인자 화가 나서 친정으로 간께. | 곽용자 |

제14연대를 진압하러 온 토벌대에 학살당한 뒤 화가 난 어머니는 친정으로 가버렸다. 친정에서 재가하라는 소리를 듣고 다시 시가로 돌아왔다. 이유도 없이 한순간에 남편을 잃은 곽용자의 어머니는 곽용자와 그 자식들에게 매양 "숨어서 살아남으라"는 부탁을 했다.

─ 구술자: 그래놓으니께로 "아이고 무슨 일 있으면 너희들은 숨어라"하고 항상 그 소리 하고 살았어.

면담자: 무슨 일 있으면 숨어라.

구술자: 죽지 말고 숨어라.

면담자: 아들 아니 손자지, 외손자들한테.

구술자: 그런디 "숨어라" 그러면 "엄마 시방은 그런 세상 아니여". (웃음) 한이 맺혀서. | 곽용자 |

남편이 학살당한 뒤 곽용자의 어머니는 바깥 활동을 했다. 면서기로 일하기도 하고 교회에서 전도사로 활동하기도 했다. 전도사로 활동하면서 맏사위를 직접 선택하면서 "데릴사위로 허면 우리 딸을 주고 그리 안 하면 안 준다. 예수 잘 믿으면 주고 그리 안 하면 안 준다"는 조건을 제시하고 학교를 다닐 것을 권유했다. 곽용자는 결혼을 하는 바람에 순천사범학교를 포기했다고 한다.[5]

곽용자의 남편 집안은 워낙 가난해서 장모와의 약속을 지킬 수 없었다고 한다. 그런데 곽용자가 아들 네 명을 낳자 어머니는 좋아하며 손자들 뒷바라지로 남은 생애를 보냈다.

─ 구술자: 아이구 인자 아들이 없다가 아들 너이 나니께 우리 친정어머니는 좋아가꼬 인자 개나리봇짐(괴나리봇짐) 싸 짊어지고 돌아댕기면서 그냥 〔아이들만〕 수발해. 밥해주고 자췌생, 밥해주고 인자 그것만 해. 그래가고 인자 편지를 일주일에 한 번씩 해, 나한티다가. 그때는 전화가 없어. 그래가꼬 편지하면 우리 어머니는 "자지 네 개만 보고

살아라" 아 그러고 여따가 그대로 써. (웃음)

면담자: 뭐라고요?

구술자: (웃음) "자지 네 개만 보고 살아라." (웃음) 자기가 원이 되고 한이 돼서. 하나 어디 형제간이 있어 뭐가 있어. 아버지 하나 살다가 죽어뻐리니께 아무도 없어. 친정에도 없고 아무도 없고. 외삼촌도 죽어버려논께. 외삼촌은 세상에 아들 하나도 못 낳고 죽어버렸어.

면담자: 결혼도 안 하셨었어요?

구술자: 결혼해가꼬.

면담자: 아— 자식 하나도 안 낳고.

구술자: 못 낳고. 결혼은 했는디 아직은 안 낳고. 그런디 우리 친정어머니가 원이구 한이여. 만날 "아이구 자지 보구 살아라". 항상. 원이 맺히구 한이 맺혀서. 편지만 써 항상. | 곽용자 |

친가와 외가는 한국전쟁으로 모두 대가 끊겼다. 남편은 삼대독자로 딸 둘만 있었고, 친정은 남동생이 있었지만 전쟁으로 행방불명되었다. 그런 까닭에 곽용자의 어머니는 "집안을 잇게 하는 대가 없어져뻐리고 대가 있어야 되는디 대가 없어져뻐리"자 '아들'에 대한 존재를 언제나 갈망했다. 임종을 맞을 때도 "아이 걱정 말아라, 내 나이 딱 맞다. [더 살면] 천덕꾸러기 된다. 자식도 없는 사람이 뭐 할라 오래 사냐. 니는 자지 많이 낳았은께 오래 살아라"라고 딸에게 부탁했다.

"아— 저녁 내 비리복[배내옷]을 맨들어가꼬 '저 집이 아이— 애기 난단다. 나 거기 갈란다' 오늘도 가고 내일도 가고 산파 노릇을 해. 따신 물을 데가꼬 따땃한 물로 여따가 자꾸 수건을 대주고 대주고 허면 애기가 딱 골라가꼬 그러고 나온대, 머리로. 따땃한 쪽으로 머리를 두고 나온대. 그런디 발, 발이 먼저 나오면 안 된대. 그렇게 그런 역할, 봉사 생활, 맨 애기 낳는 데 가면 그런 거 해주고." 그녀는 동네 산파 노릇을 자처했다. 그녀는 남편과 친정 동생이 그렇게 허망하게 죽었기에 자식들에게 살아남는 것과 생명의 소중함을 강조했다.

국가 폭력으로 인한 남편의 학살이 가져다준 상실감은 '아들'에 대한 집착으로 나타났다. 아들에 대한 집착은 생물학적 성으로서의 남성에 대한 인식보다는 자기 대에 친가와 외가 모두 대를 잇지 못한 상실감에서 비롯된 것이었다. 곽용자의 어머니는 밤새 배내옷을 만들거나 동네 산파 노릇을 자처하면서 그 상실감을 치료했던 듯하다.

:: 스트레스의 원인 — '무서운' 어머니

이호영의 아들은 한국전쟁 중인 1951년 유복자로 태어났다. 기술을 배우기 위해 서울에 머물렀던 아버지는 전쟁이 일어나자 한 달 동안 걸어서 고향으로 돌아와 11월까지 석 달 정도 머물렀는데, 그는 이 기간에 임신되었다. 그의 아버지는 아내가 임신한 사실조차 모른 채 1950년 11월 입대해 한 달여 만에 전사했다.[6] 그 아들은 고등학교를 졸업한 뒤 은행에 취직해 지점장까지 되었으나 외환 위기 때 49세의 젊은 나이로 명예퇴직을 하고 현재는 어머니와 함께 생활하고 있다. 그는 특이하게도 현재까지 독신으로 지내고 있는데, 그 까닭을 물으니 "독신주의자는 아닌데 어쩌다보니 이렇게 됐다"고 말했다.

그는 어머니와 자신의 삶에 대해, "집안이 어렵다보니까 어머니가 꿩

장히 고생"을 했지만 자신은 백부와 백모의 보살핌으로 "고생 모르고 자랐다"고 서두를 꺼냈다. 그렇지만 어머니가 "하도 무서워가지고. 학교에 다닐 때 공부는 잘은 못했지만은 전혀 말썽 같은 것은 못 피웠어요"라고 말했다.

— 구술자: 정말 우리 어머님이 정말, 정말 무서웠어요. 엄하게 커가지고 그— 뭐 남들하고 싸움도 못했고, 하도 그 뭐 참 남들 보면 모범생으로 댕겼지.
면담자: (가벼운 웃음) 이렇게 뵙기엔 안 그러신데.
구술자: 아주 뭐 심하게 표현하면 혹독하리만큼 무서웠어요.[7] 내가 중학교 다닐 때는 학교하고 집하고 꽤 멀었어요. 그런데 중학교 다닐 때 운동선수를 했는데 …… 그래 운동을 하고 늦게 집에 오잖아요. 늦게 집에 오는데 그 배가 굉장히 고프지 그냥. 그 오다보면 옛날에 국화빵이라고 있어요. 국화빵 그 안에다가 단팥죽을 넣지 않습니까. 그런데 오다보면 그걸 굽는데 그 냄새가 사람을 미치게 해요. 그 막 속이 막 뒤집어지는 것 같아요. 그래도 3년 동안 내 그걸 하나 못 사먹었어요. 돈이 없었고, 또 나는 저런 걸 먹으면 안 되는 걸로 알았어. 그 생각 자체가. 우리 어머니가 고생하는데 [내가 저런 걸 먹으면 안 된다]. 그렇게 생각했어요. …… 그렇게 무서웠어요, 우리 어머니가. |이호영의 아들|

그는 어머니가 무서워서 중학교 3년 내내 집에 돌아오는 길에 국화빵 하나를 사먹지 못했고 고등학교를 졸업할 때까지 만화책 한 권 보지 않았다. 이렇게 무서운 어머니도 비만 오면 우산을 가지고 학교에 오고 날

이 추우면 담요나 두루마기 따위를 가져와서 업어 가곤 했다고 한다. 또 큰물이 져 동네 냇물이 넘치면 절대로 발이 물에 닿지 못하게 업고 건네 주었다고 한다. 이 같은 일상은 그에게 무서운 어머니와 겹치는 부채 의식을 심어주었다.

— 면담자: 그럼 고등학교 때 몸이 그렇게 많이 아팠던 이유는.

  구술자: 나는 그게 스트레스 같아요.

  면담자: 지금은 많이 아프시고 이런 데는 없고요?

  구술자: 지금은 뭐. 지금은 뭐 한 데는 없는데. 그때도 그렇게 아프다 가도 시골 내려가 있으면 안 아파요.

  면담자: 스트레스의 원인이 뭐였던 거 같아요?

  구술자: 스트레스의 원인이 공부죠. 자식 하나 데리고 서울에 왔으니 까 그 자식이 공부를 잘해야 되는데. 뭐 전혀 우리 어머니는 잠시라도 이렇게 앉아 있는 꼬라지를 못 봤어요. 그렇기 때문에 그 내가 불만이 아니라 우리 어머니는 그게 당연하죠? 당연하지만은 지금 이 나이가 돼도 길을 지나가다가 어떤 젊은 여자가 자기 자식한테 "야! 야! 공부 좀 해라" 그러면 순간적으로 내가 스트레스를 받아요, 지금도. 그런 거 생각하면 굉장히 스트레스가 심했던 거 같아요, 그 당시에. 그런데 그때는 그렇게 많이 아팠어요. 다리도 아프고, 어떤 때는 변소 가다 쓰러지기도 했는데 왜 그런지 몰라요. 그리고 그 나이가 어렸지만은 우리 어머니가 혼자 자식을 데리고 올라오셨는데 내가 공부를 해야 된다, 해야 된다 하는 중압감, 하여간 그 스트레스, 거기다 막 [닦달]하 니까 굉장히 스트레스를 받았는가봐요. | 이호영의 아들 |

4부 여성 가장과 새로운 공간의 창출 | 257

어머니에 대한 이중적 감정은 서울 생활을 하면서 극에 달했다. 고등학교 때 어머니와 함께 서울로 올라온 그는 자주 아팠다고 한다. 현재 구술자(이호영의 아들)의 모습은 지금까지 병 한번 앓아보지 않은 것처럼 건강해 보였다.

어머니에 대한 중압감과 이를 충족시켜주지 못하는 자신에 대한 죄책감이 '아픈' 몸으로 나타났지만, 그 '아픈' 몸도 자신의 울타리가 되어주었던 백부와 백모가 있는 고향으로 가면 씻은 듯이 나았다. 그는 이를 스트레스로 진단했고, 57세의 나이에도 불구하고 지금도 길거리에서 젊은 여성들이 자식에게 공부하라고 말하는 소리를 들으면 깜짝 깜짝 놀란다고 한다.

:: 어머니의 집착

이성모는 1946년에 태어났다. 이성모의 아버지는 국민보도연맹 등 예비검속으로 끌려갔다가 분터골에서 학살당했다. 이성모는 "여자 혼자 가정을 꾸린다는 것"을 성장할 때는 몰랐는데 결혼해서 살다보니 그 힘겨움을 이해할 수 있었다고 한다.

── 더군다나 경제적인 어떤 그─ 주체, 자기가 해결할 능력도 없으면서 이─ 생활한다는 것은 표현하기 어려울 정도의 스트레스였던 거 같아요. 우리는 다섯 살, 두 살인데 성장 과정에서 아무것두 이성이 없을 때니까 우선 밥 먹는 거 식사 해결할 방법[이 없으니까], 의식주 중에서 입고 자는 부분은 어떻게든 되더라고. 먹는 게 가장 큰 문

제니까. 그거를 해결하려고 그러고 보면 우리 둘이야 어리니까 저런 거 모르지 결국 몸 다는(닳는) 건 어머니예요. 그래 그 양반이 겪었을 고통, 생각해보면 참 대단한 분이다. |이성모|

이런 어머니의 삶을 뒤돌아보면, 어머니가 개가하지 않고 사신 것이 한편으로는 자랑스럽지만 다른 한편으로는 서로 불행하다고 했다. 그 까닭을 물으니, "왜 불행해졌느냐 하면 오직 아들 둘만을 위해서 희생을 했다고 본인은 스스로 생각을 한단 말여. 그런데 결혼을 딱 하고 보니까, 요새 그래서 자식 소용없다고 그러는가, 어쨌든가"라고 설명했다. 어머니와 자신이 분리되지 못했고 그것은 결혼을 해서도 마찬가지였다. 분리되지 못한 관계가 항상 갈등을 가져왔고, 자신을 아들이자 남편으로 의지하는 어머니에 대한 부담이 강하게 자신을 짓눌렀음을 아래와 같이 표현했다.

──── 그러니까 그― 부메랑 효과가 우리 식구(부인)한테 가요. 중간에 있는 나는 엄청난 스트레스를 받아요. 그래 우리 어머니 입장에서 봐서는 저를 남편 겸 아들로 생각하는 거예요. 얼마나 그 애증이 있느냐 하면요, 간단하게 설명을 하면요,…… 그게 애정인데, 엄마 입장에서 봐서는 아들 겸 남편 겸 생각해서 걱정스러워서 잠을 안 주무시고 기다리시는데, 당하는 나는 엄청난 스트레스를 받는 거예요. 가만히 생각을 해보세요. 제가 청주가 고향이니까 거기서 지점장 생활할 때는 친구들도 많고 이렇게 거래선에 하다보면 고스톱도 치구, 술두 한 잔 먹고 이렇게 늦게 끝나서 1시, 2시, 들어가는 경우가 많잖아요. 그래

저희 사택이 아파트였어요. 5층이, 6층이었던가. 6층에선데 저는 그걸 못 느꼈어요. 차를 딱 파킹을 딱 하고, 1~2시쯤 해서 딱 이게 아파트 현관을 들어가기 전에 위에를 쳐다보면 우리 집밖에 불이 안 켜 있어. 그런데 그것도 그냥 기다리시는 게 아니야. 내가 언제 오려나 생각하고 베란다에 나와서 이렇게 기다리시는 거야. 예! 근데 그거를 저는 그렇게 하시는 줄을 몰랐어요. 몰랐는데 어느 여름날 한 3시쯤 들어갔는데, 그래 여름엔 허연 옷, 대개 노인네들 허연 옷을 입으시잖아요, 그래 딱 무의식중에 그걸 쳐다보니까 유령 같은 느낌이 드는 거예요. 그런 인제 애증이에요. 엄마에 대한 그 참 안됐고, 안쓰럽고 한 그런 부분은 마음 한구석에 있지만 그것이 너무 지나치니까 증오로 바뀌는 거예요. 그리고 너무, 요새 그 자식 사랑을 너무 과보호하고 과잉으로 하면 안 된다는 얘기를 하는데, 이 양반은 그 정도가 심할 정도가 아니라 병적이에요. 어떻게 그러느냐 하면 …… 제가 〔집에서〕 저녁을 안 먹으면 사전에 전화를 걸어서 엄마한테, 어머니한테 얘기를 한다구. "엄마 나 오늘 저녁은 친구들하고 저녁 먹고 들어갑니다" 하고 얘기를 해도 내 밥을 하는 거야. 내 밥을 해서, 그런 거를 보셨는지 모르지만 그 겨울 같은 경우에는 놋쇠 그릇이 있어요, 놋쇠, 놋쇠 대접. 그렇게 해가지고 밥을 뜨뜻한 밥을 해가지고 이불 속에 싹 갖다 넣어놔. 그러면 늦게 들어가두 그게 따끈따끈해서 그거 밥을 해놓는 거예요. 이걸 〔먹으나〕 안 먹으나 사시사철 꼭 그렇게 하는 거예요. 이게 우리 어머니 입장에서는 나를 생각을 하는 거지만 당하는 〔내 입장에서는〕 엄청난 스트레스예요. …… 상당히 뭐라고 그럴까 복잡 미묘한 관계 설정이 무지하게 많이 일어나요. | 이성모 |

이성모는 지금까지 부인과 아이들과는 떨어져 살아본 적은 있지만 어머니와는 한시도 떨어져 살아본 적이 없다고 한다. 들어올 때까지 잠을 자지 않고 베란다를 내다보며 기다리는 어머니, 사시사철 아랫목에 따뜻한 밥을 준비하는 어머니. 이성모는 이런 어머니의 기다림이 부모 노릇을 못한 미안함에서 나온 것이라고 이해하고 있다. 자신들을 버리지 않고 끝까지 붙들어준 것만도 고마운데, 어머니는 더 많은 것을 해주고 싶은 심정에서 그렇게 하시는 것이라고 한다. 그래서 그것이 자신에게는 짐이고 상당한 스트레스라고 했다. 가족 간 소통의 중심에서 어머니가 아니라 자신이 서는 것이 힘들다고 한다.

2 | 아버지의 영역과 부재

자녀의 양육과 사회화를 혼자 책임지게 된 어머니들은 아버지 몫의 엄부 역할도 겸하게 되어 엄모 자모 양면의 성격을 띠게 된다.[8] 구술자들의 모습은 명사들의 회고나 신문 또는 잡지에서 소개된 엄한 어머니의 모습과 크게 다르지 않았다. 그렇지만 "아버지의 부재는 실상 적극적인 여성들의 활약에 의하여 메워져 왔으며, 부재한 남편의 자리를 남겨두고 그의 실추된 권위를 세워주는 일이 여성 역할의 주요한 부분이 되어왔다"는 지적과 달리,[9] 구술자들이 부재한 남편의 권위를 세우는 경우는 많지 않았다. 따라서 필자가 만난 전쟁미망인들은 대개 젊은 나이에 좋은 세상을 보지도 못하고 가버린 남편을 "불쌍하다"고 말했다.

그렇다면 구술자의 자녀들 역시 어머니의 의식을 공유하고 있었을까? 구술자의 자녀들은 '아버지'를 세상과 연결된 다리 또는 자기 정체성의 근원으로 파악하기도 했고, 처음부터 존재하지 않았던 까닭에 백지 상태로 남아 있기도 했다.

:: 세상과의 소통: 세상이 이렇게 환한 줄은 몰랐다

임기영의 아들은 1949년에 태어났다. 비교적 부유한 집에서 자란 그의 아버지는 세 번이나 입대를 미루다가 어쩔 수 없이 입대해 1년 만에 전사했다. 아버지의 얼굴조차 기억하지 못하는 그는 공업계 고등학교를 졸업해 방송 계통에서 엔지니어로 일했고 현재는 정년퇴직해 집에 머물고 있다. 그에게 아버지의 존재는 사회와 소통하는 여러 고리 가운데 자신이 갖지 못한 하나의 고리였다. 그는 아버지의 부재가 자신에게서 갖는 의미를 다음과 같이 표현했다.

—— 어머니한테 여러 가지가 있지만 그 한 가지가 항상 혼자 계시니까. …… 회사에서 일하고 들어오면 우리 어머니가 눈치가 빠르면 들어오는 표정을 보고 좀 자극을 해도 해야 되는데, 더군다나 회사에서 쫓겨날 것 같은 그런 힘든 압력을 33년 동안 얼마나 받았겠어요. 더군다나 미운 일만 하고, 노조 일할 때는 끄떡하면(까딱하면) 자른다고 지랄하고. 그런 게 [어머니는] 사회적인 감이 없으니까. 경험도 없고. …… 아버지 계셨으면 아버지 통해서 얘기도 할 수 있고 한데 이건 방법 채널이 하나밖에 없으니까 통하려면 통하고 안 그러면 안 되고.

······ 아버지가 없으니까 아버지로부터 배운 거는 없는 거고. 학교에서 가르치는 거〔는〕정말 사는 방법을 가르친 게 아니라 살아야 될 이상적인 모습만 가르친 거잖아요. | 임기영의 아들 |

그에게 아버지는 이상과 현실을 접목시키는 방법을 가르쳐줄 교사였다. 하지만 그는 이것을 갖지 못했다. 따라서 그는 남보다 한 발 뒤에 있거나 아니면 남이 쉽게 배우는 일조차 어렵사리 몸으로 배워야 했다. 그는 안경을 쓰게 된 동기를 말했는데, 그에게 아버지의 부재는 곧 세상의 빛으로부터의 단절을 의미했다.

— 구술자: 어떤 때는 내가 젊은 혈기로 한번 훌쩍 뛰어볼 수도 있고, 그런 경우에 좌절당해본 경우가 많아요. 그— 이 안경만 해도 그랬어요. 안경만 해도 사실은 고등학교 졸업하고 취업하려고 하니까 신체검사를 받아야 된다고. 그래서 수원 도립병원에 가서 신체검사를 받았더니 "눈 이래서 안 된다, 취직 못 한다" 이래요. "방법이 없겠느냐?" 그랬더니 ······ 검사를 해보더니 "특별한 문제는 없고 이제 안경을 쓰면 될 것 같다"고 그러더니 이제 안경을 맞춰주더라고요. 그랬는데 안경을 딱 쓰고 보니까 세상이 달라 보이는 거예요. 학교 다니면서. 칠판 글씨를 내가 필기해본 적이 없어요. 남들 이제 쉬는 시간에 애들 노트 빌려가지고 필기한 거죠. 그러다보니까 사실 귀로만 배운 셈인데 그게, 그런 거에 대해서 가만히 생각을 해봤어요. 이게 누구 잘못인가. 사실 누구 잘못이라고 할 수도 없는 부분이고, 어떻게 보면 잘못이라고 할 수도 있는 부분이잖아요. 아버지가 있어서 얘기할 수 있었으면

좋았을 텐데. …… 그런 것이 평생에 어떤 이 뭐라 그러나, 멍에가 되는 경우가 많잖아요.

면담자: 그러면 그 이전까지 눈이 잘 안 보이는데도 그렇게 사신 거예요?

구술자: 세상이 그런 건 줄 알았죠.

면담자: 말씀을 못 하신 건 아니고?

구술자: 아니, 아니 원래 태어나서부터 세상 본 게 그거밖에 없으니까 내가 정상인지 비정상인지도 모르고. 그래 사실은 굉장히 우리 어머니도 고생 많이 했지만 저희도 그렇죠. |임기영의 아들|

스물한 살이 될 때까지 '세상이 원래 그런 것'으로 알고 살아온 그는 직장에서도 "학연, 인연 그런 게 없어서 그래요. 어떤 때 보면 나도 모르는 내가, 회사가 이렇게 나눠져" 있는 위계와 경계 지어진 곳에 자신이 속하지 못해 불안과 불이익을 안고 살았다고 언급했다. 특히 그는 원호 대상자 특혜로 취업한 이들의[10] 대우 문제를 언급하며 "낮은 봉급에, 그 봉급보다 훨씬 많은 일을 하고 있잖아요. 내가 보기에는 그게 부당한 거예요. 왜냐하면 제대로 사람 뽑았어도 저만치 일 시켰으면 월급 더 줘야 되는 거 아니냐?"고 불만을 드러냈다.

학교에서, 직장에서 경쟁자들과 부딪히며 살아온 그는 공부를 더 잘할 수 있는 조건을 제공받는 것, 한국 사회에 얽혀 있는 연결망(학연, 지연, 혈연)을 이용하는 것, 원호 대상자에 대한 무시와 이들의 곤욕스러움 따위가 모두 아버지의 부재로 인해 발생했다고 말한다. 곧 그에게 아버지의 부재는 현실이었고, 그 빈자리는 스스로 채워가지 않으면 안 되는

것이었다.[11]

임기영의 아들처럼 강렬하지는 않지만, 아버지의 부재가 세상과 소통하는 방법에 일정한 영향을 미친 것으로 보이는 경우는 윤철희의 아들에게서도 나타났다. 30년을 넘게 살면서도 어렵게 자란 남편이 불쌍해서 한 번도 부부싸움을 하지 않았다는 윤철희의 며느리는 아버지에 대한 그리움을 드러내는 남편에 대해 이렇게 말했다.

―― 아― 가끔, 가끔은 해요. 너무 아픈 추억이기 때문에 자주는 안 하는데 가끔씩 노래방엘 가면은 …… 다른 분은 어떻게 생각하는지 몰라도 그 노래라는 게 자기가 좋아하고 부르는 노래라는 게 자기의 삶이 은연중에 나타나잖아요? 그러니까 저희 남편 같은 경우는 '산장의 여인'을 너무도 좋아하세요. '산장의 여인' 아세요? '외로이 쓸쓸히' 나가는 뭐 있어요. '나뭇잎만 차곡차곡 쌓여 있네', '아무도 날 찾는 이 없는' 그걸 굉장히 좋아해요. 노래방만 딱 가면 그것만 하는 거예요, 처음부터. 그런데 저는 그게 너무 싫은 거예요, 제가. 아주 그게, 노랫말은 좋은데 괜히 그 노래를 들으면서 자기 신랑, 옛날 사연이 연상이 되는 거 같고 그래서 제가 싫어서 그 노래를 못 부르게 하거든요. | 윤철희의 며느리 |

윤철희의 며느리에 따르면 자신의 남편은 아버지의 부재와 이에 따른 쓸쓸했던 생활을 평소에는 표현하지 않다가도 술을 마시면 곧잘 노래를 통해 드러내곤 했다. 드러내고 싶지 않은 아버지의 부재에 대한 생각이 마음속에 내재되어 있음을 보여주는 경우라 하겠다.

:: 마르지 않는 눈물의 원천, 아버지(사부곡)

아비 찾기는 신화에 자주 나오는 소재이다. 영웅의 아비 찾기는 영웅으로 성장하는 과정이며 정체성을 찾아가는 길이다. 이성모에게 아버지 찾기(또는 억울하게 희생되었음을 인정하고 명예 회복하기)는 자신의 정체성을 찾는 과정이었다. 곽용자, 모강숙, 이성모, 이형임에게 아버지는 기다림이면서도 동시에 말해서는 안 되는 대상이었다.

———— 제가 눈물을 흘리는 때가 언제냐 하면 아버지에 관련된 얘기가 나오면 제가 눈물을 흘려요. 그렇게 사람이, 있을 때는 아버지에 대한 소중함을 모를 [것 같은데] 없으니까, 내가 아까도 얘기했지만 힘들고 이럴 때 가서 기댈 수 있는 언덕인데, 그 지금도 사부곡을 쓰라고 그러면 한없이 쓸 거 같아요. 딴 건 몰라도. 그 그리움이라는 게. 지금도 그래요. 내 재산 다 갖구 아버지를 하루만 볼 수 있다면, 하루만 살더라도 그렇게 할 거 같아. 그렇게 사무친 [한이에요]. 얼굴 기억 못 하니까. 그래 내 그— 소위 말해서 뿌리를, 내 뿌리가 뭐냐 하는 게 혼돈이 오는 거야. 계시긴 계신데 얼굴도 모르지, 체취도 한번 못 느꼈지.
  | 이성모 |

이성모가 말하는 아버지의 체취는 꼭 특별한 무언가를 가리키는 것은 아니었다. "우리 딸이 시집을 가가지고 애를 낳았어요. 우리 딸보다 우리 사위가 애를 더 많이 봐요. 그래 그 가슴에 탁 안고서는 울고 그러면 달래고, 뭐 우리 애기 갖다가 어르고 이러는 걸 보면 '저게 부정이로구나'

하는 생각이 들면서 눈물이 쭉 흐르더라구." 일상생활에서 아버지의 냄새를 맡아보는 것이었고, 그 냄새는 정신적 지주를 찾고 자신의 정체성을 찾아가는 과정이었다. 일상에서 느끼지 못한 아버지의 체취는 어린 시절 자신이 친구들과 다르다는 점에서도 나타났다.

"어릴 때 어린 소견이지만은 그 아버지하고 인제, 친구들도, 또래 애들도 저와 달리 아버지가 같이 사는 또래들이 있잖아요. 시골에서는 다 뭐 통하니까 즈(자기) 아버지랑 옛날 같으면 시냇물에 가서 같이 목욕도 하고 그래요, 밤에. 그러면 나는 저 어미 소 잃은 송아지마냥 한옆에서 놀고 그 애들은 아버지가 등 밀어주고 그러는 것을 무지 부러웠어요(부러워했어요)." 그렇기 때문에 이성모에게 아버지는 마르지 않는 눈물이기도 했다. "그래 그 아버지에 대한 거를 제일 제가 친구들이나 누구한테도 그 얘기를 안 할라고 해. 하면 눈물부터 나. 그래 안 할라고 하는데 그 묘한 존재야 하여튼간, 묘한 존재야. 딴 거는 저도 그렇게 눈물이, 머슴아니까 그렇게 저기 한데 그 부분에는 나도 주체를 할 수가 없어. 그래 그걸 부족하다고, 너무 없으니까 인제 그걸 내가 못 느꼈으니까 그런지 몰라도, 또 느껴보면 별거 아닐 거 같아요, 별거 아닐 거 같은데 그래도 그게 사무치는 그 사부곡은."

아버지의 체취에 대해 이형임은 소소한 기억을 더듬어서 말해주었다.

—— 아들이 아니었어도 저를 금지옥엽으로 정말 예뻐했어요. 그래가지고 다섯 살 때 지(저의) 기억이 나거든요. 다섯 살 때 우리 이웃에 친구들 있잖아요. 친구들 우리 집에 불러 모아요. 그러면 마루, 대청마루잖아요. 거기에다 벽에다 이렇게 어린 것을 다 앉혀놓고는 "나비

야, 나비야" 이렇게 아버지가 손수 무용을 하시면서 저희들 즐겁게 해주시고 너무 좋았어요. …… 인제 자다가 옷에 쉬를 쌌어요. 옛날에는 이제 키 씌워가지고 이웃집에 소금 얻어 오라고 하거든요. 그래 제가 인제 키를 쓰고 이웃집에 인제 할머니한테 소금을 얻으러 갔어요. 갔는데 저는 어리니까 뭐 모르잖아요. 일단 얻어 오라 하니까 키를 딱 쓰고 바가지를 가지고 갔는데 거기서 소금을 주더라고요. "소금을 주세요" 그러니까 할머니가 줘. 나는 좋다고 인제 "아버지 갖다 드려야지" 하고 딱 돌아서려는데 할머니가 주걱, 옛날에 그 주걱, 지금도 긴 주걱 있잖아요. 그걸로 뺨을 치는데 마 소금이고 뭐고 마 아이고 마 드러눠가 뒹굴면서 욕을 하고 그냥. 할머니를 욕질을 하고. 그래가지고 울고불고 난리가 났었는데 아버지가 와선 이제 안고 가시는 거예요. 그거 기억나고.

'나비야'를 부르며 팔을 흔들던 모습과 울고 있던 자신을 안은 모습이 이형임이 기억하는 아버지 모습의 전부였다. 그래서 아버지가 보고 싶다는 생각이 없다가 "이성에 눈뜰 무렵에 아— 아버지 같은, 아버지 없이 커놓으니까, 아버지 같은 사람하고 결혼을 해가지고 아빠 사랑을 받아봤으면 하는" 생각을 했다고 한다. "아버지 같은 나이 지긋한 사람을 만나서 아빠 같은 사랑을 한번 받아봤으면, 아빠 체취를 한번 느껴봤으면, 그 순간 딱 한 번 아버지 생각을 한 번 해봤어요. 그러고는 아버지 생각을 해본 적도 없어요."

모강숙도 "초등학교 다닐 때까지 아버지가 없어도 할매, 엄마가 잘해 주니께 되게 큰 설움을 못 느꼈어요"라고 말한다. 4 · 19 전까지 모강숙의 가족은 어머니는 밥을 담아 아랫목에 보관하면서, 할머니는 《천수경》을 읽으면서, 모강숙은 감나무에 열린 감을 따지 않으면서 오지 않는 아버지를 기다렸다.

—— 올 줄 알고 만날 밥 담아놓고, 우리 어릴 때 감나무가 하나 있었는데 감이 가을 되면 따면은 아버지 오면 준다고 항상 대여섯 개를 남가놓더라고. 그거를 결국 까치밥인데 그제?…… 우리는 그 감 따먹으면 막 난리 나는 거라. "우리 아버지 감인데 와 따먹느냐?" 하면서 막. 그래 그런 거를 한 10년 가까이 했으니까 정말 모르고, 만날 그러니께 우리 할머니가 《천수경》 그거를 인자 모자 상봉해달라고 기도하는 거예요 그기, 저녁마다. | 모강숙 |

기성회비를 낼 때 "여름 되면 보리쌀로 내고, 가을 되면 나락, 쌀을 학교 주고 이래 공부했거든. 그럴 때 보면 다른 사람들은 엄마가 갖다주고 아버지가 갖다주더라고. 그런데 그때 우리는 참 아버지가 없으니께 우리가 지고 가야 되고 이고 가야 되고. 그래 그럴 때 좀 아쉬웠다"고 한다. "이럴 때 '아버지 있었으면 좋겠다. 우리도 아버지가 지다주면 우리가 안 지고 가도 될 낀데' 이래 싶고, 그런 생각은 있어도 그래도 아버지가 죽어서 안 온다는 건 몰랐지. 아버지가 집에 없어서 불편하다 카는 거는 알았지만은. 친구 아버지가 학교운영위원장 할 때 '우리 아버지도 살았으면, 있었으면 저래 학교에 와서 우리가 기도 안 죽고, 기도 살고' 했을 것"이라고 생각했고, 자라면서 아버지 없는 설움이 커졌다고 한다.

성장하면서 학살당한 아버지를 기다린 시간은, 성인이 된 뒤에는 짐

이 되어 앞길을 막는 작용을 했다. "우선 내가 받은 건 그런 스트레스. 그래 크게 요약을 하면 첫 번째 내 연좌제 했던 이런 것에서 오는 경제적인 어려움, 두 번째 그 산소 없을 때[12] 자식들에 대한 저기, 또 그 아버지 없이 자란 저기 평판. 이런 거를 그냥 말로는 쉽게 표현하는데 이것을 살아 오면서 피부로 느낀 사람은 엄청난 그 저기가 오는 거여. 그래 제가 우리 자식들한테는 후회 없이 할려고 노력을 했어요." |이성모| 그는 연좌제로 인해 사회생활에서 좌절을 겪었다.

— 구술자: 인저 우리 시동생두 하나 고등학교 농고를 나왔는데 학교두 못 댕기게 하구. 그랬었어유. 아주 뭐 그 보도연맹 가족은 무슨 동네 서두 "저거는 빨갱이네 가족이다" 하구 일들두 안 와유.

면담자: 일도 안 시켜줬다고요?

구술자: 아니 인저 여럿이 품앗이를 하잖어. 그것두 안 시켜줘. 그렇게 시니 아주 보도연맹은 무슨 죄인, 인간 아닌 걸루 취급들을 했어유, 동네 사람들두유. |이선자|

—— 내가 고등학교 졸업하고 취직할 때였거든요. 그래서 취직을 할라고 동아백화점 앞에 있는 곳에, 거기에 내가 이제 시험을 봤는데 신원 조회 그거를 가져오라 그랬거든. 그걸 가져가니깐 넌 안 돼. 그러고 안 넣어주더라고요. 다 합격했는데. …… 내가 신원 조회 걸려서 취직을 못 했어요. 그래서 내가 취직하기 싫어져버렸어요. |정정숙의 딸|[13]

—— 거진 열아홉, 열여덟 될 적에 공무원이 됐는데두 이 보도연맹 가

족이라구 안 해주구서는 그러길래 내가 "이렇게 이래 하니" 저 청주
담배 마는 공장이에요, 연초제조창이라는데, 거기 가서 그랬어유.
"기능직이래두 해주슈" 〔하고 부탁했더니 기능직으로 취직을 시켜줘서 연초
제조창에 다니고〕. 나는 또 그 재건조장, 잎을 훑는 거, 줄거리 훑고 그
라는 데 인저 〔아들과〕 둘이 댕겼어유. |이선자|

—— 그래 그 고등학교를 졸업하면서, 그때 어려움 끝에 졸업을 했는
데, 졸업을 해서 원래는 대학 갈 형편이 안 되니까, 육군사관학교나
이런 델 가면 학비가 면제되니까 육사를 갈려고 했는데 사상 때문에
못 가는 거야. 그러고 나서 고등학교를 졸업하고 공무원 시험을 봐서
합격을 했어요. 그런데 교육을 받고 났는데 발령을 안 내주는 거야.
…… 내가 취직한 인사 담당자한테, 딴 사람들은 다 발령을 내주는데
나만 발령을 안 내주는 거여. 그러니 가서 따졌어요. "왜 발령을 안
내냐?" 그러니 "당신은 사상 특이자로 보고가 돼 있기 때문에 인사
발령을 낼 수 없다". 그래 내가 사정을 했어요. "어떻게 하면 할 수 있
느냐? 내가 사실, 알다시피 동네 사람, 같은 동네 사람 생존해계시고
하니까 가서 물어봐라. 우리 아버지가 그렇게 사상 공적이 돼가지고,
보도연맹이 돼가지고 적색분자라고 생각하는 사람, 그런 사람이 한
사람이라도 있으면 내가 포기하겠다" 보니께 먹고살아야 되고 하는
데 공무원 시험에 합격이 됐는데 발령을 못 내니 자기도 입장이라는
게 〔있으니까〕, "지서에 가서 지서장한테 사정을 해보라" 이거예요. 그
래 지서장한테 가서 사정 얘기를 하니까 그 사람도 자기가 하면 책임
문제가 돌아오니까 안 해줄라고 그래요. 그래서 무릎 꿇고 울면서 빌

었어요. "나 살아야 되겠다" 그러니까 자기도 자식을 키운다고 그러면서 그― 신원 특이자지만 현재 조사를 해보니까 사상이 하등한 저기두 없구, 뭐 감언이설에 속아서 가입이 된 걸루 해서, 이게 된 걸루 해서 좋게 써줬어요. 그러니까 인제 그걸 근거로 해서 발령을 냈어요. 제가 직장 생활을 일곱 번을 옮겼어요. 일곱 번 옮겼는데, 일곱 번 옮길 때마다 문제가 생기는 거예요. 그래도 그게 지서에서 제일 첫 번에 해준 그 근거가 있기 때문에 그거루 인해서 빠져나오긴 나왔지만, 그래두 직장에서 이렇게 그― 뭐― 진급을 하거나 올라갈 때마다 그게 항시 짐마냥 따라다녀요. 더 울화통 터지는 거는 비밀 취급 인가가, 지위가 높아지면 질수록 기관에 비밀 취급 인가가 있잖아요. 2급 이상은 안 줘, 안 내줘, 비밀 취급 인가를. 뭐라고 그럴까 딱지여, 딱지. 하나의 딱지처럼 따라댕기는 건데. 그렇게 어렵게, 어렵게 다녀서 회사에서 퇴직을 했어요, 제가. |이성모|

연좌제로 인해 한곳에 오래 있지 못하고 여러 번 옮겨 다녀야 했고 옮길 때마다 신상 조사서가 문제가 되어 매번 해명해야 하는 일을 직장을 그만둘 때까지 되풀이해야 했다. 이 어려움을 이성모는 원호 대상자와 비교해서 "한쪽은 모든 인센티브를 받구, 〔다른〕 한쪽은 그런 인센티브는 커녕 박해를 받고 살고 불이익을 받고 사니까 이 갭은 따블이 되는 게 아니라 따따블이 되는 거야"라며 그것을 비애라고 표현했다. 어려움이 닥쳐올 때 '따따블'이 되는 아버지의 짐이 곧 자신에게는 아버지 찾기의 시작이었다.

:: 백지와 연민

　　임기영의 아들이 아버지를 사회와 소통하는 여러 고리 가운데 자신이 갖지 못한 하나로 이해한 반면, 얼굴도 알지 못하고 관계조차 맺지 못했던 아버지를 아예 백지상태로 남겨놓거나 약간의 연민만을 품고 있는 경우도 있었다. 한명화의 아들이나 김순영의 딸에게 아버지는 완전한 백지였다.

— 면담자: 돌아가신 아버님이 안 계셔서 힘들었다든가 보고 싶다든가 이런 거는 없었어요?
　한명화의 아들: 아이 뭐 없었어요. 나는 얼굴도 모르잖아요.
　한명화의 며느리: 모르니까요, 아예 말하는 걸 못 들어봤어요.

——　워낙 그러니까는 어려서부터 아버지에 대한 감정이 없으니까는 아예, '원래 그렇게 하는 건가보다' 그런 생각 들었어요. 그래 나중에 중학교 가면서 '아! 다른 집 아빠들이 다들 저렇게 딸이랑 〔다니는구나〕. 나도 아빠가 있었으면 좋겠다' 나중에 그런 생각이 들었지. 자라면서는 몰랐죠, 전혀. | 김순영의 딸 |

——　큰아버지보고 아버지라고 하고 그럴 때, '아부지, 아부지, 아빠' 그랬잖아. 같이 가깝게 그 큰집에서 많이 생활하고 그러니까 애들이 다 아빠라고 하니까 저도 아빠 줄 알고. 그러더니 한 국민학교 2학년쯤 되니까 그거를 물어보더라고. 응, 물어보더라고. 그래서 이리저리

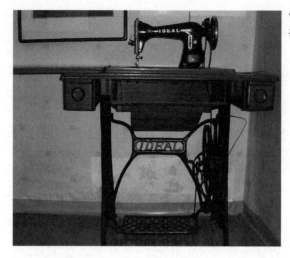
임정기는 1950년대에 받은 재봉
틀을 온전히 보관하고 있다.ⓒ

해서 그렇게 돌아가셨다고 그러니까 그 뒤론 다시는 안 물어보더라
고. │강경순│

이들은 아버지에 대한 감정이 없었으므로 지금까지 아버지의 부재에
따른 상실감이나 박탈감이 없었다고 한다. 이에 비해 큰 상실감을 갖지
는 않았더라도 아버지의 빈자리를 느끼고 애착과 연민을 드러내는 경우
도 있었다.

─ 구술자: 이거 이 대통령 적에 재봉틀 하나 줬어, 벌어먹고 살라고.
　　면담자: 그게 지금까지 있는 거예요?
　　구술자: 응. 그게 여직꺼지 〔있어〕. 우리 작은아들이 못 팔아먹게 해요.
　　…… 내가 여기 올 적에 "내버리고 가자. 내가 눈도 어둡고 바느질도
　　못 하는데" 그랬더니 "아버지를 위해서 나온 건데, 준 건데 아예 팔지
　　말라"는 거여. │임정기│

주로 날품팔이로 생활해온 임정기는 1950년대 정부가 지급한 재봉틀을 아직까지 온전하게 가지고 있었다. 그는 한 번도 제대로 사용하지 않은 재봉틀을 기름칠까지 해두었는데 이는 작은아들 때문이었다. 작은아들에게서 재봉틀은 기억나지 않는 아버지와 자신을 연결시켜주는 하나의 고리이자 애착인 셈이다.

:: 아버지의 빈자리 채우기-작은 고방 속 먹을거리 두 가마

이호영의 아들이 태어나고 자란 곳은 그의 집안(부계)이 동네의 절반 이상을 차지한 집성촌이었다. 마을에는 네 명의 백부가 살고 있었고 전사한 아버지보다도 나이가 많은 사촌들도 몇 있었다. 당연히 유복자인 조카(다른 이에게는 사촌 동생)는 집안의 귀염둥이였다.

그가 살던 지역에서는 형이 아들이 없으면 바로 밑 동생의 장남을 양자로 들였다고 한다. 그의 아버지는 다섯째 아들이었는데 바로 위의 형은 자식이 없었다.[14] 따라서 태어날 때부터 그는 백부의 양자로 내정되어 있었고 그의 백부·백모는 갓난아기 때부터 그에게 온갖 정성을 쏟았다. 그런데 몇 년 뒤 군에 가 소식이 없던 아버지의 전사 통지서가 날아들자 '양자 들이기'는 취소되었다. 그럼에도 자식이 없던 백부·백모는 조카에게 자신들이 표현할 수 있는 모든 방법으로 애정을 쏟았다.

이호영이 들일을 나가면 아이를 돌보는 일은 언제나 백모 차지였다. 이호영의 표현을 빌리면 "우리 아들은 지(저희) 시아주버님 내외분이 다 키웠다"고 한다. 당연히 이호영의 아들에게 백부는 아버지의 빈자리를 채우는 실질적인 아버지였다.

앞에서 소개한 대로 서울에 올라와 고등학교를 다니던 시절에 그는 몹시 아팠다고 한다. 그럴 때마다 그는 고향에 내려가 백부·백모 밑에 머물렀는데 그 집에 가면 아팠던 몸이 씻은 듯이 낫곤 했다. 그는 이 과정을 다음과 같이 설명했다.

―― 내려갈 때 어머님이 약을 한 재 지어주시면 그 내외분이 하루 종일 약탕관 옆에만 계시는 거예요. 부채질하는 데. 그리고 그 닭에다가 삼을 넣어가지고, 아니 마를 넣어 먹으면 좋다고 한대. 한 20일 있는 동안에 내가 닭을 일곱 마리, 여덟 마리 먹고 와요. …… 큰아버지하고 저하고, 큰어머니가 상을 채려가지고 내밀면은 한 그릇은 나물국이고 고기, 닭 삶은 건 나만 줘요. 그래서 "큰어머니 난 안 먹는다"고 말이지 "큰아버지도 드려야지 〔나는〕 안 먹는다"고 그러면 "이건 약인데, 약인데 왜 안 먹느냐?"고 그러더니 그 다음부터는 미역국에다 명태 넣어가지고 큰아버지 그렇게 드리고 나는 그거 먹고 이랬는데. |이호영의 아들|

그의 이야기 가운데 가장 인상적이었던 부분은 '작은 고방 속 먹을거리 두 가마'로 표현된 백부와 백모의 애정이었다.

―― 그 뭐 그 어른들이 내한테 한 그 사랑은 말로 표현할 수가 없었어요. 친자식도 그렇게 못합니다. 그래 여기루, 고등학교 여기루 와 있을 때 가을로 농사를 지시면 이런 가마로 두 가마가 와요. 두 가마가 고향에서 오면 그 안에 한 삼십 가지 들었어요. 그 안에 보면 하다못

해 명태도 두 마리가 들어 있고, 오징어도 한 마리도 있고, 곶감도 이런 거 두 개. 그러니까 그 집에 있는, 고방에 있는 거 다 들었습니다.

| 이호영의 아들 |

이런 백부와 백모의 애정을 말하면서 그는 어머니가 "애비 없는 자식 소리 안 듣게" 하려고 노력도 했지만 백부가 그에게는 아버지 역할을 했다고 인정했다. 어머니가 고생한 이야기를 하면서는 전혀 눈물을 보이지 않던 그는 "두 분 다 돌아가셨죠?"라는 질문에 눈물을 보이고 말을 잘 잇지 못했다. 또한 은행에 취직한 뒤 두 분을 위해 급여의 일부를 떼어 적금을 든 이야기, 자신의 손으로 직접 두 분 환갑잔치를 크게 치른 이야기를 어머니 앞에서 거리낌 없이 했다. 어머니 역시 그런 아들에 대해 서운함 감정을 전혀 드러내지 않았다.

3
전쟁미망인과
'여성 가장' 이라는 여성 주체

전쟁미망인으로 살아간다는 것은 어떤 삶이었을까? 전쟁미망인을 비롯한 남편과 사별한 여성은 어떤 법률적 지위를 갖는가? 어머니 또는 생계 활동을 하는 경제 행위자로서의 지위를 획득하기 위해 전쟁미망인은 어떻게 자신의 지위를 만들어갔는가? 이 관계 속에서 여성 가장으로의 주체 형성 과정은 어떠한가? 이러한 질문에 대한 고민들이 바로 여기에서 말하고 싶은 내용이다.

1 | 전쟁미망인의 법률적 지위

:: 호주에 종속되기

한 사회를 이루는 기본적인 인간관계와 가족 관계를 법제화하고 이를 토대로 사회의 기본 규범을 규정하는 민법의 제정은 1950년대 한국 사회의 의식 체계와 사회질서를 재편하는 과정이었다.[15] 민법의 제정은 여성들에게 주로 관습법에 의존하여 여성을 천시하고 남성의 부속물로 취급해오던 현실을 타파하고 남녀평등의 기본 원칙을 선언적 차원에서가 아니라 실생활에 구현할 절호의 기회였다. 그렇다면 가족법이 어떠한 과정을 통해 제정되었으며 한국전쟁으로 인한 가족의 해체 및 가족 문제에 어떤 도움을 주었는가? 가족법이 제정되는 과정은 다음과 같다.

— 1948년 법전편찬위원회 민법분과위원회 위원이었던 장경근이 《법정》 9월호에 〈친족상속법 입법방침과 친족상속법 기초요강 사안〉을 발표.

1949년 6월 11일 법전편찬위원회의 심의를 거쳐 장경근 개인 안의 일부가 수정되어 〈민법 친족편 상속편 요강〉으로 확정. 그러나 전문가의 부족과 한국전쟁으로 연기됨.

1952년 7월 법전편찬위원회는 김병로 위원장의 견해를 반영한 기초안 작성.

1953년 9월 법전편찬위원회 안을 최종적으로 작성하여 정부에 이송.

1954년 9월 30일 국무회의에서 정부의 초안으로 결정되어 국회에 제출.

1954년 11월 6일 국회 법제사법위원회는 민법안심의소위원회를 구성. 위원장 장경근, 위원에 김성호, 윤형남, 전문위원에 이태준 장경학을 위촉.

1955년 3월부터 민법안 심의 시작. 총칙, 물권편, 채권편에 대해서는 법제사법위원회 수정안을 성안했으나 친족상속편에 대해서는 수정안을 성안하지 못하고 시간만 보냄.

1956년 9월 친족상속편에 대한 심의 요강을 결정.

1957년 4월 6일과 7일 법제사법위원회 주도로 친족상속편에 대한 공청회 개최.

1957년 9월 11일 원안 수정 없이 채택하여 다음날 법제사법위원회 수정안으로 국회 본회의에 회부.

1957년 11월 5일 본회의에 상정.

1957년 12월 17일 법제사법위원회 수정안이 신민법으로 제정.

1958년 2월 22일 법률 제471호로 공포.

1960년 1월 1일 시행.

대한민국이 수립되고 10년이 지나서야 가족법이 제정·공포되었고 그 시행은 12년을 기다려야 했다. 이렇게 늦어진 까닭은 여러 의견을 수렴하고 실정을 파악하여 법률을 제정했기 때문이 아니었다. 한국전쟁으로 가족 관계가 크게 변동했는데도 별다른 까닭 없이 미루어졌고, 게다가 1952년부터 여성계가 주장했던 제안들은 크게 반영되지 않았다. 따라서 1950년대 여성들 그리고 전쟁미망인은 일제 식민지 시기에 적용된 가

족법을 따라야 했다.[16]

―― 〈문〉 저는 6·25 당시 전남편이 행방불명이 된 채 소식이 없어 작
년 봄에 전남편과의 소생인 열 살 된 장녀를 데리고 현재의 남편과 재
혼하였습니다. …… 재혼 후 전 시부모를 찾아가서 재혼하였다는 말
을 하니까 시부모 역시 잘하였다고 찬성해주었습니다. 그런데 이번에
현재의 남편과의 소생인 장남을 낳았으나 혼인신고를 하지 않았으므
로 출생신고를 할 수가 없어 먼저 시가에서 호적을 떼어다 현재의 남
편과 혼인신고도 하고 장남의 출생신고도 하려고 하였으나 먼저의 시
가에서는 무슨 이유인지 호적을 떼어주지 않겠다고 버팁니다.
전남편과의 소생인 장녀는 시부모들이 맡지 않겠다기에 현재의 남편
의 동의를 얻어 제가 기르고 있습니다. 앞으로 전남편과의 소생인 장
녀도 될 수 있으면 현재의 남편의 호적에 올리고 싶으며 남편 역시 이
러한 일을 찬성하고 있습니다.
어떻게 하여야 먼저의 시가에서 호적을 떼어올 수 있으며 전남편의
장녀를 현재의 남편의 호적에 넣을 수 있겠습니까.[17]

일제 식민지 시기 호주는 가족의 혼인·이혼·입양·파양·분가 등
에 대한 동의권, 거소에 대한 지정권, 가족의 직업에 대한 허가권, 가족
의 재산에 대한 관리권 및 수익권, 가족의 재산 처분에 대한 허락, 가족
에 대한 교육·감호·징계 등에 대한 권한과 친족입적권 따위를 갖고 있
었으며, 가족 중 누구의 것인지 명백하지 않은 재산에 관해서는 호주 소
유로 추정했다. 이와 같은 강대한 호주권은 호주가 가족을 통제·지배하

는 데 필요한 것이었다.[18] 재산 상속에서도 어머니 유산은 딸도 남자 형제와 같이 상속을 받을 권리가 있으나 아버지의 유산인 경우 딸은 어떠한 권리도 인정되지 않고, 남편의 유산의 경우 딸과 처는 아무런 권리가 없었다.[19] 전쟁미망인은 분가, 재혼, 복적할 때에는 호주의 동의가 필요했다. 이러한 상담은 1950년대 내내 자주 제기되었지만 법률적 지위에서 전쟁미망인은 어떠한 권리도 없었다.

───〈문〉 저는 17년 전에 결혼하여 두 남매의 어머니이다. 결혼한 지 8년 만에 혼인신고도 하지 못한 채 두 아이의 아버지로서 영장을 받고 입대하여 군대에서 돌아오지 못하고 전사했다. 부군의 연금이 매년 나오고 있는데 연금의 혜택은 두 남매가 보아야 할 텐데 단돈 10원 하나 맛보지 못하고 저의 아버지께서 소비하시고 있으며 두 남매는 그의 사촌 형이 자기 부친의 서자로 입적시켜놓았으니 사실상 어버이가 엄연히 있는데 시기를 놓쳐서 어버이의 구실을 다하지 못하고 있으니 어떻게 하면 좋겠는가.
〈답〉 당신의 아이들이 사생아인 것을 염려하여 그나마 서자로라도 백부 호적에 입적했다니 다행으로 아십시오. 백부 호적에 안 들어갔으면 사생아가 되니까 말입니다. 당신이 사는 곳의 면장이 당신이 사망한 남편의 처인 사실을 증명만 하면 시부모님께 돌아가던 연금이 당신에게로 돌아올 것이니 그 돈으로 어린 자식을 잘 키워 나가시기 바란다.[20]

───〈문〉 저는 3년 전에 남편을 잃은 미망인입니다. 남편은 평소에 무

척 절약하였으므로 사망 후 적지 않은 재산을 물려받을 수 있었습니다. 이 사실을 잘 알고 있는 호주는 저의 인장을 위조하여 유산遺産의 일부를 마음대로 처분하고 가진 방법으로 괴롭히므로, 이제는 이러한 불법한 호주의 가족이라는 느낌조차 없어지고 혼가婚家에 대한 애착이란 티끌만큼도 없게 되었습니다. 이적離籍에 대하여 동의를 하여달라고 하였으나 호주는 오히려 상속받은 재산을 자기에게 증여贈與하여야만 해주겠다고 위협을 하고 있습니다.

〈답〉 현행 관습법에 의하면 실가實家에 복적하는 경우에는 혼가 호주婚家戶主의 동의가 필요합니다. 개가를 하는 경우에 관하여서는 단기 四二九〇년(1957년) 11월 21일자 법행법 제850호에 금후 과부 개가에 있어서는 전 혼가 호주의 동의는 필요하지 아니하다는 대법원장 통첩(사법공보 102二호 6면)이 있습니다. 이 통첩의 취지는 과부가 단지 친정으로 복적하는 것이 아니라 재혼하기 위해서 이적을 원하는 경우에는 혼가 호주의 동의는 필요 없게 함으로써 과부의 재혼을 용이하게 하려는 데 있습니다. 따라서 당신의 경우 …… 이적을 원하는 경우에는 현행 관습법상 여전히 혼가의 호주의 동의가 필요한 것입니다.[21]

위의 법률 상담 내용을 보면, 전쟁미망인의 지위가 어떠한 것이었는지를 짐작할 수 있다. '미망인'은 호주를 비롯한 시가의 식구들을 부양하고 있는데 법률적 주체 그리고 사회적 주체로서 지위를 가질 수 없었다. 친정에 복적되는 것도 재혼하는 것도 1957년 전까지는 호주의 동의를 받아야 했다. 앞의 사례에서도 실제로 전쟁미망인인 어머니가 부양하고 있음에도 아들은 가족 관계가 아닌 큰아버지의 서자로 호적 등록이 되어 있다. 법률적으로 모자 관계가 성립되지 않으며 아들은 어머니를 어머니라고 부를 수 없었고 어머니는 친권을 행사할 수 없었다. 이런 상태에서 재산상 분규가 일어나면 전쟁미망인은 어떠한 권리도 주장할 수 없었다. 1957년 12월부터 '미망인'의 재혼은 호주의 동의를 받지 않아도 되게 되었지만 호주가 어떠한 행위를 해도 그것에 맞설 만한 지위를 인정받지 못했다.

:: 재산 관리 – "너무 어려서 따지질 못해"

박원빈, 윤철희, 이동애 등은 재산을 시아주버님이 차지하는 바람에 시가에 머물러 있지 못하고 집을 나왔다. 윤철희와 박원빈의 시가는 상당한 재력가 집안이었지만 그들은 재산을 하나도 받지 못하고 시가를 나왔다.

— 구술자의 며느리: 시할아버님이 재산이 굉장히 많으셨대요. 그런데 아드님 돌아가시고 나니까 그냥 며느리만 내쫓은 거지.
구술자: 돌아가신 뒤에 알았어요. 그것도 몰랐어요. 찾지를 않으니까, 날 내쫓은 거나 마찬가지야. 찾지를 않으니까.
구술자의 며느리: 손주들하고 어머니만 내쫓은 거 같더라고요. | 윤철희 |

—— 근데 시집에서는 쌀 한 톨도 뭐 나오고 난 뒤에는 그것도 없고. 밭도 많고 또 가난하게 살아도. 다 6·25사변이 나서 그리 되고, 막내 애만 남았는데 막내 애가 어떻게 허허 [웃으면서] 물욕이 그리 났는지

통 도와주지를 안 했어요. 인자 시집하고는 고마 나중에 시아버님이 돌아가시고 난 뒤에는 딴 집에 가 살았어요. …… 장사 좀 할 때 인자 친정에서 먹고 자고 이래 있으면서,…… 시집 안 갔어요. 그래놓으니까. | 구영선 |

—— 그 농사지은 것두, 그 할아버지 앞으루 돼 있는 거 그것두 내가 가질 중두(줄도) 모르구 큰집이다 두고 서울로 올라온 거여. …… 그 벙어리라 그냥. 지금 같으면 그거 내가 팔아서 저거 했는디 그것두 저거 해서 큰집이다 맡겨놓구 몸만 나온 거여. …… 그렇지. 애 죽구서 바로 떴지. 살 수 없어서. 그때 옷이 있어 뭐가 있어. 몸뚱이만 나온 거지. | 이동애 |

—— 우리 시아주버니가 다 팔아먹고 나는, 우리 남편의 전사금도 뺏어 갔는데. …… 그러니까 우리 시어머니가 살아 있었으면 분배가 되는데 분배가 안 됐잖아요. …… 우리 땅까지 갖다 다 팔아먹은 거여. 내가 전사금 받고 똑똑한 척하고 땅을 사놨는데 그것까지 갖다 팔아먹은 거여. …… 명의를 그때 안 주잖아. 내가 스물네 살이니까 우리 시어머니하고 같이 해놨거든. 그랬더니 자기가 맏아들이니까. 내가 나이가 어리니까 그때는 다부지게 못 하겠더라고. 안 그래? 스물네 살인데, 어떻게 내가 지금 내가 팔십 평생을 저렇게 살 수 있다는 걸 내가 보장할 수가 없잖아요. 그러니까 쌍방 계약을 했죠. 당신 혼자 다 팔아먹고. | 박원빈 |

상속 재산뿐 아니라 남편의 전사금까지 모두 시가 친척들이 가져가기도 했고, 명의를 따로 가지고 있어도 "너무 어려 따지질 못해"서 몸만 나왔다. 이런 상황은 비일비재했다. 잡지 상담란에도 재산과 관련해서 상담을 해왔다.

—— 〈문〉 16세에 결혼하여 남편과 두 남매를 거느리고 가정을 이루고 살고 있었다. 남편은 그 부친에게서 분배받은 논 다섯 마지기와 밭 600평이 그 앞으로 등기되어 있었다. 결혼 후 두 사람이 일하여 논 여덟 마지기와 밭 300평을 1·4후퇴 한 해의 가을까지 상환 완료되어 등기하려던 차에 후퇴하여 남편은 군에 입대했다. 남편은 지리산전투에서 실종되었다는 비보를 받았고 그런 일이 있는 지 3년이 지났다. 아들자식이 학교에서 오다가 트럭에 치어 직사하고 저는 딸 하나만 데리고 살고 있다. 남편의 실종 통지가 온 뒤부터 시숙의 태도가 일변하여 저를 재가하라는 등 친정에 귀가하라는 등 온갖 소리를 다 하고 나중에는 남편의 소유였던 논밭에 대해서도 손도 못 대게 할 뿐만 아니라 간통했다는 억울한 누명까지 씌워 저를 추방하고자 했다. 그 재산을 아내나 딸이 상속할 수 없는가?
〈답〉 납치 또는 실종된 남편의 재산에 대한 관리인 신청을 일찍 서둘러서 하지 않았던 것이 당신의 무지와 불찰이다. 논 다섯 마지기와 밭 600평을 당신이 관리하도록 하시려면 관리인 개임 신청을 하십시오. 시숙이 자기 앞으로 등기한 것은 인장 위조 및 공문서 위조로 형사소송을 제기하고 등기무효소송을 일으키고 그 후에 승소하면 당신의 이름으로 등기할 수 있다.[22]

—— 〈문〉 6 · 25사변이 나자 저의 남편은 유복자를 남겨두고 납치되어 가버렸고 저는 그 후 시부모를 모시고 살고 있다. 남편 명의로 되어 있던 재산이 약 1000만 환가량 되었는데 작년에 시아버님이 저 몰래 이 재산(집)을 없애버렸다. 시아버지에게 집 판 돈을 달라고 하였더니 완강히 거절한다. 이유인즉 돈을 주면 그것을 갖고 제가 딴 곳으로 시집을 가버린다고 하면서 제가 재가하는 것조차 완강히 반대한다.

〈답〉 등기무효소송을 제기하여 다시 당신의 남편의 것으로 번복시킨 후 당신이 그 재산에 대한 재산 관리인 신청을 하도록 하고 당신 혼자의 명의로 되지 않거든 시아버지와 공동 명의로라도 하도록 하여 그 집을 관리하고 남편에 대한 실종 선고를 내리고 그 집 명의는 당신의 아들의 것으로 명의 변경을 시키도록 하십시오.[23]

시아버지나 시숙이 남편의 재산에 대한 부재자 재산 관리인 신청을 해놓은 상태였고, 재산도 임의로 처분했다는 상담이다. '미망인'은 남편의 재산을 상속받을 수 없고 아들이 장성할 때까지 재산관리인의 자격만 가질 수 있었다. 따라서 전쟁미망인은 시아버지가 미리 해놓은 등기가 무효라는 내용의 소송을 제기하거나 재산관리인 변경 소송을 해야 했다. 이러한 소송을 제기한다고 하더라도 20~30대 초반 여성들이 호주에게 쉽게 승리할 가능성은 적었다. 따라서 전쟁미망인은 대개 포기하고 떠났다.

:: 속이기 쉬운 대상

전쟁미망인은 가족 관계 안에서 가장 하위에 위치했으며 호주의 종속

아래 놓여 있었다. 남편 소유의 재산이 있다 하더라도 호주 또는 시가의 형제들이 처분할 경우 관리권을 주장할 가능성은 드물었다. 전쟁미망인의 법률적 지위는 사회적 지위도 가장 낮은 위치에 머물 수밖에 없는 조건들을 제공했다. 이러한 불안정한 전쟁미망인의 지위는 일상생활에도 그대로 반영되었다.

—— 〈문〉 저는 일찍 남편을 여의고 그가 남겨준 집을 의지하고 혼자 외로이 살았다. 사변으로 저의 집은 폭격을 당하고 땅만 남게 되었다. 환도 후 어떤 사람이 저의 땅을 반으로 나누어 집을 두 채 지어가지고 한 채는 저를 주고 한 채[는] 자기가 갖도록 하면 어떻겠느냐고 함으로 그렇게 하기로 동의했다. 이렇게 지나오는데 어떤 사람이 집을 잘 손질해줄 터이니 자기와 음식점을 동업하여 그 이익을 반분하자고 말했다. 저는 곤란하던 차이기에 그렇게 하기로 했다. 장사가 잘 되니 오히려 저를 내쫓고 자기들끼리만 하려고 이익에 대한 이야기만 하고 구타하고 견딜 수 없이 학대한다.
〈답〉 대지에 대한 등기가 있다. 그것을 가지고 그 사람들을 상대로 명도 신청하라.[24]

— 구술자: 그때는 서울 와서 저기 할 적에, 영등포하고 저기 면목동에서 살 적이 저기 서울역이 안방보다 더 가까웠으니께.
면담자: 서울에서 그러면 왜 그렇게 고생을 많이 했어요? 사기 당해서?
구술자: 그거 갖고 와서 홀딱 날렸으니까.
면담자: 그래서 집 얻을 돈도 없었구나.

구술자: 예. 그러니께 인저 쉽게 막말로 풀 쒀서 개 좋은 일 시킨 거밖에 없었잖아. 그러니께 갈 디도 없구 올 디도 없구 그렇게 된 거죠 뭐. 그래서 몇 년 동안을 고생 무지 많이 했어요. 그런께 나 마흔댓, 댓도 못 됐을 거야, 한 사십 넘으면서부터 오십 될 때까지는 무지 고생했어요. 서울 와서 나 안 해본 거 없이 다 해봤어요. | 한명화 |

—— 그래서 그냥 집이서 쌀, 저기 곡식 같은 거 나오는 거 중간에서 사가지고 갖다 넘기구 하는 거. 그거는 여자는 또 혼자는 못하잖아요. 그래서 누가 남자 둘을 소개시켜주면서 거기서 해보라구 그래서 하는디. 또 어떤 남자 하나가 내 돈을 떼먹고 안 주잖아요. 돈을 넣어야 한다구 그래가지구. "밑천이 달리니께 아줌마도 돈을 좀 넣고서 하라"구. 그래가지고 [돈을] 넣고서 하는디 어떤 사람이 그 돈을 한 서너 달 했는가 그랬는디 돈을 떼먹고 안 줘요. 그래가지고 그 아저씨가 눈치를 자꾸 하면서 "아줌마 [장사] 하지 말고 저 추석 대목이니까 따라다니면서 돈을 막 받아내라"고, "아줌마 수단껏 받지 나는 못해주니까 아줌마가 알아서 해요" 그러면서 얘기하니께. 내가 혼자 사니께 그 남자하고 좋아할라고 그러는 줄 알고 지는 "픽, 픽!" 웃고 자꾸 그러더라고. 나보고 눈짓을 하면서 "죽자 사자 따라댕기면서 받으라"는 거여. | 임기영 |

첫 번째 사례는 전쟁으로 거주지가 파괴되어 다시 집을 짓거나 동업을 하는 경우 전쟁미망인이 사회적 관행과 절차를 몰라 타인에게 재산을 넘긴 경우이다. 또한 일간지에는 남편의 재산이라도 재산 관리권을 늦게 신청해 타인이 이미 재산을 처분해버려 자기가 살던 집에서 쫓겨났다는 기사도 소개되었다. 이처럼 전쟁미망인은 사회적 위치가 불안정해 쉽게 사기를 당했다. 이런 사례는 구술자들에게서도 잘 드러난다. 자식들은 아직 10대이고, '여자 혼자 산다'는 점 때문에 장사나 여러 일에 사기를 당하는 경우도 발생했다. 한명화는 서울에 올라와서 가져온 돈을 모두 사기 당해 서울역이 안방이었는데 그것을 마련하느라 오십까지 온갖 일을 마다하지 않았다고 한다. 임기영도 장사하면서 사기를 당해 쫓아다니면서 겨우 원금을 받아냈지만 그 행위도 "남자를 좋아해서 그런다"고 오해를 받았다. 곽용자의 어머니는 시가는 천석지기요, 친가는 만석지기라 말할 정도로 부유했지만 남편이 학살당한 뒤 재산 관리에 관심을 두지 않아 그 많던 토지가 어떻게 처분되었는지 알 수 없다고 한다.

물질적으로 사기 당하는 것은 몸은 힘들어도 마음까지 힘들지는 않았다. 마음까지 힘들게 한 것은 전쟁미망인을 성적 대상으로 보는 남성들의 태도였다. 이에 대해 박원기는 "시집살이는 아무것도 아니고 미망인들한테 그런 식으로 접근하는 것이 진짜! 말할 수 없이 분하고 서러운 일"이었다. 독립된 개인이 아닌 희롱의 대상으로 전쟁미망인을 여기는 태도에 가장 크게 격분했다. 이는 세상 사람들이 보는 미망인의 지위이기도 했다. "다방에서 서로 농을 주고받고 할 때에도 임자 없는 미망인을 대하는 사람들의 품위는 매우 쌍스럽다. 그러나 임자 있는 첩을 대하는 경우 그곳에는 예의가 있고 조심성이 있다. …… 어느 미망인의 경우에는 '그 여자 누구하고 좋아 지낸다는데', '그럴 수도 있지'라고 단숨에 긍정된다"라는 이야기처럼 미망인의 지위는 첩보다 불안했다.[25]

— 구술자: 그러니까. 괜히 남자들이 따라오고. 돌멩이 갖고, 요즘은 아스팔트 다 해놨지만도 옛날에 그때는 돌멩이 줏어가 던질 수도 있고. 낸중에는 따라댕겨, 낸중(엔) 안 되겠다 싶어, 사람이 사람 잡아먹겠나 싶어서 곁에 가가지고 "왜 그리 따라댕기느냐?"고, "자꾸 뒤꽁무니 따라댕기느냐?"고 하니께네 "나캉 저 다방에 가서 얘기 좀 하자" 카는 거야. "나는 당신하고 할 얘기가 없다"고 "그런 소리 하지 말라"고 "그래, 그래, 왜, 무슨 할 얘긴지 여서 하라"고 "내 충분하니 서가지고 해줄 수 있으니께네 하라고" 그카니께 "잠깐 연애하자" 연애하자 카더라고. 그래 "연애가 뭐냐?"고. "나는 모른다"고. 그래 나쿵 살자 카데. "당신 마누라 있소, 없소?" 카니께네 말을 못 하는 거야. 그래 그렇게 마누라 있냐 카만 말을 못 하지. 뺨따귀 한 때 쌔려 불고 내가 뛰쳐나가면서 눈물을 얼마나 쏟아지는지 몰라. 말도 못 하고. "저런 개 같은 놈들. 사람 이렇게 보고 있다고 행세한다" 싶어서. 내가 한 두서너 명을, 내가 거짓말 안 하고 뺨따귀 쌔렸어요. 그러카고 사는 게 얼마나 서러워. 서러븐 거 그거 생각하면. 그래 사람을 얕봐가지고 그러는 거야, 사람을. 나만 그런 게 아니고 딴 사람들 그— …… 미망인들한테 그렇게 접근을 한다 그래. 그러니 그 한 직장에 있는 사람도 그라고. 오며 가며, 그때만 해도 다 걸어 댕기고 하니까, 아침 출근할 때 만나고, 퇴근할 때 만나고 그런 인간들도 그 지랄하더라고. 그러니까 얼마나 그게 젤 서럽더라고, 그게 젤 서럽더라고. …… (한참을 울먹임) …… 시어머니, 시아버지한테 시집살은 건 아무것도 아니라. …… 그넘의 남자들 그칼 적에는 진짜 분하고— 분한 거야. 그냥 분한 거야. 너무 분한 거야. 진짜! 말할 수도 없이 분한 거야. 집에 가만 그냥 눈

물이 막— 쏟아지는 거야. | 박원기 |

— 구술자: 아침에 직장에 갔다가 저녁에 오잖아요. 오면 그 오는데 와가
지고 만날 서 있는 거예요. 그래가지고 집까지 따라와요, 만날. 그랬
어도 거들떠도 안 보고 쳐다도 안 보는데 그렇게 1년을 따라댕기다가
어느 날은, 우리 애들만 자잖아요, 방에서. 인저 우리 어머니 안 계시
면 애들만 〔자는데〕, 그걸 알았는지 그 애들만 자는데 와가지고 자고
있어요.
면담자: 아이구!
구술자: 그런데 얼마나 무서운지 몰라요. 그냥 무서워가지고 그 옆집
에 우리 친구, 나하구 만날 같이 직장을 다니던 그 친구를 가서 끌고
와가지고 막 둘이서 소리소리 지르고 욕을 해가매 막 내쫓았어요. 내
가 그렇게도 살았어요. 그런 사람이 다 있다고. 자기가, 자기가 나 혼
자 있으니까 업신여기고 따라댕겼어요. 그거 거들떠도 보기 싫더라
고. | 김순영 |

김순영은 그 경험을 너무 무서운 것으로 이야기했다. 애들이 자고 있
는데 와서 자고 있어 친구를 불러와서 겨우 쫓아냈다고 한다. 김순영은
"혼자 있으니까 업신여기고" 그런 행동을 했음에 격분했다. "어떤 사람
이 중매가 들어와가지고 씨받이로 들어오래, 씨받이. '딸을 서이, 너이
낳았으니까 씨받이로 들어오는데, 딸 대학꺼정 시켜주고, 집 하나 마련
해주겠다'고 주위에서 "애가 하나 낳아주면은 정말 집도 사주고 그런다
는 사람도 있구" 따위의 제의를 받기도 했다. 이경순은 "시집가라 카면

칼로 그 사람 막 죽이고 싶은" 감정도 생겼다고 한다. 이는 오직 전쟁미망인을 성적 대상으로 간주하는 행동이었다.

2 | 살아가는 법

가족 관계에서 호주에 종속되어 있고, 재산 소유권도 없고, 법률적 지위도 사회적 지위도 불안정한 전쟁미망인들은 노동과 사회생활을 통해 자신의 입지를 넓혀 나갔다. 이들은 열악한 지위에서 남을 의식하고 매사에 조심하고 전쟁미망인이라고 드러내지 않고 살거나 싸움꾼으로 살아가기, 자식 교육에 힘쓰기 따위의 다양한 생존 전략을 마련했다.

:: 남을 의식하기와 드러내지 않기

여성 가장의 위치에 있었지만 법률적 지위를 전혀 인정받지 못했으며 사회생활에서도 여러 제약이 따랐다. 더구나 그이들을 성적 대상으로 여기는 남성들의 시선과 자신들을 그렇게 위치 짓는 현실에 대해 분노했다. 일상생활에서 전쟁미망인이 살아가는 방법 가운데 하나는 남을 의식하고 드러내지 않고 사는 것이었다.

—— 걸어서 국립묘지를 갔다가 집으로 오는데 아! 참 처량하더라고 혼자 가 앉아 있으니까. …… 어떤 여자가 …… 그냥 제사를 차려놓

고서 그렇게 처량 없이 울어요. 그런데 그걸 보니까는 '아우! 내가 혼자 앉아서 저랬으니 저 모습이 내 모습이구나' 그러면서 그냥 골이 터지는 것 같고 이 가슴이 찢어지는 것 같아요, 아주. 왜 그 사람을 보는 데 가슴이 찢어지는 것 같아요, 그냥. '나두 이젠 혼자 안 간다. 내가 누구한테 처량하게 보일라고 가냐' 그러고는 안 갔어요. 안 가고는 인제 우리 며느리 얻고서는 갔죠. |김숙자|

— 구술자: 고생 많았죠. 맘대로 다닐 수도 없고. 또 미망인이 되고 나니까 내 형제간들이 와도 우리 집에서 못 자잖아요. 여관에서 자야 되잖아, 우리 오빠들이 와도. 우리 미망인 아주 고통스러운 거 많이 겪었어요.

면담자: 형제간이라도 그럴 수가 없으니까.

구술자: 그럼. 남자는 못 자잖아. 옆방에서 자도 희한하게 생각하니까. 우리는 어디 가서 말을 해도 열어놓고 말을 해야 돼, 대문 열어놓고. 내 형제간에도.

면담자: 그 생각은 못 해봤는데.

구술자: 그럼 그건 못 하지. 그러니까 혼자된 사람이 죄가 많아서 그래. 우리 오빠가 둘인데, 우리 오빠들 둘 오죠, 우리 남동생 오죠, 그래두 우리 집에서 못 자. 동생으로 생각을 안 하니까, 이웃 사람들이.

면담자: 이웃 사람들이?

구술자: 의식해야 되지. 그러니까 내가, 나는 젊어서부터 직장 생활을 해서 나를 누가 오라고 그러면은 "저 사람이 왜 날 원해?" 그게 먼저 떠오른다니까. 그래서 내가 우리 남편 친구가, 아주 친한 친구가 하나

있어요. …… 편지를 해도 안 되니까 우리 집으로 왔는데, 차마 내가 남편 전사했단 소리를 못 하겠더라고. 죄를 짓고 있어. 그 사람은 굉장히 애달피 찾았는데 나는 못 만나겠더라구. 그래서 나는 원래 남자가 원해서 나를 부르는 사람은 나는 안 가. 저 사람이 혹시 야욕이 있어서 부르니까 안 간다구. | 박원빈 |

.

── 그런 게로 인자 내 생각이여. 혼자 산 게로 혼자 무슨 마음을 먹고 문을 안 열어준 게로, 거시기 했는가 싶은 생각에서인지 우리 동생네 집 가가지고는 동생네 집 꼬마가 가게를 보니까, 꼬마를 데리고 담을 넘겨서 들여보냈더라고. 우리 집을 누가 유리 창문에서 불러 나를─ 깜짝 놀래서. 가 이름이 '남식'이구마. "아이 어쩐 일이냐?" 하니까, "세탁소 집 아주머니가 문 안 열어준다고, 가자 해서 따라왔다" 그려. 그래서 이 밤중에 혼자 사는 게 혹시라도 뭔 남자라도 와서 있는가 볼라고 이렇게 밤에 왔다냐? 그 내 속생각으로 그런 마음이 들더라고, 지금 생각하면, 김제가 좁잖아요. 좁은 게. 근데 무슨 일이 있었냐 하면, 그때가 우리 아들 고등학교 다닐 땐데, 다 그냥 아래가 이상스럽게 아파가지고는 가려워가지고는 남부끄러워서 병원을 못 가. 인자 혼자 사는 사람이 병원을 가면 소문날까 싶은 게.

그게 근종이라고 하더만, 근종. …… 그래서 그 산부인과를 나오는데, 오매 이거 소문이라도 나면 어째 남부끄러워서 그래갖고 나 그때 거시기 해서 오래 고생했네요. | 김순태 |

── 그래서 나더러 자기네 문칸방으로 오라고 그러는디 겁이 나서요,

저 사람이 나한테 (가벼운 웃음) 해꼬지할 것만 같아서 겁이 나서요, 대답도 못했어요. 그래서 그때 와가지고 서울서 굴렀으면 괜찮았지. 또 시골구석으로 또 들어갔잖어. (웃음) 아이구. | 윤철희 |

　
김숙자는 처량한 모습을 보이기 싫어 혼자 국립묘지에 안 갔으며, 박원빈은 형제들이 자신의 집에 찾아와도 혼자 사는 몸이기 때문에 집에 재우지 못하고 여관에 재웠다. 남들은 형제간이라고 생각하지 않을 것이라는 염려 때문이었다. 김순태도 자궁에 근종이 생겨 산부인과에 갈 때도 '소문날까' 두려워 병원을 못 가 오랫동안 고생했다. 그리고 그녀들은 누군가가 자신들을 부르면 의심부터 해야 하는 처지에 있음을 이야기했다. 보는 눈들이 혹시 밤에도 혼자 자는가 하는 의심을 하지나 않을까 염려했기 때문이다. 항상 이웃을 의식했으며 누군가의 호위가 호위로 받아들여지지 않는 것은 바로 자신들을 성적 대상으로 바라보는 눈들 때문이었다. 잘못 행동하면 그 눈들이 자신들을 해칠 것을 너무나 잘 알고 있었다.

　
—— 우리 아버님이 아까도 캤지만은 "뭐 그런 거 된다. 양(양갈보) 된다" 이카는. 그게 머리가 백이가(머리에 박혀) 있어가지고 난도 그때 대구 나와가 사이께네, 딸하고 둘이 사이께네. 사람들이 "왜 신랑은, 신랑은" (묻기에) "응, 촌에서 농사짓고, 딸만 데리고 살아요. 내가 못돼가지고" 신랑 성미를 못 맞춰가지고 그렇다고. 그카고 대구 나와가지고 살았는데. 그걸 표시 안 하고 살았는데. | 박원기 |

　
—— 내가 처음에 시골서 서울 와서 살 적엔 남 속이고 살았어요. 와서

처음 세 얻어, 방을 얻어가지고 살 적이, 아들 하나하고 둘이 와서 그렇게 사니께 궁금해하잖아, 젊은 나이에. 그러니께 물으면 "시골 있다"고 그러고, "시골서 농사짓는다"고 그러고. 그러면 서울이 한 이웃이 사람이 그래요. "작은마누라 얻어서 사는개뵈라(사는가보다)"라구. "농사져서" (웃음) "농사져서 뭣 좀 보태주느냐?"고 그러구 그러더라구. 그러면 "그렇다" 그러구 그냥 그렇게 살았지, 그런 거 어따 가서 내놓고 살지 않았어요. | 한명화 |

한명화는 처음 서울에 왔을 때 남편은 농촌에서 농사짓는다고, 박원기는 자신의 성질이 못돼서 딸만 데리고 산다고 이웃에게 말했다. 자신들이 전쟁미망인임을 굳이 밝히지 않았던 것이다. 전쟁미망인임을 밝히는 것이 오히려 생활하기에 불편했음을 알 수 있다. 한명화는 그렇게 살았기 때문에 큰 의심을 받지 않았다고 한다.

그들은 일상생활 속에서 이웃을 경계하기, 전쟁미망인이라는 것을 드러내지 않고 살기라는 방법을 취했다.

:: 싸움꾼, 전쟁미망인

타인을 경계하고 드러내지 않고 살기는 사회에서 자신들의 존재가 눈에 띄지 않게 하는 전략이었다. 반면 김순영의 딸이 지적한 것처럼 '싸움꾼 엄마'는 적극적으로 목소리를 높여 불안정한 사회적 지위에 맞섰다. 전쟁미망인은 사회생활을 하면서 시가 식구들과 자식들 관계 안에서 고분고분한 순종적인 자아가 아닌 고집스러운 자아를 완성해 나갔으며 혼자 모든 일을 해결하는 억척 여성으로 변모해 갔다.

―― 시아버님이 뭐, 네가 하는 거니까 네가 하라고. 그리고 내가 또, 바
보짓 같으면 그것도 못하지만 내가 가서도 다 따질 건 따지고, 그러니
까 그냥 그래갖고 저기 했지. 그래서 하지, 다. 그래서 이제 나중에는
우리 시동생이 면사무소 있는데, 청천면이라는 데 살았어요. 그런데도
인제 혼자 가지 누가 뭘 어떻게 같이 가고, 그런 거 없었어요. | 박수영 |

―― "너희는 둘이고 나는 자식도 없고 그러니까는 너희가 나를 친다"
고. 그런디 내가 그랬어. "어머니 그거 꼴 보기 싫으면 살림 내줘요.
그러면 둘이 아니잖아요. 그럼 어머니. 어머니가 왜 혼자예요. 아버님
계시겠다, 막내아들 있겠다, 딸 있겠다, 사위 있겠다. 어머니가 우릴
치는 거지, 우리가 어머니를 치는 거냐?"고 내가 막 울면서 그랬어요.
| 김숙자 |

―― 나는 어떤 활동 하고 돌아다니고 그래도 내가 워낙은 못생기고 또
성질이 난 아주 꼬챙이예요. 고집도 세고 그래요. 그래서 누구한티 한
번 괄시 한번 당해본 적이 없어요, 이 세상 살매. 내 팔십 평생 살면서
도 누구한티 웃고 농담 한번 들어보지 않았어요. | 한명화 |

박원빈은 시숙이 모든 재산을 차지하자 그 집에서 나와서 공무원 시
험 공고를 보고 서울로 올라왔다. 그녀는 혼자 힘으로 4급 공무원까지 올
라갔다.

— 면담자: 그건 어떻게 해서 공무원 시험 보시게 …….

구술자: 신문에 났더라구.

면담자: 아, 모집, 공무원 모집 한다고?

구술자: 예. 그거 보고서 올라왔지. …… 옛날에는 단벌 신사였지. …… 몸부림도 치고 댕겼어요, 나도. 5급 공무원 봉급이 얼마나 조금 이야. 그죠? 그래가지고서는 인제 한— 70년도에는 또 저 부산에 가서, 시험만 있으면 가서 시험쳐가지고 4급 공무원 또 그거 합격해가지고 파견 근무도 하다가 도로 또 올라오고 그랬어요. 하루 종일 일하고 밤차 타고 가서 시험보고 그랬어요. |박원빈|

이러한 억척 여성의 이미지는 정숙과 동정의 대상 또는 성적 대상이라는 전쟁미망인의 이미지와는 다르다. 아래 신문기사는 전쟁미망인이 모여 사는 동네를 싸움촌이라고 소개하고 있다.

—— 여인 천하 싸움 마을, 이방 지대 홍릉 2동 산1번지 전쟁미망인촌은 꼬리에 꼬리, 하루 30번 쌓인 욕구불만은 폭발. 움막촌은 한시도 쉬지 않는 싸움 마을. "어디 죽여라, 죽여." 마을 문턱을 들어서면 대꼬챙이 같은 아낙네들의 싸움 소리가 귓전을 울린다. 전쟁미망인촌으로 불리기도 하는 이 마을은 150가구 800여 명이 살지만 여자가 압도적으로 많고 생활의 주도권을 쥔 여인 부락이다.

하루 많을 때는 30번, 적을 때도 20번은 싸움 굿이 벌어진다. 싸운 상처로 병원 신세를 지지 않은 사람은 거의 없다.

이문순(47) 여인은 "집 뜯으러 온 경비원 네 놈을 오금을 못 펴게 때려놓았다"면서 싸우다 맞은 흉터를 보여준다. 경비원에게 맞아 20일간을 누웠다는 이옥순(42) 여인은 "몸만 나으면 가만있지 않겠다"고 벼르며 막 싸움이 시작된 뒷산 마을로 쏜살같이 달려간다.

1년 전만 해도 이 마을엔 전쟁미망인들만이 살았다. 이젠 남편 있는 가짜 미망인들이 들어와 그 수가 훨씬 많다고 이성자(37) 여인은 말했다. 이 여인은 동구릉으로 철거되어갈 사이에 새로 들어온 사람들 때문에 싸움이 더 잦아졌다고 새로 들어온 사람들을 원망했다. 진짜 전쟁미망인 가구는 약 50가구 태반이 월평균 700원의 유족연금이 공식 수입이고 부수입이 있다는 집은 대개 동대문시장에서 노점상을 하거나 행상을 한다. 서울 시내에 흩어져 있는 2500여 전몰장병의 미망인 중에서 스스로가 가장 서러운 집단이라고 자처하고 산다. 그래서 뒷산에 사는 미망인촌과 앞산에 사는 유부녀촌과는 같은 움막집 살림이면서 이질적인 생리를 타고났는지도 모른다.

집터 싸움, 우물 싸움, 아궁이 연탄불을 훔쳐갔다는 연탄불 싸움, 싸우는 것을 보고도 왜 말리지 않느냐는 싸움, 어린이 싸움에서 시작된 어른 싸움, 이래저래 주도권을 잡자는 싸움 등 싸움도 갖가지다. 관할 청량리경찰서 서장도 "싸움 공화국 말도 마슈 우리도 손 버쩍 들었다"고 머리를 설레설레 저었다.

어느 심리학자는 "싸움이 미망인들의 욕구불만의 배출구화했으며 이제는 습관이 되어버렸다"고 말했다. 가난으로 인한 욕구불만, 남편의 부재로 인한 욕구불만, 화려한 사회에서 소외된 콤플렉스, 변두리로 밀려난 콤플렉스 등.

싸움은 이제 이 마을에 질서를 유지하는 필요악이 되었다. 홀로도 살 수 있고 굶고도 살 수 있어도 싸움 없이는 못 사는 이 전쟁미망인 싸움 마을은 어쩌면 한국이 겪은 동란 비극의 축소판이었다.[26]

이 기사는 전쟁미망인이 모여 사는 곳이 싸움촌인 까닭을 여러 시선으로 소개하고 있다. 싸움의 원인은 집터 싸움, 우물 싸움, 아궁이 싸움 따위로 다양했다. 1년 전부터 미망인과 유부녀 사이에 싸움이 잦아졌다고 전한다. 인근 경찰서장도 "이젠 싸움을 말리는 것도 지쳤다"고 소감을 밝힐 정도였다. 여기에 심리학자도 등장해 싸움은 남편 없음, 가난, 소외로 인한 욕구불만의 표출이라고 진단한다. 타고날 때부터 싸움꾼이었음을 암시하기도 한다. 타고난 싸움꾼들이기에 싸움이 마을의 질서를 유지하는 길이었다고 끝맺는다. 전쟁미망인의 일상을 소개하는 이 기사를 신문기사가 전하는 그대로 이해할 수도 있다. 법률적 지위와 사회적 지위를 인정하지 않는 곳에서는 사납지 않으면 생존할 수 없었다. 자신의 존재를 인정하지 않는 사회에서 고분고분 어떻게 살아갈 수 있겠는가? 그 싸움으로 상징되는 사나움은 단지 혼자 사는 여성의 콤플렉스나 욕구불만에서 연유한 것이 아니다.

이 기사를 좀 더 자세히 읽어보면 집 뜯으러 온 경비원과 싸우다가 맞은 상처를 보여주는 미망인, 경비원에게 맞아 20일간 누워 있었다는 미망인이 있음을 알 수 있다. 전쟁미망인은 경비원과 왜 싸웠을까?

2년 전 신문기사에 따르면 이곳은 "3일 하오 2시쯤 문화재관리국과 동대문구청 직원 140여 명이 동대문구 청량리 2동 산1 홍릉 뒷산에 살고 있는 전쟁미망인만의 여인촌 천막 10동을 철거하려 하자 반항하는 여인들을 마구 때리고 발길질을 하는 바람에 이춘일(41) 여인 등 세 명이 상처를 입었고 50세대 200여 명의 식구들이 갈 곳을 잃었다"고 한다.[27] 2년 전부터 개발로 인해 철거의 위협에 직면해 있었던 것이다.

전쟁미망인은 이들 철거 요원들과 싸우느라 목이 쉬고 다쳤다. 여기에 개발 붐이 일어나면서 개발 이익을 얻고자 들어온 사람들(유부녀라 지칭했던 사람들)이 개입하면서 전쟁미망인촌의 싸움은 어렵게 변질되었다. 대개 동대문시장에서 노점과 행상을 했던 전쟁미망인이 도시 개발로 삶의 터전에서 물러나야 할 상황이었다. 전쟁미망인이 싸움꾼이라는 '강한' 여성으로 어떻게 탄생되었는지 짐작할 수 있는 대목이다. 한편 싸움이 욕구불만에서 나온 심리적 표출이라는 심리학자의 견해는 당시 전쟁미망인의 이미지가 어떻게 소비되었고, 사실이 어떻게 왜곡되었는지를 알 수 있게 해준다.

:: 가장 안전한 전략, 자식 교육

―― 내 전지도 없고 남의 전지를, 병작이라면 선생님들 모를 거야. 남의 논을 부쳐가. 그거 딱 두 마지기뿐이래. 그걸 부치는데, 아들딸은 국민학교, 중학교, 고등학교까지 안동서 50리 밖에 데려다 놓고 시키는 거라. 그리 내가 남의 품팔이도 하고, 신발도 못 신어보고 ……참. 세상에, 고무신도 몬 신어봤는데. 그 아들딸 공부시킬 때는 그 50리를, 쌀을 반 가마니, 평생 논 부친 거 해가지고 여다가― 인제 10리를 내려가야― 새벽에 차가 한 번 들어옵니다, 시골에. 그것도 양식을 대주고, 그거 그래가지고 아들딸을 저만큼 갈쳐서 똑똑하게 맨들었어요. |이동호|

── 응. 그러니까 나는 시집살이는 안 했는데, 그것가지고 시집살이를 했다니까. 왜냐하면 큰집 애들은 국민학교밖에 못 보내잖아. 그랬는데, "가시나들을 중고등학교 보내느냐?"고. "느그 날에 뭣을 보내느냐?"고 그러고. ……"혼자 살면서 재산을 모태놔야(모아놓아야) 네가 딸들 여의고 살지 뭣하러", 속도 모르고 내 옷으로 작산(장만)해서 입히면, 내 솜씨로 입히면 그걸로 그렇게. |강경순|

── 우리 아들 대학 보낼라 카이 우리 시어머님이 대학 절대 못 보내라 카는 거라요. 왜 못 보내냐 하며 "논 밭 전지 다 파드라. 논 그거 다른 사람이 그거 누가 그라는데 대학 보내려면 논하고 밭하고 그거 다 팔아야 된다" 뭐 먹고 산다코 그러고, "누가 그카는데 대학 못 보낸다" 그러는 기라. "대학 못 보낸다"꼬. 조상 굶길라고, 자기 제사 못 지낸다꼬. 조상 굶길라고 그런다꼬 대학 보낼라 하고 그나. 논밭 전지 다 팔아뿌면 인제 제사도 못 지낸다꼬. 팔라 카냐꼬 이래 뭐라 카드라꼬요. 그리고 그때 우리 시삼촌도 잘살았어요. 그래 그 집이 그래 잘 살아도 아들 하나 있는 거 대학 안 시기더라고요. "봐라, 저런 집이도 저렇게 살림이 끄러도 대학 안 시기는데 요이 뭐 있다꼬 논밭 전지 다 팔아치며 조상 굶길라나?" 커고 절대 몬 시기게 어찌 머라 카는지. ……"시키다가 안 되면 몬 시기더라도 저기, 지금 시킨다! 논 안 팔고 시킨다" 내가 그랬거든요. 그래 안 팔고 시켰어요, 그래. 지금 날 생각하면 잘 시켰다 싶어요. |이순분|

── 나가서 그냥 거기서 방 하나 조그만 걸 친정아버지가 얻어줘서 거

기서 그걸, 애 둘을 고등학교까장 다 가르쳤어. 내가 고등학교까지 가
르쳐주고 "이 난리통에 대학교 가르친 거보다 낫다. 난 고등학교까지
가르쳤으니까 끝난 거다". |임정기|

—— 셋째 시아주버니가 …… "아주매 돈 벌러 가신다고요?" 이래요.
그래 대답도 못 하고 있다니께니 "내가 죽을 먹으면 죽을 같이 먹고
밥을 먹으면 같이 밥을 먹고 그냥 살자"고 이카시더라고. 그래 내가
하는 소리가 "우선 입이야 그렇게 산다고 그러지만은 저 '아무것' 이
크면은 교육 문제는 어떻게 해요? 다만 중학교라도 시켜야 되잖아
요?" 그랬더니만은, 그래서 내가 "제가 지금이라도 벌어야 저거 중학
교라도 시키지요" 그랬더니 아무 말도 안 하시더라고요. |이호영|

—— 몰래 몰래 공부를 했어요. 그래 어머니가 저한테는 거의 못 왔죠,
뭐 인자. 저 혼자만 집에를 들락날락해 가면서 할아버지 몰래. 그런데
대학교를 갈 건데 결혼을 했어요. |이형임|

—— 그런 걸로 봐서 교육열도 있었고 참 장래를, 아들 장래를 위해서
신경을 쓰신 것만은 〔틀림없어요〕. 어떤 그 목적을 확고하게 가진 신념
이 있었다는 게 아니고 막연하게나마 가르쳐봐야 에— 나중에 본인
도 살아나기에 〔좋을 거라는〕 생각이 들어요. 초등학교는 취학 통지서
나오니까 갔고, 그걸 어떻게 저렇게 해서 중학교는, 〔초등학교〕 졸업을
했는데 중학교 시험을 봐야 되는데 좋은, 그래도 제일 우수한 중학교
를 합격을 하니까 자랑스럽고 해서 빚을 내서라도 입학을 시켰겠고,

고등학교는 어차피 못 갈 형편인데 장학금으로 해서 다녔고. |이성모|

    홀시아버지를 50년 동안 모셨던 이동호는 아들과 딸을 모두 교육시켰다. 이동호는 자식들을 가르치는 동안 고무신 한번 못 신어봤다고 한다. 그리고 자식들의 교육을 위해 쌀 반 가마(20킬로그램)를 이고 10리를 걸어가서 차를 타고 양식을 가져다주곤 했다. 그렇게 키운 자식들을 똑똑하게 만들었다고 자부한다. 강경순은 딸 둘을 가르친다는 이유로 시집살이를 해야 했다. 딸을 가르쳐봐야 병아리처럼 날아가버릴 텐데 왜 가르치냐며 시어머니가 큰집과 비교하면서 매양 호통을 쳤다.

    이순분은 딸은 초등학교, 아들은 대학까지 교육시켰다. 이는 구술자 가운데 드문 사례이다. 대개 전쟁미망인은 아들이든 딸이든 교육만큼은 차별을 두지 않았다. 딸을 희생시키고 아들을 대신 교육시키지는 않았다. 이순분은 분가를 하지 않고 끝까지 시부모와 함께 살았는데, 그 중요한 이유는 아마도 시부모가 토지를 소유하고 있었고 그 소출로 생활을 했기 때문일 것이다.

    구술자 가운데 초등교육까지 받지 못한 경우도 있지만, 전쟁미망인들은 대개 자식들을 중등교육까지 시켰다. 아마도 자식이 한 명에서 세 명 정도만 있었기에 교육이 가능했을 것이다. 그런데 자녀들의 출생 연도가 1940년대 후반과 1950~51년인데, 그때의 교육 형편에 비교한다면 높은 학력을 갖고 있다고 할 수 있다. 이들이 자식을 교육시킨 데에는 여러 가지 이유가 있었지만 대개 자신의 운명과 비교하면서 자식만큼은 많이 가르쳐서 자신과는 다른 운명을 갖게 해주고 싶은 욕망에서였다. 박태영은 자신의 운명이 이렇게 된 것은 교육을 받지 못했기 때문이라며 울분을 토하기도 했다.

— 구술자: 양반, 중인, 상놈. 세, 세, 세 질이거든. 그런데 그 중인들은 아
버지들이 조금 깨갔고 학교라도 보냈고. 또 아주 상놈들은 돈이 없으
니까 못 보냈고. 그리고 또 양반은 양반이라고 안 보냈고.

면담자: 안 보냈고.

구술자: 이런 빌어먹을 일이 있어, 세상에. 이런 빌어먹을 일이 어딨겠
냐구. 내가 하두 그래서 속상해서 어느 날은, 내가 우리 친정아버님
살아계실 때 "어이구 할아버지도 세상에. 내가 할아버지 때문에 〔학교
를 못 가고〕 절단 났다"고 그러니께, 우리 친정아버지 그래도 자기 아버
지 얘기하니까 듣기 싫어서 "얘 인저 돌아가셨는데 그 얘긴 뭐 하러
하냐, 지나갔는데" 그러신다구 또. 당신 아버지라고 또 손자가 할아버
지 얘기하니까 듣기 싫어하시네. |박태영|

  모강숙의 어머니도 농촌에서 장리 빚을 얻어 세 자녀를 교육시켰다.
자신이 무지해서 남편을 잃었다고 생각했기 때문이다. 이동호도 "어떤
때 마, 대—게 속상한데, 자슥들 갈치느라 내가 이꼬(이렇게) 애먹고—
나도 쫌 갈치—지(가르치지) 말고 배웠으면" 하는 생각이 들었다고 한다.
강경순도 큰집에 비해 교육시킬 형편이 아닌데도 교육을 시켰던 것은 딸
들이 자신의 운명과 다르게 살기를 바랐기 때문이다. 적어도 자신이 더
많은 교육을 받았다면 다르게 살 수 있었을 것이라고 생각했고 훨씬 더
편안한 삶을 살았을 것이라고 생각했다. 따라서 형편이 안 됐지만 자식
교육에 힘을 실었다.

자신과 다른 삶을 살아가길 바랐던 까닭에 교육의 대상이 아들인지 딸인지 구별할 필요가 없었다. 이 과정은 전쟁미망인을 더 강한 여성으로 바뀌게 하는 힘으로 작용했다.

　　이들 강한 어머니들이 이룬 가족은 대체로 전쟁미망인과 자녀들로 구성되어 있고, 대개 시가 쪽 친족들과의 연계 관계가 상당히 느슨했다. 이는 피난과 정착 과정에서 시가로부터 어떠한 지원도 받지 못한 데에서 기인한다. 이들은 전쟁을 통해 가족의 해체를 경험했고, 따라서 도와줄 이 없이 혼자서 세상과 맞서야 한다는 절실함 속에서 무섭고 싸움 잘하는 어머니로 만들어졌던 것이다. 이러한 경험은 이들을 가족 중심성이 강한 사람으로 이끌었다. "어머니는 식구들한테는 굉장히 잘하세요. 아들, 며느리, 저기 손주. [그런데] 그 외에는 별로 정을 안 주세요."(한명화의 며느리) 그렇지만 이들의 가족 중심성은 반드시 부계주의를 강화시킨다기보다는 다른 이의 도움 없이 자신이 만들고 키워온 가족('나'와 내 새끼들)에 향해 있었다. 곧 구술자들에게 자식은 남편 '○○○의 피를 이은 자식'이 아니라 내 자식이었다.

　　강한 어머니들의 특징이라고 일컬어지는 가족주의가 구술자들에게서는 부계주의로 나타나지 않은 데에는 이유가 있다. 전쟁미망인들은 대부분 10대 후반의 나이에 '얼굴 한번 제대로 못 보고' 결혼해 '몇 년 살아보지도 못하고 정이 뭔지 사랑이 뭔지도' 모른 채 남편과 사별했고, 어린 자식 한두 명을 데리고 홀로 살아왔다. 이들에게 남편에 대한 기억은 군에 들어가기 직전에 국한되어 있었고, 경제적으로도 이들은 남편이라는 존재로부터 상당히 자유로웠으며 부계에 얽매일 까닭이 어디에도 없었다. 반면 피학살자미망인은 군경미망인보다 결혼 생활이 길었고 남편이 학살당한 까닭에 '아들'에 대한 집착이 강했다. 그렇지만 아들에 대한 집착이 딸을 차별하는 방식으로 전개되지는 않았다. 모강숙이나 이형임의 어머니처럼 딸을 차별하지 않았고 중등교육을 마치게 했다. 자기 힘으로 자식 교육을 시킨다는 것은 크게 다르지 않았다.

5부

봉쇄된 균열

한국전쟁은 단지 밀고 밀리는 싸움이나 이념 전쟁에 국한된 전쟁이 아니었다. 일상 속에서 가족, 마을 단위 공동체를 유지했던 질서와 가치가 무너지는 경험도 함께 일어났다. 국가권력의 폭력이 작동되면서 공동체가 파괴되고 해체되었으며, 그와 동시에 기존의 질서와 가치가 중심을 잃어버렸다. 국가 폭력은 아들이 아버지를 때리고 아버지가 아들을 때려야 하는 상황을 낳았고, 어머니가 다른 가족을 살리기 위해 경찰에게 아들을 내줄 수밖에 없는 현실을 초래했다. 또한 대통령이 사수하지 못한 서울에 남아 있다가 누군가에게 밥 한 끼 해준 것을 국가반역죄로 옭아매는 결과를 낳았으며, 길거리와 광장에서 무고한 민간인이 무수히 학살당하는 장면을 연출했다. 가치의 붕괴와 질서의 파괴는 가족, 이웃, 마을 단위에서 타인을 감시하고 폭력에 동조하는 체계를 만들었다.

이러한 상황을 연출한 원인과 책임은 '빨갱이'로 귀결되었지만, 해체된 가족과 이웃 간 질서는 이념만으로 해결할 수 없었다. 남편이 출정하여 전사하고 남편이 학살당하여 파괴된 가족을 어떻게 다시 추스를 수 있었을까?

해답은 희생양을 찾는 일이었고, 그 희생양은 여성들이었다. 남편의 부재로 인한 가정 파괴는 선천적으로 음탕한 여성이 타락하여 벌어진 일이라고 치부해버리면 그만인 문제였고, 어머니는 이 모든 상황을 이겨낼 수 있다고 선전하여 찬양하면 되는 문제였다. 여성들은 대개 착한 어머니와 나쁜 여성인 '타락한' 아프레걸[1] 또는 자유부인으로 구분되었다.

　전쟁 피해자인 전쟁미망인은 이러한 이분법적 구분에서 벗어나지 못했고, 이분법을 완성하는 데 큰 재료가 되었다.

　이러한 시도는 결국 전쟁 경험과 혼자 가정을 이끈 전쟁미망인의 경험을 단일한 형상으로 주조하는 과정이었고, 기존 질서를 무너뜨릴 수도 있는 수많은 균열을 봉쇄하는 역할을 했다. 전쟁미망인의 목소리를 침묵으로 가두었고, 국가의 전쟁 책임을 일상에서 감추어버렸다.

1
국가 폭력과
침묵하게 하기

1 | 개인의 슬픔을 초월하기

현충일은 1956년 6월 6일 처음 시작되었다. 이전에 경찰은 내무부 주도 아래 순국순직경찰관 합동추도회를, 군인은 삼군 합동위령제를 거행했다. 합동추도회 또는 위령제에서 현충일이라는 국경일로 승격된 것은, 유족에게도 사회적으로도 중요한 의미를 지닌다. 현충일은 전쟁 피해자들의 전쟁 경험이 아닌 국가의 공식 기억을 생산해내는 역할을 했다. 현충일 제정 이전에는 추도회가 어떻게 진행되었을까?

1951년 9월에 있었던 제2차 육해군 전몰장병 합동위령제는 "34,819주 영웅을 초혼하여 조국과 수호신으로 봉안 …… 동래보병학교 앞에서" 거행되었다.[2] 이 위령제에서 공군 장교의 미망인은 "참으로 감개무량합니다. 비상시국에 있어 이같이 분에 넘치는 전국적인 행사를 행하게 되어 지하에게 계신 고인도 기뻐하실 것입니다. 앞으로 어린 것들을 믿고 고인 생전의 유언을 받들어 한국 여성으로서 이른바 책임을 다할 작정입니다"라고 밝혔고, 다른 미망인도 "오직 여러분께 감사에 뜻을 무엇이라고 표시하여야 좋을지 모르겠습니다. 좀 더 군인의 안해(아내)로 씩씩하게 살가(살까) 합니다"라고 언급하고 있다.[3]

1952년 4월 15일 제5회 순국순직경찰관합동추도회에서 유가족 대표로 나온 미망인은 "집안의 기둥을 잃은 우리들이 후퇴 후 헐벗고 굶주리어 이리저리 헤맬 때 그대의 죽음을 통한히도 원망했으나 …… 오늘 조국과 민족을 위하여 싸워 죽은 그대가 당연한 것으로 남은 자식들과 힘차게 살아가겠다는 애처로운 인사는 참석자들의 눈물을 자아내게 했다"고 말했다.[4]

전국적 행사를 해준 것에 대해 감개무량하다는 말과 남편의 죽음은 조국을 위해 당연히 그래야 했던 것이기에, 한국 여성으로서 그리고 군인의 아내로서 자식들과 살아가겠다고 표명하고 있다. 개인의 슬픔을 내세우기보다는 국가적으로 행사를 진행한 것에 대한 감개무량한 감정을 앞세웠고, 남편의 죽음은 슬퍼할 일이 아니라 영광스러운 일이라고 표현하는 순간이었다.

초혼제는 고인의 영靈을 개인의 영, 곧 유족 혈연의 영이 아닌 국가 제사 대상, 즉 신령으로 전화하는 의식이다.[5] 합동위령제는 일본의 경우처럼 초혼제의 형식으로 진행되지 않았지만 추도식 전후의 여론에서는 "6·25사변으로 인하여 호국의 신이 된 용사들의 유가족"[6] 또는 "호국의 영령이 된 남편이 남긴 자식과 그 영예를 위하여 굳세게 살아가는 정경"[7]이라고 소개했다. 이러한 표현은 그 뒤로 점차 고착되었으며 대한민국전몰군경미망인회에 대해서도 단체를 소개할 때 "조국 수호를 위해 산화하신 영현들의 군경미망인으로 군사 원호 단체"라고 표현하고 있다.[8]

이러한 호명은 대통령 이승만의 삼군 합동추도사와 현충일 추도사에서 분명하게 드러난다.

―― 오늘 우리가 여기 모인 것은 이번 공산 침략에 우리 청년들이 국가 방위를 위해서 목숨을 공헌한 충렬의 공훈을 기념하려는 추도회입니다.

우리가 잠시 인정적 감상만을 위해서 울며 부르짖는 것이 전망자戰亡者에게나 산 사람들에게 조금도 도움이 업는 것이고 오직 그 죽은 사람들의 죽엄이 무효로 돌아가게 만들지 않음으로써 그분들의 공로를 천추에 빗나게 만드는 것이 우리 직책이니 이것은 즉 남북통일입니다.

이번 공산당 침략에 모든 사람들이 어떤 사람은 가족을 다 이러버리고 한 사람도 길에서 눈물을 흘리며 우는 사람을 보지 못하고 모다 웃고 있다는 것을 외국인이 다 칭찬하니 …… 이 추도식의 절차가 다 오는 손님들에게 호감을 줄 만치 되어야 우리가 행하려는 기념식이 의미 있게 될 것이요 …… 전망군인의 유가족이나 또 상이군인들까지도 다 서로 위로하며 도움으로 전무한 기념일이 되기를 우리가 바라는 바입니다.[9]

―― 오늘 6월 6일은 우리가 현충 기념일로 정해 전국이 매년 이날을 기념하게 된 것이니 공산 침략을 당한 이후로 육해공군의 합동으로 지금까지 순국 의사들을 기념해오던 것인데 금년부터는 다만 군인뿐

이 아니라 전 민족이 우리 충렬의 용한 장병의 공훈을 위하여 전 국민이 다 같이 이 현충 기념일을 지켜서 이날을 국정 공휴일로 하여 관민이 사업을 정지하고 순국 의사를 추모하며 일편으로는 우리나라 역사에 영광스럽고 빛나는 영예를 드러나게 하는 것이니 다른 나라에서 지켜오는 메모리얼 데이가 되는 것이다.

우리 형편으로는 싸움을 정지하고 공존에 들어간다면 우선 우방들에게 낙망을 주어서 우리의 영특한 군인과 민중의 용감이 다 무효로 돌아갈 것이요. …… 우리나라의 국권과 국군을 보장하는 것만이 목적이니 …… 금년부터 시작되는 이 현충절에 모든 민중이 열정적으로 기념하기 바라며 동시에 군인들의 유가족들에 대해서 말로나마 위로하는 바이다.[10]

〈삼군 합동추도사〉에서는 울며 부르짖는 행위를 비난하며 가족을 잃어버려도 길에서 우는 사람 하나 없음을 자랑스럽다고 한다. 이 추도사의 요지는 산 사람은 그들에게 감사해야 하며 남북통일이 될 때까지 개인의 슬픔을 표현해서는 안 된다는 것이다. 추도식의 주인공은 유가족이 아닌 손님이므로, 그들에게 맞추기 위해, 국가적 의례가 되기 위해 그리고 '군인들끼리 서로 돕고, 영광스러운 날'을 만들기 위해 추도하는 형태와 절차도 바뀌어야 한다고 밝히고 있다.

1956년 6월 6일 삼군 합동추도식은 국가 의례인 현충일 기념식으로 변했다. 현충일 기념사의 내용은 "군인이 아닌 전 민족 그리고 전 국민이 기념하는 국정 기념일이다, 공전이 아닌 끝까지 싸워야 한다, 반공 전선의 군사로 강화해야 한다, 군사력 강화가 자자손손 자유를 얻는 길이다"

따위였다. 현충일 기념사에 전사한 사람들에 대한 이야기나 그 가족들에 대한 배려, 생활의 고충에 관한 언급은 한마디도 없었다. 현충일은 개인의 슬픔을 표하는 날이 아닌 전 국민의 기념일이며, 따라서 전 국민의 기념일이라는 취지에 맞게 행사를 진행해야 했다.

전쟁미망인은 더 이상 슬퍼해서는 안 된다. 당연히 국가의 책임에 대해서도, 원호 정책과 관련한 여러 정책의 운영에 대해서도 물어서는 안 된다. 담화는 상처와 고충을 설명하고 그것을 치유하기보다는 군의 강화에만 관심을 두고 있다. 국민에게 의무만 존재하지 권리는 존재하지 않음을 확인시켜주는 대목이다. 현충일은 전쟁 피해자에게 살길을 마련해주고 상처를 보듬어주는 것이 아니라 '군사주의'를 강화하는 방향으로 나아갔다.

국가가 전쟁 피해자를 비롯한 전쟁미망인과 소통하고 있지 않았음은 제1회 현충일 기념식에서 충돌과 불만으로 나타났다.

현충일 기념식은 유가족을 중시하는 개인 차원의 행사가 아니라 국민적 차원의 국가적 행사로 변모했고, 유가족이 주인이 아닌 손님이 주인이 되는 의례로 변화했다. 이런 움직임은 1955년 삼군 합동추도식에서부터 이미 시도되었다. 이승만은 그 추도식에서 기념식의 형태에 대해 아래와 같이 설명했다.

―― 본래 위령제라는 것은 죽은 사람의 영혼을 위로하는 제사이니 그 영혼을 위로하려면 향불을 피우고 낙루와 통곡하는 것으로는 위로를 주지 못할 것이니 그 사람들의 공헌을 기념해서 영광스럽게 하는 것이 참으로 위로하는 것이 될 것이고 또 따라서 제사라는 것은 본래 조

상이나 신령을 위해서 음식이나 물건을 만들어놓아서 그 제를 지낼 때 영혼이 와서 자신다는 그런 미신적 생각을 가진 것이 되어서 제사의 본의나 조상을 기념하는 본뜻은 깨닫지 못하고 배고픈 영혼이 음식을 얻어서 자시는 것을 믿고서 제를 지내게 되니 이것이 사람의 어리석은 것을 표시하는 것이니 과거의 습관대로 하면 시간이 오래되는 것뿐이 아니라 울고 방성대곡하며 몸부림을 하여 엄숙하고 정중한 예식을 수라장을 만들게 되면 점잖은 손님들이 참석을 하지 않게 될 것이다. 이번에는 유가족이 모여서 슬프고 아픈 것을 다 참고 서로 위로하여 조흔(좋은) 말로 그 시간을 거룩하게 쓰게 되었으니 그 예식이 간단하고 사람 마음을 감동시키게 되었다. 화환 진정과 군례의 나팔과 방총이 아주 엄정하게 되어 이후에도 이런 방식을 따라서 지켜 나가기를 바라는 것이다.[11]

향을 피우고 음식을 만들고 대성통곡하고 제사지내기가 화환과 군례의 나팔, 방총, 추도사로 구성되게끔 변경시켰다. 이승만은 '통곡하기, 향 피우기, 제사지내기'는 어리석은 행위이며, 의식이 이렇게 구성되면 정중한 예식이 아수라장으로 변하여 손님들이 참석하지 않을 것이라고 경고했다. 이제 전쟁미망인을 비롯한 유가족들은 통곡을 통해 자신의 삶을 위로하는 시간을, 난장판이 되더라도 모두가 하나 되는 공간을 더 이상 경험하고 만들 수 없었다. 전쟁미망인은 행사의 주체가 아닌 관람자가 되었다.

이러한 변화에 대해 유가족들은 크게 불만을 토로했다. 국방부는 1956년 덕수궁에서 '전몰군인 유가족대표 좌담회'를 개최했다. 이때 기

넘식 형식의 변화에 대한 불만이 터져 나왔다.

— 경남에서 올라온 할머니: 추도식장에 냉수 한 모금이 있었던들 이렇게 서
럽지 않았을 것이니 그것이 말이 되느냐. 세 살짜리 어린애가 죽어도
그렇지는 않았을 것이다.[12]

— 정수 여사: 큰 혜택이야 못 바라겠지만 남편, 자식 또는 동생을 죽인 유
족들이 추도식에 와보니 제물 하나 없고 술 한 잔 부을 곳이 없으니
그 서운한 마음은 이루 말할 수 없습니다.
한창엽 씨: 덕수궁에서의 좌담회에서 과자, 사이다를 나누어주었는데
우리는 근본으로 영령 앞에 제물이나 바쳤으면 얼마나 좋았을까 생각
되어 우리 경남 대표들은 한 사람도 그것을 받지 않았습니다.[13]

술은 고사하고 냉수 한 모금이라도 부을 수 있었다면 그렇게 서럽지
않았을 것이라고 말하면서 유가족에 대한 홀대를 성토했다. 이날 좌담회
에서 나온 유가족들의 외침과 호소는 대개 다음과 같다.

— • 1년에 한 번밖에 없는 추도식에 참석하지 않는 대통령을 이 자리에
임석케 하고 각 장관을 불러내라.
• 합동추도식에 대한 국회의 태도가 너무나 무성의하다.
• 제대가 불공정하다.
• 첫째 밥을 먹여야 하니 농림부장관을 이 자리에 불러내라.
• 작년도에 당국자들이 유가족에게 제공하기로 약속한 것이 몇 퍼센

트나 실천되었냐고 비난하자, 일부 유가족들은 곳곳에서 흐느껴 울었으며 박수가 터졌다. (경북 대표)

• 작년도에 정관계자들은 집에 돌아가면 24시간 내에 양곡 배급을 실시하고 주택을 지어주겠노라고 하더니, 1년이 되어도 아무런 말도 없으니 사흘이 걸려도 확답을 듣고 가겠다. (경남 대표)

• 우리가 자식을 죽인 것은 이 나라가 좀 더 잘되어 나가게 하기 위해 죽인 것인데, 오늘날 현실은 자식을 죽인 보람이 없고 개죽음시킨 것밖에 안 된다. 우리 앞에는 부패된 사회와 도둑놈, 거지밖에는 보이는 것이 없다. (제주도 대표)

• 행방불명자, 실종자 가족들은 7, 8년이 지난 오늘까지 그들의 전사확인이 없어 하나도 원호를 받지 못하고 있으니 공산당에 가담하였다는 증거가 없는 한 전사자를 확인하여 그들 가족을 원호해주어야 할 것이다. 그리고 다섯 형제 중 삼 형제를 군문에 보내어 전사시키고 남은 두 아들 중 또 하나를 또다시 군문에 보내고 중학교에서 공부하고 있는 막내아들마저 국민개병주의라 하여 공부도 못하게 하고 또 병정으로 데려간다 하니 이따위 병무 행정이 어디 있으며 특권계급의 자제들은 호의호식하고 영국이나 미국에 유학을 가건만 일반인들은 열이건 스물이건 다 병정으로 보내서 죽여야 하는가. (경기도 대표)

이와 같은 말들이 계속되는 동안 한 유가족은 추도식에 참가했다가 그 자리에서 배급받은 두 되가량의 겉보리를 정부 관계자들 앞에 뿌리고 장관집 개도 먹이지 않는 이 따위를 먹으라는 게 어디 있느냐고 비난했다.[14]

위령제에 참배하는 유가족

지나친 홀대의 하나로 기념식에서 대통령을 비롯한 장관들이 참석하지 않은 것에 대한 불만도 내비쳤다. 일부 유가족은 좌담회가 끝난 뒤에도 돌아가지 않고 이승만과의 면담을 요구했다.[15] 좌담회에서 유가족들의 불만은 현충일 기념식 형식의 변화에 대한 비판에 그치지 않고 원호와 병무 정책의 비판으로 이어졌다. 약속한 원호 정책의 불실시, 불공정한 제대, 특권계급의 자식들은 군에 가지 않고 힘없는 자들만 군에 끌려가는 현실 따위를 제기하면서 도둑놈, 거지밖에 없는 부패한 사회라고 소리쳤다. 이에 흥분한 일부 유가족은 국가에서 나누어준 겉보리를 '장관집 개도 안 먹는다'며 정부 관계자들 앞에 뿌렸다.

1957년 현충일 추도사에서도 "여러분들은 아직 부형이나 자제들을 전쟁에서 잃어버린 설움에 잠겨 있을 것입니다. 그러나 이 전망한 용사들은 헛된 죽음을 한 것이 아니고 나라의 장래를 위하고 강토를 외적으로부터 막기 위하여 호국 충혼이 된 것이니 이들의 공훈은 영원 우리 역사에 빛날 것이며 또한 우리 전 민족은 살아 있는 동안 이것을 잊지 못할 것입니다"라고[16] 호국 충혼이 된 것이니 슬퍼하지 말고 앞으로 재건에 힘

쓸 것을 강조했다.

—— 이 나라의 근대화 작업에 총력을 기울이고 있습니다. 분명히 이
과업은 영령들이 우리들에게 물려주고 간 지상 과업입니다. 그들이
못다 하고 간 천추의 유한이 바로 이 과업인 것입니다.
이 국민 대열에 우리 모두가 한 사람 빠짐없이 참여해야 하겠으며 한
사람의 낙오자도 있어서는 안 되겠습니다. 생산하고 건설하고 전진하
자는 것입니다. 이것이 바로 순국선열들에게 보답하는 길이요, 그들
의 유지를 계승하는 참된 길인 것입니다.[17]

—— 본인은 이 엄숙한 식전을 빌려서, 우리에게 가장 시급한 명제가
있다면 민족 사관의 확립이라는 것을 강조해두고자 합니다.
민족의 위대한 전진인 '10월 유신'의 앞길에 호국 영령들의 따뜻한
가호와 밝은 계시가 있으시기를 바라면서, 유가족 여러분에게 하느님
의 은총이 영원하기를 충심으로 기원하는 바입니다.[18]

박정희의 담화는 훨씬 자주 영령, 호국의 신, 순교자 따위로 호명해
개인이 아닌 호국의 신으로 위치시켰기 때문에 그들의 가족들, 더구나
전쟁미망인을 굳이 불러올 필요가 없었다. 현충일 추도사는 시기에 따라
정책을 선전하는 장으로 활용되었기 때문에, '전쟁미망인'에 대한 대책
과 배려는 존재하지 않았다. 추도사에는 더 이상 추도해야 할 대상이 없
었다. 희생된 전몰군경과 상이군경의 유가족으로 일컬어지면서, 전쟁미
망인은 사라져 그 흔적조차 찾을 수 없었다. 이렇게 현충일 기념은 죽은

자를 기억하고 산 자들의 상처를 보듬고 미래를 이야기하는 장소가 아니라, 대통령 기념사, 해당 관계기관 관리의 몇 마디, 묵념 등으로 박제화했다.

전쟁미망인을 말하지 않기, 개인의 슬픔을 표출하지 않기, 다양한 차이를 없애고 유가족으로 부르기가 바로 현충일의 의도였으며 오늘날까지 전쟁미망인을 침묵하게 한 것이다. 침묵은 무엇을 뜻하는가? 어떻게 침묵을 강요했는가? 제1회 현충일 기념식에서의 좌담회로 예기치 못한 결과를 낳았던 것처럼, 그이들이 말하기 시작하면 전쟁 책임(결과)을 밝혀야 하기 때문이다. 조금이라도 틈이 나면 국가 폭력으로 깨진 질서와 가치를 말해버릴 것이고 예기치 못한 결과를 초래할 것이었다. 따라서 재갈을 물려 침묵을 강요해야 했고, 침묵의 기제는 반공, 재건, 군사주의 등이었다. 침묵의 결과, 폭력, 책임, 감시, 부당함, 억울함을 말할 수 없게 되었다.

2 │ 금지된 추모와 기념

— 구술자: 너무 분위기 마, 마, 마, 마 사람 죽이는 걸 예사로 알고 행방불명된 것도 마 말도 몬 하고. 한마디 하고 싶어도 말도 몬 하고 그렇게 지냈잖아요. 그랬는데 인자 미군 주둔하고 조금 평화 그 할 때, 그럴 때에 인자 "거기서 사람 많이 죽였단다. 생림에, 김해 어디 생림에 사람 많이 죽였단다" 그래가지고 일부 가서 파봤지.

면담자: 아— 그럼 동네 사람들이.

구술자: 목격한 사람도 있고. 그렇다면 본 사람도 있지 않겠어요. 그래가 인자 파보니까 마 그렇잖아. 자잔한(자잘한) 뼈는 없고. 그러니까 제법 오래됐거나 했지. 몇 년 됐겠지.

면담자: 몇 년 지난 다음에 그런 거예요?

구술자: 응.

면담자: 그럼 곧장 돌아가신 다음에 몇 달 있다가 한 게 아니라 몇 년 있다가.

구술자: 그렇지. 몇 년 지냈지. 그러니까 마 그것밖에 없더라고 큰 뼈, 두골하고.

면담자: 그러면 60년에 그걸 아셨구나.

구술자: 그런데 지금은 언젠지 그걸 모르겠어. 아이구!

면담자: 박정희 대통령 때 분위기가 어땠어요?

구술자: 그래 이렇게 해놨는데 박정희 대통령 군인, 군인인데 아휴! 그거 나중에 그 인자 사상으로 몰려가지고 그렇게 됐으니까 이다음에 가족들이 들고 일어나면 무슨 일 내겠다 싶어가지고, 그래가지고 부숴버렸어. | 나금영 |

국민보도연맹 등 민간인 학살로 남편이 학살당했지만 "너무 분위기 마, 마, 마, 마 사람 죽이는 걸 예사로 알고 행방불명된 것도 마 말도 몬 하고 한마디하고 싶어도 말도 몬 하고" 지냈다. 아직도 그때 일을 말할 때는 이렇게 떨리는 것일까?

당시의 일이 아직도 떨리는 것은 행방불명이 되어도 말하지 못했고

1960년 진영 합동장례식 모습

학살된 장소를 찾아 유골을 수습했지만 1년도 안 돼 파헤쳐졌기 때문이
다. 4·19혁명으로 민간인 학살 피해자 유가족들은 유족회를 만들었다.
1960년 6월 '경북유족회'가 발족되었으며 8월 부산에서는 경남 지역 유
족회의 연합회인 '경남유족회'가 출범했다. 각 지역 유족회는 합동위령
제를 지내는 한편 국회에 탄원서를 내고 회지를 발간하는 등 명예 회복
과 학살 책임 규명을 위한 활동을 본격화했다.[19] 합동위령제를 지낸 지 1
년도 지나지 않아 합동 묘지는 모두 파헤쳐져 유골은 불살라졌고 비석은
산산조각이 났다. 그리고 '특수 범죄 처벌에 관한 특별법'이라는 소급법
이 제정되어 유족회 간부들은 '혁명재판'에 회부되어 사형, 무기 등 중형
이 구형되었고, 그중 열다섯 명이 유죄판결을 받았다.[20]

나금영의 딸도 아버지가 학살당한 것을 안 것은 고등학교 1학년 때였

2007년 공주위족회가 처음으로 한 왕촌위령제의 모습ⓒ

던 것 같다고 말한다. "제가 중3 땐가 고1 땐가? 제가 고등학교 1학년 때지 싶어요. 그때 아버지 이제 유골을, 그때 아 우리가 유족들이 모여가지고 유골을 발굴해가지고 각자 자기, 누군지는 모르지만은 한 구석은 여 안고 가는데 이제 매장하기 위해서, 그때 인제 제가 참석을 했기 때문에. 그때 인제 소복을 하고 우리가 그 유골 발굴해가지고 유골함을 들고 다른 데 인제 우리가 그거를 봉분을 세우자, 유족들끼리. 그때 인자 제가 참석해서 알았어요." 모강숙도 1960년 유족들의 활동을 어머니를 통해 기억하고 있었다.

—— 김해하고 창원하고 같이 유골 수습을 할 적에 저— 김해 거기가 생림 가는 데 어디 나밭골이라 하는 데 거기에 가서 수습을 했다 카거든. 그런께 우리 엄마하고 형임이 즈그 엄마하고 이때지, 아주 여름에

민간인 학살로 희생된 사람들의 위령비로 사리면에 있다.©

더울 땐데 우리한테는 얘기 안 하고 항상 보면은 새벽같이 가가꼬 옷이 땀이 찌들어가꼬 들어오더라고. 한 일주일, 한 10일 그래 와도 그마 "어디 갔다 온다" 하고 말을 안 하더라고. | 모강숙 |

모강숙의 어머니는 10년 동안 학살당한 아버지의 밥그릇을 보관했다고 한다. "저녁에 퍼가꼬 또 담아놓고 아침에 또 퍼놨다 나중에 먹고. 10년을 그렇게 해놓더라고요, 행방불명인 줄 알고."

—— 4·19 때 그래해가꼬 박 대통령이 자기가 이거 묘를 갖다가 그거 했다 하거든. 저 까뭉개고 그 안에 들은 유골을 갖다가 버렸는지 거기 안에 들었는지 아무도 말 안 한다는 거라. 거기에는 밭이 돼가 누가

뭐 심어먹고 이러더라는 기라. 그래서 유족들은 그게 더 분개하거든. 그거를 밝히라, 그 유골들을 어디다 갖다 버렸느냐, 어디 갖다 버렸 냐. 그래 그거는 아무도 말 안 해주고, 사실은 그게 경찰서나 어데 있 을 텐데 아무도 [말 안 해주고 있어]. | 모강숙 |

—— 그래가지고는 두골만, 두골만 인자 몇이라 카는 거 그것만 알았 지. 그래 가 다시 인자 김해서 진영을 넘어가는 어디, 인자 난 몰라요. 거길 구데기(구덩이)를 크게 파가지고 같이 합장을 하고 인자 가족들 이, 그때 당시에 나간 사람들은 다 그렇게 인정을 했지. 거기에서 죽 었다 카는 거를. 그랬는데, 그래 봉을 인제 크게 해놨었는데 박정희 대통령 때 그걸 없애라. 그러니께네 사상으로 몰려가, 사상, 말하자면 애들 말마따나 빨갱이로 몰려가지고 그래 인제 간 택이지. 근데 그거 는 순전히 양민 학살인데 …… 그랬는데 박정희 대통령 때는 그게 인 제 사상으로 몰려가지고 무엇을 흠을 잡아도 흠을 잡아야 죽이지 않 겠어요. 그래가지고 빨갱이다. | 나금영 |

10년 동안 기다려온 남편의 유골도 제대로 수습하지 못했지만 합장한 그곳까지도 다시 파헤쳐졌다. 지금은 유골이 어디에 있는지 알 수 없다.

—— 그래 그 자리도 나는 예수 믿으니까 나는 뭐 지금 그렇게 생각지 도 안 하는데. …… 이제는 아휴! 60년이나 지났는데 내가 다 살았는 데 남한테, 그리고 예수 믿으니까 그런 거 뭐 인자 지나간 그때, 그 당 시의 그 일은 마 소용이 없잖아요, 해봐야. | 나금영 |

──── (울먹임) 그때 세상은 내가 말도 못하는디 말해달라고 하면 내가
안 한다고 해여. | 한복순 |

　피학살자미망인은 말하고 싶어도 말하지 못했고 억울함을 알리고 싶
어도 알리지 못했다. 그들은 심지어 유골만이라도 찾아 남편 또는 아버
지의 무덤을 만들고 싶었다. 그렇게 말하고 싶었던 일을 말하자마자 그
녀들의 가슴은 파헤쳐진 묘와 깨뜨려진 위령비의 잔해처럼 처참하게 무
너졌다. 상실의 아픔은 행방불명이라고 알고 있던 때보다 더했다. 그래
서 나금영은 60년이 지난 오늘날 "다 소용없잖아요. 해봐야"라고 체념하
듯 말했고 한복순도 "그때 일을 말하라고 하면 나는 안 한다"라며 격앙된
소리로 응답했다.
　피학살자미망인에게 남편의 죽음은 말해서도 안 되고 심지어 전쟁 60
주년이 된 오늘날에도 추모해서는 안 되는 금기인 것이다.

2
전쟁미망인의
섹슈얼리티

국가는 국가 기념일인 현충일을 만들고 피학살자 유가족들의 위령제를 금지함으로써 피해자인 '전쟁미망인'을 침묵하게 했다. 전쟁미망인에 대한 동정 어린 시선은 가득했지만 피해와 상처를 극복하기 위한 대책이나 전쟁미망인의 목소리는 공론화되지 않았다.

전쟁미망인에 대한 동정 어린 담론은 대개 어머니로서의 역할과 어머니의 삶이 여성의 길임을 강조하는 방향으로 진행되었다. 여론이 전쟁미망인에게 어떻게 적용되었는지는 일간지나 잡지의 탐방 기사와 특집을 통해 살필 수 있다. 일간지와 잡지의 다른 점은 일간지에서는 전쟁미망인을 다룰 때 어머니로서의 역할과 사명을 강화시키는 방향으로 소개되거나 논의되었다는 것이다. 전쟁미망인의 섹슈얼리티는 대개 '재혼'이나 낙태와 관련지어 소개되었는데, 재혼 문제는 일간지에서는 공론화되지 않고 대개 잡지에서 논의되었다. 반면 일간지에서는 낙태와 관련한 짧은 기사를 소개하는 수준으로 이루어졌다.

1 모성애인가, 이성애인가

전쟁미망인 가운데 여론의 관심 대상이 된 여성들은 납북당한 남편을 둔 여성들이었다. 이들은 '미망인'인가에 대한 논쟁을 불러일으켰지만, 결론은 〈그이는 살아 있다〉라는 제목의 좌담회 기사처럼 남편의 부재로 인한 가족의 생활보다 '기다림'에 초점을 두고 있다.

〈그이는 살아 있다〉라는 주제로 열린 납치인 가족 좌담회는 "그이는 언제 어디서 어떻게 납치되었는가, 그이는 피신할 수 없었는가, 납치된 다음에 당신들은 어떻게 지냈는가, 생활은 어떻게 유지하였는가, 정부나 사회단체에서 구호받은 일이 있는가, 살아 돌아올 희망이 없다면 어떻게 하겠는가" 따위의 질문에 참가자들이 대답하는 방식으로 이루어졌다.[21] 납치된 경위와 가족의 실상을 알리는 데 중점을 두고 있지만 이에 대한 대책은 언급되지 않았다. 대책이 없음은 결국 "살아 돌아올 희망이 당분간 없다면 당신은 어떻게 하겠습니까?"라는 질문으로 무대책의 결론을 대신하고 있다.

— 김부례: 생각만 해도 그저 지금처럼 답답할 뿐이에요.

이달남: 꼭 살아오시리라는 희망에서 살고 있어요.

유송죽: 넷 되는 자식을 아버지 같은 훌륭한 사람이 되도록 키우는 데

힘쓰겠습니다. 그러나 그이가 반드시 돌아오실 것을 믿고 기다리면서 살겠어요.

연경화: 육 남매의 어머니로서 아버지도 되렵니다. 지금은 즐거움이라는 것은 하나도 없고 일곱 생명이 무엇을 해서라도 꼭 살아야 하겠다는 것 그리고 귀여운 자녀들을 훌륭하게 교육시키겠다는 생각밖에 없습니다. 영원히 저의 목숨이 다할 때까지 그이가 돌아오기를 기다릴 작정입니다.

박옥출: 그이가 남기고 간 유일한 재산인 자식들을 잘 키우며 그이가 돌아오실 날을 기다리며 굳세게 살아볼 터예요.

백수량: 우리 조국과 세계의 평화를 위하여 끝까지 싸울 생각입니다.

양메린: 좀 시일이 늦어지더라도 끝까지 희망을 가지고 기다리는 것밖에 없지요.

박인숙: 비상한 때에 상부의 명령으로 대기하였던 결과를 한탄하면서 이 쓰라린 생활에서 시달릴 수밖에 없지요.

김영애: 10년이라도 20년이라도 그이가 돌아오길 영원히 기다릴 테니까요.[22]

사회자는 끝으로 "여러분이 하신 말씀은 수십만 명에 달하는 이 땅의 안해와 어머니와 누이들의 꼭 같은 생각을 전하는 것입니다. 가난과 슬픔 가운데서 시달리는 이 땅의 안해와 어머니들을 위해서 우리는 언제나 마음을 튼튼히 하고 가시덤불을 헤쳐 나갈 생각을 해야 할 것입니다"라고 부탁하고 있다. 납치 경위, 피난을 왜 못 갔는지를 궁금해하면서 살아 돌아올 희망이 없더라도 끝까지 기다려야 한다고 끝맺고 있다. 이들에게

독행자를 소개하는 신문 기사

당장 필요한 것은 앞으로 어떻게 어려움을 헤쳐 나가야 하는지에 대한 구체적 방법과 계획을 세우고 서로 나누고 도모하는 것이다. 그런데도 어머니와 아내로서의 역할을 강조하고 좌담회 참가자들도 돌아올 때까지 자식 교육에 매진하겠다고 응답했다.

〈독행자의 집을 찾아서〉라는 탐방 기사에는 '열녀 남상애 씨', '효부 정영애 씨'를 소개하고 있다. 녹두묵 장사를 하며 시어머니와 시누이의 생계를 책임지며 생활하는 여성을 소개하고 있다.[23] '열녀'라 칭하면서 "윤락의 길이 유혹하며 많은 전쟁미망인이 이 길로 흘렀건만 고고한 여왕처럼 굳은 절개와 부덕을 높이고 있는 여성"이라고 서술하고 있다.[24] 실종 통지서를 받았지만 죽지 않고 살아 돌아올 것을 믿으며 통일되는 날까지 기다리겠다고 끝맺고 있다. 전쟁미망인을 '열녀'와 '윤락녀'로 구분하여 열녀를 칭송하고 이것이 전쟁미망인의 앞길임을 제시하고 있다.

'효부 정영애 씨'의 경우 시부모와 시동생 그리고 딸 셋을 부양하며 아들 둘을 전쟁에 바친 시부모를 공경하는 것이 남편에 대한 사랑이요, 영령의 명복을 비는 분향이라고 설명하고 있다.[25] 이 모습은 전형적인 한국 가정주부의 형상이라면서 전시 한국 여성 시집살이의 모범이라고 결론을 내고 있다.

그 뒤에 실린 〈두 아이와 기다릴 터〉라는 탐방 기사도 남편이 돌아올 날을 기다릴 결심으로 두 아이를 교육시키겠다는 내용이 핵심이다.

이들 탐방 기사는 대개 생활고를 어떻게 해결하는지, 해결하기 위한 방책으로 어떠한 지원이 필요한지, 전쟁 경험과 상처를 어떻게 치유해야 하는지, 전쟁미망인의 (법률적) 사회적 지위는 어떠한지에 관한 문제들을 밝히기보다는 '며느리로서', '어머니로서' 전쟁미망인의 길을 가야 한다는 점을 보도의 초점으로 삼았다. 어머니의 길은 어머니날이 (준)국가 기념일로 지정되면서 여성이 여성으로서 살아야 하는 유일한 길이 되었다.

어머니날 제정은 "아버지들이 정신을 못 차리더라도 우리 어머니들은 헐벗고 굶주림에서, 학대와 곤궁에서라도 정신을 차려 내가 가진 숭고한 본분을 깨달아 자녀를 지도할 때 비로소 우리 자녀들이 훌륭한 사람이 되고 우리 사회는 명랑해질 날이 오리라 믿는다"라며 여성의 역할을 강고하게 하기 위한 것이었다.[26] 전후 사회의 재건에서 어머니로 표상되는 여성은 어떠한 난관에서도 어머니이기 때문에 이겨낼 수 있었으며 여성은 어머니로 다시 태어나는 것이 최고의 여성성을 발휘할 수 있는 길이라고 여겨졌다.

보건사회부는 1956년 5월 8일 제1회 어머니날 기념식을 갖고 '훌륭한 어머니'를 뽑아 상을 주었다. 서울특별시에서는 어머니 주간 기념행사를 열었는데 12일에는 창경원에서 전재미망인(약 2000명), 삼 형제 이상을 출정시킨 어머니(약 200명), 열 남매 이상 다산한 어머니(약 200명)를 초청하여 위안대회를 열었다.[27] 그 뒤 "이들은 각기 남다른 모성애로써 건전한 가정을 이끌어 다른 사람들의 모범이 됐으며 자기 자녀는 물론 다른 가정 자녀들까지도 훌륭히 길러 사회적으로도 큰 공헌을 한 어머니들"이라며 이들에게 상을 주었다. 1956년 현충일을 만들어 전쟁미망인을 여성 개인이 아닌 유가족으로 묶었던 반면, 어머니날은 모든 여성들에게 어머니로서의 정체성을 강조했다. 그 어디에도 독립된 개인으로서의 자아 존중을 갖는 여성 개체라는 여성상은 존재하지 않았다. 이 점이 전후 사회 재건 과정에서 국가 기념일이 갖는 특징 가운데 하나였다. 국가는 여성에게 줄곧 한 개인이 아닌 국가에 포섭당한 손님 또는 어머니의 정체성을 요구했다.

전쟁미망인에 대한 일간지의 탐방 기사나 좌담회는 1960~70년대에 거의 찾아볼 수 없다. 1950년대 극히 드물게 제기되었을 뿐이었다. 베트남 전쟁에 참가하면서 한국전쟁과 비교해 소수이지만 젊은 전쟁미망인이 생겼는데, 베트남 전쟁의 '전쟁미망인'은 남편이 대개 직업군인이었으며 어머니로서의 전쟁미망인상이 더 확실하게 표출되었다.

――― "하나 한 여자의 슬픔이기 전에 그이의 유지를 받드는 길. 그의 혈육 ○○(2)를 어엿한 사관 후보로 길러내는 길이 보다 더 크고 무겁기에 슬픔도 외로움도 파묻고 삽니다"고 강○○ 소령의 미망인 ○○○ 여사(28)는 입을 열었다. …… "내 이 젊음을 몽땅 ○○이를 기르는 데 바치리다. 이것이 곧 그이를 위하는 길이요 국민의 온정에 보답하는 길이기에" 미망인 ○ 여사는 어느 날의 일기장에 이렇게 써 놓았다.

그이가 돌아가신 지 보름쯤 되던 날 밤 슬픔에 지쳐 옅은 잠이 들었을 때 정장한 강 소령이 토요일에 돌아왔다면서 방 안으로 들어서더라고 꿈 이야기를 일러준다. 너무 기뻐서 덥석 안기려는 순간 그는 한 사관 생도가 된 ○○(아들)로 변해버리더라는 것이다.[28]

베트남 전쟁 참전으로 어머니로서 전쟁미망인의 이미지는 더욱 확고해졌다. 직업군인인 남편의 죽음을 아내로서 슬퍼하기보다는 남편의 뜻을 받드는 것이 일간지에서 드러내고자 하는 여성의 삶의 목적이다. 남편의 뜻은 아들을 직업군인으로 키우는 것이다. '미망인'의 결심만으로 부족해 꿈속에서 나타나 그 뜻을 받들라고 알려준다.

대한민국전몰군경미망인회는 1979년 장한어머니상을 만들었다. "국가 발전과 백년대계를 위한 훌륭한 인재를 양성함과 [동시에] 국민 총화의 선도적 역할을 일임할 국가 유공 보훈 대상 자녀를 훌륭히 키워 국민의 귀감적인 공적을 이룩한 회원을 포상함으로써 공로자에 대한 사기를 드높이며 모범 됨을 전 회원에게 부각시키는 데 목적을 두고 제정하여 1979년 6월 11일 제1회 시상식을 가졌다."[29] 전국 11개 시도 지회에서 추천된 전쟁미망인들의 공적을 놓고, "첫째, 누가 더 적극적으로 칠전팔기하였는가? 둘째, 누가 더 씩씩하고 착하게 길러놓았는가? 셋째, 길러놓은 자녀는 지금 어디서 어떻게 국가 사회에 이바지하고 있는가? 넷째, 미망인 자신의 연령과 건강 상태는 어떠한가? 다섯째, 미망인의 공적은 어느 점이 사회의 귀감이 되는가?" 따위를 심사하여 선정했다.[30]

— 오인주: 장한어머니는 아무라게나 주나?

　박원빈: 장한어머니는 아니야! 장한어머니는 아들이 둘이나 이래 되고 …… 하난 안 쳐. 워낙 대범한 사람들이 많으니까. 다섯 명도 있고 네 명도 있고. 근데 지금 아들이 있어도, 아들들도 잘돼서 이렇게 돼야 장한어머니가 되는 거야. 공적서를 또 근사하게 써야 돼.

장한어머니상은 아무나 받을 수 없었다. 대개 성공한 아들이 있어야 했고 적어도 아들 둘은 두어야 했다. 구술자들이 말하는 것처럼 아들 하나로는 장한어머니상의 대상자가 될 수 없었다.[31]

장한어머니상이 만들어지면서, 1980년대에는 이 상을 받은 전쟁미망인이나 성공한 전쟁미망인의 삶이 많이 소개되기 시작한다. 그러나 이들의 이야기를 다룬 기사가 대개 생활을 기록한 '수기'라기보다는 선전문구 같은 성격을 지녔다는 점에서 1950년대 일간지의 탐방 기사와는 그 기획 의도가 다르다는 점을 잘 보여준다. 1950년대 탐방 기사가 어머니나 며느리의 위치를 깨닫고 살아갈 것을 요구한다면, 1980년대 탐방 기사는 장한어머니상을 받은 전쟁미망인 수기의 성격이나 이데올로기적 경향이 짙다. 이념적 지향이 강한 기사는 전쟁미망인의 수기인지조차 구분할 수 없을 정도로 '성별' 자체도 사라진 무성적 기사에 불과하며 반공 이데올로기를 강화하고 선전하는 역할을 강화시켰다. 이는 1980년대의 정치적 상황에서 영향을 받은 것으로 추측된다.

—— 그분은 이때 막 첫돌을 지낸 딸아이를 두고 국가의 위기를 구하고
자 어디론지 떠나갔습니다. …… 조국을 지키기 위해 이 산하에 뿌렸
던 그분의 새빨간 선혈의 의미를 알았기 때문이었습니다.
그 당시 우리 국민은 국가의 존엄성도, 내 나라를 사랑하는 마음도 결
핍되어 있었습니다. 더욱이 공산주의자들의 정체가 무엇인지도 몰랐
고, 그래서 그네들은 총칼로 밀고 내려와서 이 나라 이 강산을 피로
물들였던 것입니다. 생각하면 할수록 분하기만 합니다.
지금 이 시각까지도 그네들은 호시탐탐 우리 대한민국을 노리고 있습

니다. …… 맡은 바 의무를 충실히 다하고, 확고한 국가관을 갖고 살아간다면 우리 민족의 불행은 얼마든지 막을 수 있을 뿐만 아니라 나아가선 공산주의 집단을 물리칠 수 있다는 생각을 해봅니다. …… 이것이 흉탄에 쓰러져 간 그분의 소원이었습니다.[32]

—— 김○○ 할머니는 휴전을 코앞에 둔 53년 5월 김화 지구 전투에서 육군 하사이던 남편 ○○○ 씨가 전사하자 당시 예순도 안 됐던 시어머니와 열네 살에서 세 살에 이르는 연년생의 일곱 아이를 혼자 떠맡아야 했다. 김제에서 부안까지는 15킬로미터, 40리 길. 부안서 생선을 받아다 함지박에 이고 다니며 매일 100리도 넘는 길을 걸었다. 68년 봄 김 할머니는 가족들을 이끌고 서울로 무작정 올라왔다. 막내아들과 그 위의 두 딸을 공부시키려면 굶어도 서울이 낫다는 생각 때문이었다. 무허가 판자촌에 김 할머니네는 월세 1500원짜리 방 한 칸을 얻어 들었다. 김 할머니는 행상을 했다. 그러다 철거를 당해 70년에는 당시 경기도 광주군 중부면 탄리이던 지금의 성남시로 옮겼다. 지금껏 살아온 것 남편 일찍 잃은 것 다 부끄러운 일이지요.[33]

전자의 사례가 전쟁미망인이 직접 말했는지 의심스러울 정도로 이데올로기에 초점을 둔 것이라면, 후자는 전쟁미망인의 생활과 고생을 소개하고 있다. 장한어머니상을 받은 전쟁미망인들을 소개하는 기사는 대개 후자의 형식을 취하고 있다. 남편의 전사 → 고생해서 자식을 교육 → 자식들의 성공(?)이라는 일정한 형식을 갖추고 있는데, 이는 장한어머니상을 받는 사람들의 조건과 긴밀한 연관이 있을 것이다. 그 안에 감추어진 무수한 이야기들, 고생의 구체성이나 그 경험이 어떻게 어머니로서의 삶을 변화시켰는지, 그들의 전쟁 경험이 무엇이었는지 따위는 모두 빠져 있다. 성공한 어머니를 보여줌으로써 그렇지 못한 다양한 여성들의 삶이 그것에 가려지게 되고, 이는 다른 방식의 삶을 결정했던 여성들을 다시 침묵하게 했다.

2 | 재혼에 대한 담론

: : 재혼은 자녀의 유무에 따라 결정

《여원》이나 《여성계》 따위의 여성 잡지는 국립모자원 소개, 전쟁미망인이 가져야 할 자세,[34] 재혼, 수기 따위를 소재로 해서 전쟁미망인에 대해 논의했다. 이들 소재 가운데 가장 많이 다루어진 것은 재혼이었다. 재혼 문제는 재혼해서 성공한 수기, 성, 애정, 경제 따위의 소재와 연관되어 다루어졌다.

〈자식을 거느리고 재혼한 여인의 수기〉는 미망인도 재혼을 해서 잘살 수 있다는 메시지를 전달하기 위해 재혼에 성공한 미망인의 수기를 소개했다.[35] 남편이 병으로 사망했기 때문에 전쟁미망인은 아니지만, 재혼을 거론한 점에서 주목해야 한다. 그렇지만 그 재혼은 어머니로서의 역할을 강조하고 있다. "개성이 결정되지 않은 어린 시절에 좋은 아버지를 맞는다는 것은 어머니로서의 커다란 안도와 기쁨인 것을 저는 몸소

체험하였습니다. 저는 한 사람 여자로서의 구비된 생활도 할 수 있고 귀여운 자식을 귀엽게 육성할 수 있습니다."[36] 위 수기에서 알 수 있듯 재혼이 남성과 여성의 결합이 아닌 어머니의 역할을 잘할 수 있는 기회이기에 재혼을 찬성하고 있다.

재혼을 찬성하든 반대하든 간에 논의의 핵심은 '어머니' 역할에 있었다. 이를 분명하게 제시한 것이 《여원》 특집으로 꾸려진 〈미망인들은 고뇌한다〉이다. 여기에서는 전쟁미망인의 생계, 자녀, 연애, 재혼, 집 따위의 주제를 다루었다.

〈미망인의 생계 문제〉는 정부의 시책에만 의존해서는 해결될 수 없고 국민 전체가 공동 책임을 가져야 한다고 주장하고 있다.[37] 사회적 도의심에 호소하는 이런 방식은 결국 국가 폭력의 희생자에 대한 고려나 전쟁미망인에 대한 문제를 희미하게 하는 효과가 있다.

〈미망인의 연애 문제〉에는 미망인이 성적 대상물이 되지 않도록 주의 사항을 전달하고 있다.[38] 그 주의 사항은, 첫째 연애를 할 때는 반드시 결혼이라는 약속을 받아두는 것이 총명한 행실임을 강조하고 있다. 둘째는 자녀가 있는 미망인과 자녀가 없는 미망인의 자세에 대한 것이다.

— 자녀를 가지지 않은 미망인의 경우: 미망인의 연애에 있어 육체를 떠나 정신적인 애정에 시종한다는 것은 불가능하다 말입니다. …… 좋은 연애를 할 수 있고 우수한 자녀를 낳을 수 있는 자녀 없는 미망인에게 그런 기회를 막아버리는 것도 개인의 생명에 대한 장애는 물론 오히려 종족 발전의 방해가 되는 일이라 하겠습니다. 여성에게 가장 중요한 것은 어머니로서의 자격을 얻는 것입니다. 자녀가 없는 미망인의 경

우에 좋은 연애를 획득하여 결혼에 이르고 우수한 자녀를 생산해야 하는 것은 오히려 당연한 일이라 할 것입니다.

자녀가 있는 미망인의 경우: 아이들이 있는 미망인의 연애는 감정 문제나 생활 문제나 성욕 문제보다 그 기본을 모성의 보호, 모권 확립의 입장에 두지 않으면 안 될 것입니다. 여인으로서 인간으로서 모성이라는 것이 진실로 존귀한 것이며 따라서 모성을 보호해야 하는 것은 개인뿐만 아니라 인간 사회의 가장 중요한 의무일 것은 누구나 다 알고 있는 것입니다. …… 모성애는 갑자기 생겨난 본능이 아니라 수천 년 수만 년의 긴 시대에 걸쳐 여성이 생산을 하고 이를 길러온 결과 생겨난 것으로 이것을 깊게 높게 발달시켜 나가야 할 의무가 있기 때문입니다. …… 자녀를 가진 미망인들의 연애를 멀리하는 희생적인 정신도 삼종 도덕의 산물이 결코 아니요 역사와 함께 내려온 우리 민족성의 표현입니다.[39]

《여원》특집은 다양한 소재로 미망인 문제에 접근하긴 했지만 핵심은 '재혼의 여부'에 있다. 그리고 자녀의 유무가 재혼의 성립과 연결되어 있다. 자녀가 없는 미망인은 자녀를 생산할 수 있는 기회를 부여받고 어머니로서의 자격을 얻기 위해 재혼할 수 있다는 것이다. 자녀가 있는 미망인의 경우는 인류 역사 이래 최고의 가치인 모성애는 여성의 의무이기 때문에 재혼하지 말아야 한다고 주장했다. 재혼 여부는 모성애와 관련해 논의되었다. 전쟁미망인은 여성이라기보다는 어머니로서만 정체성을 부여받았다.

이런 입장을 강화시킨 것은 같은 호에 게재된 미망인의 수기이다. 〈8

남매를 이끌고〉라는 수기의 내용은 국민 된 도리로 슬픔을 딛고 고인의 유지를 받들어 자식을 잘 키우겠다는 것이다.[40]

"미망인이 재혼하려고 하는 중요한 이유는 경제적 생활, 고독감, 애정을 느끼는 남성을 발견할 때"라고 하면서, 재혼을 나쁘게 생각할 필요는 없지만 결혼해야만 행복하다는 결론을 내릴 수는 없다고 제안하기도 했다.[41]

전쟁미망인에게 경제적 독립과 재혼이 자유로운 사회를 만들어야 한다고 제안한 글은 〈전쟁미망인과 생활고와 성문제〉이다.[42] 전쟁미망인의 재혼도 다루고 있지만 결국 전쟁미망인에게 자활의 길을 열어줄 것을 제안하고 있다. 자활의 길을 열어주는 것이 남녀 관계뿐만 아니라 인간적인 고려를 해주는 것이라고 주장하고 있다.

전쟁미망인의 성은 대개 재혼으로 모아졌고, 재혼도 자녀의 유무에 따라 달리 받아들여졌다. 자녀가 있는 전쟁미망인에게는 재혼은 절대 불가라고 말한 반면, 자녀가 없는 전쟁미망인에게는 여성으로 태어나 어머니의 정체성을 가져보지 못한 것은 불행한 일, 곧 여성으로서 자격이 없는 일이므로 재혼을 해서 어머니가 될 기회를 주어야 한다고 말했다. 전쟁미망인의 성은 여성 개인의 욕망과 관계없는 재생산 도구로서의 어머니 되기에만 초점을 맞추었다.

:: **구술자들이 말하는 재혼이란?**

전쟁미망인들이 분가와 함께 가정 안에서 부딪친 또 다른 문제는 재혼이었다. 일본의 경우, 패전 뒤 전쟁미망인은 부조료의 지급 정지로 경제적으로 궁핍했는데 이에 대한 해결책으로 "자식 없는 미망인은 재혼을 하고, 자식이 있는 미망인은 사정이 허락하는 한 재혼해야 한다"며 경제적 자립보다 재혼이 장려되었다.[43]

한국의 경우 전쟁미망인의 재혼은 거의 공론화되지 않았다. 전쟁미망인은 평균적으로 둘 이상의 부양 자녀가 있었고, 죽은 아들을 대신할 일꾼이 필요했다. 따라서 그들의 재혼을 막는 것이 최고의 관심사였다. 며느리 만들기의 최대 관심은 '어떻게 재혼을 막을 것인가'에 있었다. 시가에서 벌어지는 인신적 모욕인 "누구 집에 며느리는 갔다", "아휴— 우리도 얼마 안 있으면 이제 그런 꼴을 볼 텐데", "살아주지 않을 것이다" 따위의 의심과 언어폭력은 20대 내내 생활하면서 들어야 했다. 분가를 반대했던 까닭도 '바람난다', '남의 식구 된다'는 것이었다. 남의 며느리가 될 것이라는 불안은 어느 정도 사실이었다. 전쟁미망인들은 내내 주위에서 재혼하라는 충고를 들어야 했다. 이경순은 "시집가라는 소리를 하는 사람을 칼로 죽이고 싶었다"는 심정을 토로하기도 했고, 양희선은 "장사할 때 딸 둘이라 카면 시집가라 캐싸서 그 소리 듣기 싫어가지고. 딸 둘인데 '딸 하나, 아들 하나 둘이에요' 이카면 '아이구 아들 있어 됐다' 이카거든. 그래 시집가란 소릴 안 하더라 카니까"라고 털어놓기도 했다. 양희선은 재혼하라는 소리가 듣기 싫어 아들과 딸이라고 대답하는 것이 습관이 되어 지금도 그렇게 답한다고 한다.

구술자들이 재혼하지 않았던 가장 큰 까닭은 자식들 때문이었다. 곽희숙과 박원기, 박태영, 윤철희 등은 친정 가족들이 적극적으로 권했는데 자식을 생각해 재혼하지 않았다.

── "이모도 나보고 재결혼하라면 우리 집이 오시지도 말라고."……
그래가지고서는 그런 소리 하려면 오시지 마시라고서는 그냥. 그런
뒤로부터는 안 그러시더라고. …… 다 자기 재주 있어서 하는 거고.
그것도 잘난 사람이지 우리같이 못난 사람은 하지도 못해. | 곽희숙 |

── 두고 가자니 어디다 두고 갈 데가 없잖아요. 생각하면은 정말, 그
고아들 보면은 얼굴색이 노래가지고 비쩍 말라가지고 그러고 댕기는
거 보면은 그렇지 않아도 아버지가 없어서 죽지가 하나 떨어졌잖아
요. 그런 데다 내가 없으면은 죽지가 다 떨어지면 축 쳐져가지고 다니
는 거예요. | 김숙자 |

── 한번은 우리 당고모가 와가지구서 또 그렇고 또 중신한다고 왔는
데, 내가 막 난리치면서 막 울어버렸어. 나는 살려고 그러는데 왜 그
러냐고 그랬더니 금방 달아나버렸어, 우리 고모가. | 박태영 |

── 동생하고 이야기하는 거 저기에서 〔몰래〕 다 보고 그 남자가 나와
가지고 다 담는 거라. 그래가지고 〔동생이 하는 말이 그 남자가 결혼하자
고〕 보챈다 카는 거라. "미─쳤네!" 내가 오늘날까지 동생한테 아직
까지 이 자식아, 이 새끼야 소리도 한번 안 했는데, "미친 놈 아니가
니가. 마 짬뽕이나 짜장면 먹은 거 다 게워내 놔버려야 되겠다 마" 내
가 그런 소리까지 다 했어. | 박원기 |

── 죽고 싶어. 나는 야들 때문에 야들 어찌 될까 싶어가지고, 시집가

라 캐도 야들 땜에 시집 못 간다고 하고. | 양희선 |

—— 왜요. 친정어머니가, 친정아버지가 재혼시킬라고 하더라고. ……
그런디 저거 아무것도 없는 거 뻘개둥이를 어떻게 하고, 그래서 생각
도 안 했어요. | 윤철희 |

—— 그 막 다른 사람들이 시집가라고 그래싸도 그런 거 생각은 눈꼽맨
치도 안 하고요. 큰집 자식들은 모두 잘되는데 우리는 그냥 저렇게 그
냥 (울먹이며) 깨갱이를 놔두고 죽었으니 어떻게 해여. | 임기영 |

—— "젊은 사람이 너무 청춘에 죽어서 어떻게 하면 좋아" 그랬더니 "좋
은 사람 있으면 가라"고 그래서 "나는 싫어요. 갈 적마다 발자국에 피가
괼 텐데요. 나는 안 가요" 그러니까 여직 이렇게 살았어. | 임정기 |

친정의 적극적 반대도 한몫했다. 자신의 행동이 친정 욕 먹일까봐 평
생 조심스레 살아나기도 했다.

—— 우리 아버지도 친정만 가면 "어여 올라가라. 너는 거기 구신(귀신)
이니께 거기 가야 한다. 가야 한다" 그래서 얼마 있도 못 해. 그냥 와
야 돼. | 곽순진 |

—— 나도 안 가고, 혼자되니까 바람날까봐 "절대 친정에 오지 말라"
고. | 양선숙 |

—— 내가 서울에 왔더니 우리 어머니가 편지가 왔더라고, 우리 모친이 편지를 했는데 뭐라고 하는가 하니 "이때까지 절개를 지키고 살았으니 번화한 도시에 갔더라도 맘 변하지 말고 살라"고 이렇게 편지가 왔어요. | 이호영 |

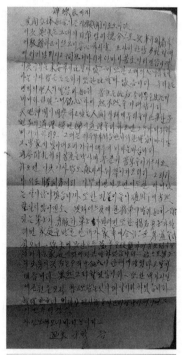

대개 자식들을 생각해서 재혼을 하지 않았다. 곽순진은 "아이, 왜 있었지. 있어도 안 하지. 가면 또 새끼 나야 하잖아, 새끼 나면 그거 어떻게 해? 여기다 하나 낳고 저기다 하나 낳고 그거 어떻게 해?"라며 재혼한 삶이나 전쟁미망인으로 살아가야 할 삶이 큰 차이가 없음을 토로하기도 했다. 그것을 "지가 가고 싶어야 가지 중매한다고 가는 것이 아니다"라고 팔자로 돌리기도 했다.

남편이 보낸 편지. 그녀는 아직도 편지를 간직하고 있다.©

—— 내가 재혼을 할려고 하면 꼭 살아올 것 같더라고. 그러니까 지금도 이 텔레비 같은 데 뭐 나오면은 기다려져요, 혹시나. 죽은 걸 못 봤기 땜에. …… 우리 남편이 오늘 저녁에 꿈에 보여. 그러니까 못했어. | 박원빈 |

――― 그 당시에 재혼 말도 많이 있었고, 영어 선생님한테다가 저를 갖다가 중매를 하고 그랬는데 저희 남편 유골이 안 왔어요. 언젠가는 그래도 유골 안 오는 거 보니까는 살아계시는데 돌아올 꺼다! 호―옥시! 이북에 가시면은 남북통일이라도 되면은 돌아오시지 않을까? 그래가지고 산 게 이태까지 살았어요. 남편이 언제 돌아오시면은 "혼자서 그거 애기 이렇게 키웠네" 그러면서 그 소리 들었을까 싶어서. | 구영선 |

구영선과 박원빈은 남편이 전사했다고 했지만 유골이 오지 않아 "어디에 살아 있는 것만 같다"는 생각에 기다렸다고 한다. 이렇게 구술자들은 자식 생각, 친정 부모 반대, 기다림 따위로 재혼을 하지 않았다.
그런데 구술자의 구술에는 재혼을 한 전쟁미망인도 많았다.

――― 자꾸 재혼을 하고, 뭐 못살아서도 가고. 고만 이웃, 옆에 인자 그 근해에서도 재혼하고, 재혼한 사람들은 난중에 없어가지고. …… 한 이십여덟 명인가? 그래 난중에 열여덟 명인가? 스무 명인가? 그랬어요. 결혼 많이 하고. | 구영선 |

――― 아휴 참, 빨갱이로 죽고, 나같이 가서 죽고, 뭐, 뭐, 국민병 가서 죽고 이런 사람이 다들 갔어요. 그래, 나 하나만 안 가고 이때까지 있는 거예요. | 김예분 |

――― 혼자됐는 사람, 한 일곱 명 됐는데. …… 재혼해가 가고, 한 사람은 또 죽었고. 재혼해가 갔는 사람이 네 명이야, 네 명. | 박원기 |

―― 우리 집안에 다섯이 그해에 됐어. …… 자식 ― 하나는 아들 둘 있었는데 6·25 때 그 아들도 잃더라고, 그래서 재혼하고. …… 응. 하나는 아주 없는데 친정에서 와서 데려다 재혼시키고, 하나는 막 아무렇게나 막 저기 행동을 이상하게 해서 인자 가버리고. |양선숙|

― 면담자: 종질 중에 남편이 죽어가지고 미망인 되신 분 있었잖아요? 애도 없고?
구술자: 아! 거기는 재혼해 갔어요. 15년을 살다가 그만 갔어. 참 사람이 무던하고 좋았어요. |이호영|

―― 우리 집안에 쟤 아버지 저기가 육촌끼리가 셋이었어요. 똑같이 나이 먹은 사람이 셋이었는디 셋 다 죽었었어요. 셋 다 죽었는디 쟤 아버지하고 같이 가 있던 사람 그 동서 하나 조카 낳고서 살고, 그 하나 저기는 없어. 아들 하나 있었는디 아들이 죽고 그러니까. 지금 팔자고쳐서 가서 저기 신촌 어디서 산다는디. |한명화|

구술자들과 비슷한 처지에 있는 여성들 가운데 상당수가 재혼을 했다. 구영선의 경우 그때 전쟁미망인회 회장으로 있으면서 회를 운영했는데, 처음에는 28명의 회원이 재혼해서 나중에 20명으로 줄었다고 한다. 대개 자녀가 없는 전쟁미망인의 경우 재혼했음을 알 수 있다.

전쟁미망인의 재혼이 어느 정도 이루어졌는데도 재혼한 여성들의 이야기를 들을 수 없었던 까닭은 대개 자식이 없는 경우이거나 자식을 두고 가야 했기 때문이다.

—— 〈문〉 3년 전 남편이 죽고 두 아이와 더불어 시집에서 외롭게 지내는 여자입니다. 시부모는 아이들을 맡을 테니 친정으로 돌아가서 재혼하라고 권하여주었습니다만 아이들을 남겨두고 갈 수도 없어서 그대로 시집을 도왔다. 요즘 와서 시어머니로부터 노골적으로 나가달라는 태도를 보이게 되었으니 저는 남편의 집을 나오지 않으면 안 되겠습니까.[44]

—— 〈문〉 본인의 남편이 차자로서 분가 후 농업으로 생활을 하여오다가 3년 전에 일선에서 전사하였습니다. 현재 전답과 남녀 두 아이를 갖고 있는데 가정 장래를 생각할 때 남편 없이 생활고를 유지키 곤란하여 개가하려고 결정하였으나 이 뜻을 안 큰댁 시부, 시숙님은 남편을 얻을 경우에는 전 재산과 두 아이를 자기에게 맡기고 나가라고 합니다. 남편을 얻음으로써 전기 재산은 본인과 자식이 상속받을 수 없을까.[45]

재혼은 곧 친권을 포기하는 것과 같다. 재혼하지 않은 까닭이 '자식들'이라는 답을 알 수 있는 대목이다. 재혼을 하게 되면 시가에 자식들을 두고 가야 하고 어머니로서의 권리가 박탈당했기 때문이다. 전쟁미망인에게 재혼은 법률적으로 쉽지 않은 결정이었으며 불리하게 작용했다.

구술자들이 가장으로서 혼자 살아온 세월을 자랑스러워하는 한편, 운명과 팔자로 돌리기에는 너무 힘든 세월이었음을 밝히기도 한다. 이순분은 "안 하지 — 요새 같으믄, 글때는 그리 안 살았어요. 다— 다— 다— 뭐, 신랑 얻어가 나가뿌렸지, 뭐. 시집 사는 기요? 옛날에는— 옛날에 내

그래, 그래 살았지요. ……요새는 잘하지, 뭐― 사이 뭐 하노. 내사 그란
다. "자 그런 사람 잘했다 우리 같은 사람, 다 살았고. 재혼하는 사람 잘
했다. 뭐할라꼬 혼자 사노!" 그렇드라. 그래서 생각나드라꼬예"라고 재
혼이 흉이 아님을 언급했다. 그리고 가장 솔직히 대답한 이는 나금영이
었다.

― 구술자: 아이구, 좋아하는 사람 많았지요. 아주 상처를 하고 그 중고등
　　학교 교장, 막 재혼하자고 밀어붙이는데 마, 그 인자 조금 그런 사람
　　하고는 통하잖아요. 그러니까 인자 아주 밀어붙이는 걸 우리 사위가
　　막 죽을 판 살 판 반대를 해서 몬 했다.
　　면담자: 왜 반대를 하셨대요?
　　구술자: 즈그 장모 뺏긴다고 그랬지. …… 그거 너무 잔인하지? 그 20
　　년 동안에는 좀 시댁에 식구들도 그렇고, 넘의 눈도 있고 그러니께는
　　안 되지만은 …… 참 오해받는 것도 있고 그래요. 그래 혼자 사는 사
　　람들 참 불쌍해. 우리 교인들 보면 혼자 사는 사람들, 예수 믿는 사람
　　하고 안 믿는 사람하고 다르지만은 그래도 사람 인人 자 그래가지고
　　하나 없으면 안 되잖아요. |나금영|

― 구술자: "아이 니는 선전을 해라. 우리 친정엄마 청춘을 과부로 혼자
　　살아봐도 소용없더라. 좋은 사람 있으면 가라고 해라. 좋은 사람 있으
　　면 가라고 해라" 그러더란께. 자기 경험담이여.
　　면담자: 나이 많이 드셨을 때.
　　구술자: 아― 우리 애기들 가르치고 그럴 때, 아― 나이 많이 들어서,

"후회 막심하다" 그래, 우리 어머니 말이. |곽용자|

나금영은 예수 믿는 사람은 다르다고 하면서도 두 사람이 어울려야 사람 인人 자가 된다면서 함께 살아가는 일이 인간답게 사는 것이라고 했다. 또한 곽용자의 어머니도 '과부로 혼자 살아봐야 소용없음'을 사람들에게 말하라고 했다. 전쟁미망인에게 혼자 살아가는 길은 그만큼 녹록하지 않은 세월이었다.

3│ 전쟁미망인의 몸은 시가의 소유

젊은 전쟁미망인을 주인공으로 한 연재소설《미망인》을 쓴 염상섭은 "흥미보다 먼저 진실한 생활과 시대를 붙들어 여실히 독자의 눈앞에 내어놓는다"며 소설과 현실 미망인을 쓰는 목적을 다음과 같이 제시했다.

─── 이 '미망인'은 종래의 미망인형의 심리 작용이나 생리 현상을 붙들어 쓰자는 흥미에 그 주제를 둔 것은 아니다. 이번에 겪은 전란은 여러 각도로 보아야 하겠지만 그 부작용의 하나로써 나타난 전쟁미망인의 생활과 사회적 가치라든지 의의를 무시할 수는 없다.

그 청춘과 닥쳐오는 생활고를 어떻게 처리하고 수습할 것인가. 거기에 어린 자녀들 품에 안고 헤매는 경우, 그 가엾고 딱한 사정은 과연 어떠한 것인가. 납치 인사의 가정이 있다. 그 부인은 물론 미망인은 아니나 경우에 따라서는 미망인 이상으로 정신적 타격과 생활고에 시달린 것이다.

각양각색의 미망인 혹은 준미망인의 생활 양상과 생활 태도와 그들이 걷는 길과 생각하는 바를 비교하여 관찰하여 그려보고자 이 붓을 든 것이다.[46]

이 소설에는 세 명의 미망인이 등장한다. 아들과 딸을 대학 교육까지 시킨 조 씨 부인, 원호 사업을 하는 납치(인사)미망인, 군경미망인인 명신이다. 혼자 평생 바느질로 자식들을 길러온 조 씨 부인은 "어린 과부년의 꽁무니를 눈이 벌개 쫓아다니구 과부년은 거성두 벗기 전에 총각놈과 다녀" 명신과 홍식이 못마땅했다.[47] 원호 사업을 하는 납치(인사)미망인은 명신과 홍식의 결혼을 찬성하면서 그 까닭을 다음과 같이 말한다.

—— 난 원호 사업을 하는 입장으로서 한 사람이라두 젊은 전쟁미망인을 구하기 위하여 대찬성야. 하기야 저편이 첫 장가를 가는 총각이라니 좀 가엾은 생각두 없지 않지만. 저의끼리 좋으면야 그만이지.[48]

—— 난 당신네 같은 젊은 전쟁미망인이 한 사람이라두 가정부인으루 다시 들어가서 다시 얌전히 살림을 하게 하기 위해서라두 그런 자국이 걸리면 놓치기가 아깝단 말요.[49]

한편 홍식은 부친에게 명신이 다방에서 일하는 것과 결혼을 설득하는 장면에서 다음과 같이 말한다.

전쟁미망인을 소재로 한 영화나 드라마
도 많다. 〈유혹의 강〉(아래)은 정비석의
소설을 영화로 만든 것이고, 〈미망인〉은
여성 감독의 시선으로 미망인을 섬세하
게 그려낸 것으로 평가받고 있다.

—— 왜 그렇게 보십니까? 당사두 기
를 쓰구 안 나가려 합니다마는 타락
하기 쉬운 사람을 구해내구 어린 것
하나 맡아서 길러준다는 게 뭐 안 됐
습니까?[50]

염상섭이 《미망인》을 통해 "자기 자
신의 새로운 운명을 개척하고 사회의 새
질서와 새 윤리를 세우는 데 도움이 되
도록 어떠한 희망을 가지고 암시를 주는
것은 가능한 일이요, 작가의 한 임무일
수 있다고 믿는다"라고 밝혔듯이, 이 소
설의 목적은 전쟁미망인에 대한 새로운
윤리를 제시하는 것에 있었다. 이 소설
은 전쟁미망인이 등장한 다른 소설들에
비해 밝은 미래를 제시하고 있다.

그런데 전쟁미망인에게 재혼이란 타
락하기 쉬운 길에서 구해내 가정부인으
로 들어가서 얌전히 살림하게 하는 것이
다. 전쟁미망인의 재혼이 공론화되진 않
았지만, 여성을 집 밖에서의 활동과 집
안에서의 활동, 즉 자유부인과 가정부인
이라는 이분법으로 나누어 이 기준 안에

서 재혼이 이루어지도록 했다. 전쟁미망
인에게 재혼은 행복이 보장된 재혼이라
는 조건부로 허용되었다. 그리고 그런 전
쟁미망인의 재혼은 곧 가정부인이 되기
위한 길이었다.

대중들에게 가장 많이 알려진 것은 〈사
랑방 손님과 어머니〉라는 영화이다. 옥
희의 어머니는 언제나 단정한 옷차림을
하고 있는 정숙한 여성으로 나온다.

—— 장 교장은 얼굴을 수그린 채 눈만
   치뜨고 현 선생을 본다. 그리고는 언
   짢은 얼굴로,
   "자네 누이라는 지금 온 미망인 말이
   요, 좀 감독이 불충분해. 내 눈이 장님
이 아닌 이상 틀림없이 그 과부는 바람이 났어요, 미안하지만 현 선생
청은 거절이요."[51]

—— 검사는 나에게 과거 사생아를 낳은 일에 대해 추궁했고, 그러한
   과거와 다방의 마담이라는 직업에 비추어볼 때 최 강사의 모욕적인
   언사가 참기 어려웠다는 것 그리고 그를 죽이고 싶을 만치 노여웠다
   는 것은 이해하기 어려운 일이라 했다.
   "야합을 해서 사생아까지 낳고 많은 손님들을 접대해야 하는 다방 마
   담의 직업을 가진 여성이라면 남자의 그만한 희롱쯤 받아넘겨 버리는
   것이 당연하지 않소. 무슨 결백을 주장해야 하는 처녀도 아니요 가정
   부인도 아닌 처지에서"
   검사는 나의 과거와 직업으로 해서 모든 희롱이나 모욕이 감수되어야

한다고 주장했다.[52]

〈흑흑백백〉에서는 '전쟁미망인이 바람난' 까닭으로 취업의 청을 거절했다. 〈표류도〉에서 현희는 생계를 책임졌으며 전쟁으로 남편이 사망하여 유복자를 낳았다. 그런데 사실혼이었기 때문에 유복자는 사생아가 되었다. 사생아는 전쟁으로 인해 발생했고 이런 문제는 상담에서도 끊임없이 제기되었다. 결혼 6개월 만에 전쟁이 일어나 혼인신고도 못 했는데 아이를 갖게 되어 그 아이가 사생아가 될 수밖에 없으니 어떻게 하면 좋겠는가라는 종류의 상담이 많은 것도 이런 까닭에서이다.

위의 소설에서 전쟁미망인의 성과 몸은 자신의 것이 아니다. 재혼이라는 방식이 아니면 전쟁미망인은 자신의 성을 공개적으로 내세울 수 없었다. 그렇게 되면 '타락한' 여성으로 낙인찍히고 낙인으로 인해 '정상' 생활을 유지할 수 없었다. 구술자들이 남을 의식하고, 드러내지 않고 살아가는 방식을 택한 것은 이런 분위기에서였다.

전쟁미망인의 섹슈얼리티가 어떻게 억압되었는지를 아래 기사는 잘 보여주고 있다. 〈인가 가족, 어머니는 어머니: 어지러운 세태, 특히 눈에 띄는 탈선 여인들의 군상, 그 속에 버림받은 어린 생명 하나〉라는 제목을 뽑아 이 여성이 탈선한 여성임을 전제로 소개하고 있다.

—— 가정의 존엄성은 법에 의지하여야 할 것인가? 여기에 그 심판을 기다리는 한 가족이 있다. "어머니의 행실이 부도덕하기 짝이 없으니 어머니로서의 권리, 의무를 박탈하라"고 법에 호소한 어린이가 있는 것이다. 〈어머니에 대한 불신임〉 제기이다. …… 지난 1월에 친권상

실을 서울지방법원에 청구한 사건. 원고는 물론 어머니를 불신임한 장본인이 아니고 그 어린아이의 큰아버지이다. 이○○(피고)의 남편 강○○(30) 씨가 군대에 응소되어 단기 4286년(1953년) 1월 15일 지리산전투에서 실종되면서부터 시작된다. 소송 제기의 내막을 살펴보면 남편이 죽은 다음 부인은 바람이 나기 시작하였다는 것이다. 원고 측 주장으로는 피고가 그런 행실이 있었다는 것을 자인하면서 "돈만 조금 주면 나가겠다"고 해서 서로 타협되었으나 나중에는 피고가 다시 불응하는 태도여서 하는 수 없이 법에 호소한다고 설명하고 있다. 그러나 재판이 진행되자 피고 측에서는 "전혀 그런 일이 없었다"고 강경히 부인하는 한편 도리어 모략이라고 항변하였다.[53]

위의 내용은 시숙이 전쟁미망인의 행실을 문제 삼아 전쟁미망인인 어머니의 친권을 빼앗으려는 것이다. 전쟁미망인이 다른 남성을 만나든 만나지 않든 간에 전쟁미망인 개인의 문제이며 그것에 개입할 수 없는데도 전쟁미망인 개인의 성을 갖고 소송을 했다는 것은 전쟁미망인의 위치와 사회적 지위를 짐작하게 한다. 어머니로서 전쟁미망인이 갖고 있는 친권이라는 것이 얼마나 미약한지 가늠하게 한 사건이기도 하다.

—— 33세. 5년 전 상이군인으로 귀가한 남편은 다시 못 올 길을 떠나버려 지금까지 늙은 시부모 밑에서 바느질품을 들어 지내고 있습니다. 저는 끊을 수 없는 괴로운 사랑에 빠져 있습니다. 저는 8, 6, 4세 난 어린애들이 있어 마음이 아프며 30세 난 시동생이 수일 전에 군대에서 제대하여 온 후로는 일체 외출을 금지당해 더욱 안타깝습니다.[54]

— **놀아난 청춘 과부 불의의 씨 압살**: 청춘 과부가 이웃집 남자와 불의의 정통 끝에 분만한 아이를 죽이고 법망에 걸린 사건이 발생 …… 이○○(25)은 출정한 남편이 전사한 후.[55]

— **상반되는 사망 진단, 낙태 수술 후에 죽은 전쟁미망인**: 대구시 삼광의원 원장 김○○ 씨를 '업무상과실치사' 혐의로 불구속 문초 …… 구○○(28, 전쟁미망인) 씨가 지난 9월 12일 돌연 복통이 나서 삼광의원에서 진찰을 받은 결과 임신 중임이 발견되어 …… 홀몸으로 있는 구 씨는 의사에게 낙태 수술을 요구하여 결국 7000환을 주고 낙태 수술을 하였다. 그 후 구 씨는 하혈 과다로 사망.[56]

시동생에게 외출을 금지당해 어떻게 해야 하느냐는 상담이나 불법 낙태로 인해 사망 또는 영아 살해라는 기사 내용은 전쟁미망인의 성 곧 몸도 자신의 소유가 아닌 시가의 소유임을 알려주는 대목이다. 전쟁미망인은 가족 생계를 꾸리고 가장으로 생활했지만 섹슈얼리티와 관련해 그들의 몸은 온전한 개체가 아니었다. 그녀들은 여성이라기보다는 어머니라는 정체성과 '미망인'으로 간주되었다. 이런 까닭에 전쟁미망인들의 재혼이 상당수 이루어졌는데도 그들의 재혼은 거의 알려져 있지 않았다.

3
전후 처리에서 선택된 여성과 배제된 여성

전쟁은 사망, 육체적 · 정신적 부상, 가족 파괴 따위의 문제를 낳았다. 전후 사회는 이러한 사회문제를 해결하기 위해 여러 대안과 정책들을 내놓았다. 이에 대한 국가 정책 가운데 하나가 원호법의 제정과 원호 정책의 실행이다.

원호 정책은 전쟁 피해자에게 국가가 보상하는 정책으로, 물질적 지원을 비롯한 교육이나 취업 등 다양한 지원으로 전쟁 피해자가 자활할 수 있는 길을 열어주는 제도이다. 군경미망인은 전쟁 피해자로 인정받았으며 국가로부터 일정 정도의 보상을 받고 있다. 물론 군경미망인은 상이군인이나 유가족보다 밀려나 있었고, 그에 대한 보상도 최근에 이르러서야 생활할 수 있는 정도가 나왔다. 반면 피학살자미망인은 아직도 전쟁 피해자로 인정받지 못하고 있으며 어떠한 보상도 받지 않고 있다.

여기에서는 전쟁 피해자를 어떻게 위계화했는지, 그 위계화의 효과는 무엇이었는지를 알아보고자 한다.

1 | 전쟁미망인들을 위계화하기

원호 제도는 1950년 4월 제정된 '군사원호법'에서 시작되었다. 그러나 한국전쟁으로 군인, 경찰, 피동원 노무자, 청년단체원들이 죽거나 부상당하면서[57] 원호 제도를 정비했다.[58] 군경미망인은 연금과 사금을 받았다. 연금은 1952년 10월부터 계산하여 〈전몰군경 유족과 상이군경 연금 지불규칙〉에 따라 연금 수급권자에게 체신부 관할의 지정 우체국에서 현금으로 지급했다. 사금은 1951년 제정된 〈군인사망급여금 규정〉에 따라 유족이 해당 지역 병사구사령부에 신청하면 전사자의 직급에 따라 차등 지급했다.

연금과 사금은 신청하지 않으면 나오지 않았다. 연금을 신청하기 위해서는 입대했다는 것을 증명해야 했고, 증명을 위해 보증인을 세워야 했다.

——— 우리 친정 모친이 "너 아무것도 없는데 그래가지고 어떻게 사니? 하는 수 있나. 나라나 좀 베껴먹고 살아라"며 연금 신청을 하래요. 그래서 "연금 신청을 어떻게 하는데?" 그러니께, 우리 남편하고 같이 그, 친정 동네에 같이 간 사람들이 있는데 그 사람들은 어이어이 해가지고 연금을 탄다고 그러더라고요. 그래가지고 내가 안동을 가자면

100리 길이래요. 그런데 거기를 막 매일 가다시피 갔어요. 그래가지고 가서 연금 신청을 하고 그 안동에 ○○○이라고 하는 분이 계셨어요. 그래 그 분이 우리 시댁 일가래요. 그래 저거 했는데, 나중에사 8년 만에 전사 통지가 오더라고요. | 이호영 |

유가족 증명서(앞면과 뒷면)ⓒ

—— 아주 동사무소에서 해갖고 까다롭고 그러니까 대전 병무청까지 갔었어요. 그런디 그것도 나 혼자 간 게 아니라 동사무소 병사계가, 나 혼자뿐이 아니니께, 아들 죽은 사람, 사위 죽은 사람, 남편 죽은 사람 많잖아요. 그러니께 여럿이 인솔해서 가는디 그때는 교통도 그렇게 나쁘더라고. 대전을 갔다 오는디 온양서 저녁에 가서 온양에서 자구서, 거기서 차 타고 천안까지 올라와서 대전을 간 거여. | 한명화 |

—— 친정 오빠가 "동생, 딴 사람은 다 그렇게 하는데 너는 그 딸 데리고 재혼해가 가지도 못할 긴데 그거라도 타야 되지 우짤라고 그래 놔 두느냐?" 그래 내가 "오빠 뭐 어떻게 하면, 어떻게 해가 탑니까?" 이카니께네, "도장하고 그래가지고, 도민증 가지고 오너라" 그카더라

원호의 달 포스터

고. 그래 가가지고 신청을 했는데 한 5, 6년을 몬 탔어. | 박원기 |

까다로운 연금 신청 절차를 통해 어렵게 탄 연금과 사금은 군경미망인이 사용한 경우도 있었지만 오랫동안 시어머니나 시아버지 등 시가 가족이 사용한 경우도 많았다.

—— 5000원 나왔는데 우리 시아버지가, 그때만 해도 아들들이 군인 나가서 들어오지 않고 죄 꼬맹이들만 있으니까. 지금 넷째 아드님이 그때 열두 살인가, 열세 살인가 그랬어요. 그러니까는 우리 시아버님도 또 벌지도 못하고. 그러니까 그 전사금 돈도 다 쓰시더라고, 그거를. …… 그래서 우리 시아버님보고 "아버님 딸들이 하나도 아니고 셋씩이나 있는데 그 돈을 다 쓰시면 어떡해요. 그거 가지고 그래도 늘켜서 (늘려서) 애들 학교도 들어가야 되고 그러는데 돈 좀 남겨주시면 안 돼요?" 그랬더니 뭘 하려고 그러냐고 해. 그랬더니 돈 1000원 주더라고 그때. | 곽희숙 |

— 구술자: 사금 같은 게 나왔는데. 그때 그거 시동생이 가가갔지요. 그거 안 줄라 해요.
면담자: 아! 시동생이 타 갔구나.
구술자: 자식은 뭐 아직 어리니깐 그렇고 그때 젊으니까. 그다음에 부모

고 그랬는데. 어우. 시동생이 뺏들어 갔는데. 싸우기 싫어서 그냥 줬어요. 그냥 줬어. 너무 정신적으로 고통이 심해가지고 내가 이런 집에 내가 뭐할로 있겠나 싶어서 그러다 그냥 친정으로 가뿌렸어요. |구영선|

— 구술자: 언제 한번 연금도 내가 늘 타다가, 그때까지도 뭐, 노인네가 타서 쓰고 난, 타서 쓰지도 못했어요.
면담자: 연금도 그때 할머니가 못 타시고.
구술자: 내가 못 타고 노인네들이 타서 쓰셨어요. …… 내가 돌아가신 다음에 찾아왔어요. |김예분|

—— 그때는 내가 돈을 타다가, 그때는 또 바보였어. 돈 타다가 우리 시아버님 다 드렸어. 드리면 가서 술 잡숫고 싶으면 술 잡숫고. 뭐. 그런데 난 그 돈 좀 줬으면 '우리 애들 옷이나 하나 사다줬으면' 그랬어.
|박수영|

—— 시어머니하고 시아버지하고 아들 죽었는데 뼉따구 우려먹는다고 그거 타가 뭐할라 카느냐고, 그카면서 상당히 오래 안 탔어. 안 탔는데 내가 아무리 생각해도, 내가 앞으로 이거 딸을 데리고 살라 카만 어쩔 수 없다 카면서 내가 시아버지 몰래 가가지고 신청을 했어요. …… "왜 탔느냐"고 묻더라고. "연락 왔는데 가보니 돈 주는 줄도 모르고 가가 타가 왔어요." 숨겨놨다가 얼마나 있다가 드렸어. |박원기|

—— 그게 꽤 오래 간 사람도 있어요. 그 사람이 지금 한 3년 전엔가 연

금을 타러 왔더라고. 그래 내가 "당신은 왜 이제 연금을 타?" 그러니까로 "불쌍해서 이제, 우리 시어머니가 타다가." 시어머니가 인제 돌아갔는가봐. 돌아가니까 자기한테로 돌아온 거야. 그러니까 며느리도 우습게 보고, 억세지 않으면 그 1인자 차지도 못한다니까. | 박원빈 |

군경미망인의 경우 연금과 사금은 대개 자신들이 사용하는 것이 아니라 시아버지나 시어머니가 사용했다. 적게 나온 사금으로라도 재봉틀이나 논 또는 밭을 구입해 소작료를 받아 살림 밑천에 이용하기도 했다.

—— 그래도 그걸로 내가 뭣이 했어요. 절대 이걸 먹으면 안 된다, 생명이라고. 그걸로 나락이 쌌잖아. 벼가, 그때는. 벼를 팔아서 셋거리(이자)를 놨어. 가을에 받기로 …… 아니. 가을에 벼니까 가을에 받지. 가을에 허지. 가을에 해가지고 가을에는 벼가 많잖아, 가을에는. 그러면 주면 아쉬운 사람들이 먹고, 내년 농사를 지어서 가을에 갚는 거야. 1년을 있다가. 그러면 이자가 있지, 많이. 그래서 길었는데 그것을(그것으로) 논을 두 마지기를 샀어요. | 강경순 |

—— 그 우리 동네 면(면사무소)에 다니는 사람이 그렇게 혼자 있다고, 미싱 하나 주더라고. 미싱을 서울까지 끌고 댕겼어, 내가. "아, 저게 우리 신랑이 준 거다" 하고. 하하하. 시골서 쓰다가, 그래갖고 여기 와서, 다른 데로 이사 가는데, 옹삭해갖고(좁아서), 누구를 줬다가, "우리 다른 데로 이사 가걸랑 그거 줘요" 했더니, 그이 만나서 물어보니까, 없애버렸대, 망가졌대. 하하하. | 곽순진 |

―― 긍게 그때 그 무엇인가 돈 조께 나와서 그놈 갖고 재봉틀을 하나 샀죠. 사가지고 바느질을 했죠. 그때는 얼마나 되간디? 지금같이 …… 거시기를 쌀을 팔아서 친정어머니가 쌀가게 집에다가 쌀을 보관을 하는데,…… 그래서 띠어버렸어. 그래서 뭐 보상 탔다는 것도, 그냥 그렇게 흐지부지 그래부렀당게. |김순태|

―― 아 일시불로 주는 거 그걸 가지고 땅을 그때 두 마지기인가 그래 샀어, 시골에다가. 땅을 두 마지기 사가지고, 그래가 그거 쪼매씩 들여가지고 대구에 있으면서도 [시골에 사둔 두 마지기 땅] 농사지으면 한 마지기에 쌀 한 가마니씩 줘, 옛날에는. 한 가마니 주는 거 그걸 갖다 놓고 먹고살고. |양희선|

―― 나는 그런 거 주더라구. 또 광목 한 통 주니께 눈이 훤하데요. 그걸루 애들 바지도 맨들어 입히고 그랬어요. 옷이 있어야지. |윤철희|

― 구술자: 워낙 없었으니까. 집이 있었나 뭐가 있었나. 그 사금 나와서 우리 시숙이 밭뙈기 너 마지기를 샀대요.
면담자: 그 5000원 가지고.
구술자: 예. 5000원 가지고 밭뙈기 너 마지기 샀는데 저기 저, 도장 팔 돈이 없더래요.
면담자: 할머니 도장 팔 돈이.
구술자: 아니 그것도 내가 시집가면 내가 갖다 다른 놈 준다고, 야 다섯 살 먹었는디 애 앞으로 해놨어. 그래서 팔고 사고 못 한대요, 스무

살 먹도록. 그래서 딴 사람이 부칠 때 쬐금씩 얻어먹었죠. 콩 조금씩 얻어먹었죠. | 임기영 |

—— 그거 갖고 그냥 저거 하고 거기서 애 학교 갈 때 공책이라도 사주고 나머지 저기 하고 그러면 모여서 쌀을 사갖고 놀이를 했었어, 내가. 그렇게 해서 그거 밭 1000평짜리 하나 사가지고서 살고 그렇게 했는디. | 한명화 |

이러한 원호 정책은 1960년대 군사원호청이 생겨나면서 좀 더 구체화되었다. 연금 지급, 각종 부조 사업 등을 정비하면서 원호 대상자 일제 조사 및 상이군인 신체검사, 취업 알선 따위의 사업을 벌이고 원호 관련 법률을 정비했다. 그리고 난립했던 단체들을 해체해 대한상이군경회, 전몰군경미망인회, 전몰군경유족회로 일원화해 정부의 통제 아래에 두었다.

군사원호청 설립 뒤 실시된 원호 관련 행정적, 법적 조치들은 박정희 정권에 의해 "구정권 시대의 고식적이고 비현실적인 군사 원호로부터 완전 탈피하여 실질적이며 공평한 개인 위주의 원호를 전환하였다"고 평가받았다.[59]

—— 그러니까 우리 미망인들이 주로 인제 정부가 박정희 대통령 되고서부터는 인제 미망인들을 취직을 많이 시켜줬어요. 전매청 같은 데 이런 데. 그래가지고 그런 데 많이 가서들 활동들 했죠, 미망인들이. 그래서 전매청 이런 데, 여자 경찰관 이런 데 많이 좀 들어가고 그랬어요. | 박원빈 |

—— 막 원호청에 쫓아갔지. 쫓아가가지구 취직시켜달라구 했더니 저기 뭐여, 재활원 피복과, 거길 취직해주더라구요. | 윤철희 |

—— 중학교 들어가는 것도 5·16 덕택일 가능성이 굉장히 많아요. 5·16 되고 나니까 매년, 아니 매달 전사자나 상이군인들에게 학비 보조 나와서. | 임기영의 아들 |

유명무실했지만 그래도 연금은 군경미망인에게 큰 도움이 되었다. 그리고 군사원호청이 생긴 뒤 지금까지 행상을 하던 일부 군경미망인이 정규직 일자리를 얻을 수 있는 기회가 마련되었다.

원호청 설립 뒤 전쟁미망인의 일부는 공장, 전매청 등지에 고용되었다. 비정규직이었던 이들 전쟁미망인 가운데 일부는 적은 돈이지만 정규직으로 매달 임금을 받는 생활을 했다. 전쟁미망인에게 연금과 사금은 유명무실한 제도였지만 그래도 연금은 군경미망인에게 큰 도움을 주었다. 오늘날 연금은 예전처럼 있으나 마나 한 금액이 아닌 일상생활을 살아가는 데 필요한 버팀목이다. 연금이 현실화한 것은 군경미망인들이 말했던 것처럼 아이러니하게도 광주민주화운동과 관련된 보상 때문이었다.

—— 대한민국전몰군경미망인회에서는 지난 2월 21일 전국 각 시도 지부 회원 2500여 명이 참가한 가운데 소복 차림으로 여의도 국회의사당 앞 광장에서 국가유공자상 정립 결의대회를 가졌다. 이 대회를 통하여 미망인회에서는 광주사태 희생자 유족에 대한 파격적인 보상에 비해볼 때 국가와 자유 수호를 위하여 목숨 바친 국가유공자 유족에

대한 그간의 보상 내역이 턱없이 낮은 데 대한 항의와 함께 광주민주화운동 희생자와 같은 수준의 보상금을 요구했다.[60]

군경미망인은 지금껏 연금과 관련해 시위를 조직하지 않았지만, 1990년과 1991년에 소복 차림을 하고 국회의사당에 나가 연금을 현실화하라고 외쳤다. 이들이 그렇게 외칠 수 있었던 것은 광주민주화운동 보상 때문이었다. 광주민주화운동 보상은 지급액 방식 등에서 논란이 제기되었음에도 불구하고 국가 폭력으로 인한 피해자가 자기 목소리를 낼 수 있는 계기를 제공했다. 그런 측면에서 우리 사회를 되돌아볼 수 있는 기회를 제공했다. 이 문제가 제기되지 않았다면 군경미망인의 연금은 지금도 여전히 1980년대 초반 5공화국 시절 수준인 2만 원을 넘어서지 못했을 것이다.

—— 이들이 받는 기본 연금은 월 27만 4000원이다. 이 외에는 국가 유공 종류 및 연령에 따라 최하 8000원에서 39만 2000원까지 차등 지급받는 부가 연금이 있다. 모두 합쳐 40만 원 이상의 혜택을 받는 사람이 절반도 못 된다. 미망인은 대부분이 최저인 8000원을 받고 있다. 5공 시절만 해도 연금은 교통비 수준이었다. 전몰군경미망인회 양순임 회장은 "현재 도시 근로자의 생계비인 85만 원의 50퍼센트인 42만 5000원은 기본금으로 줘야 한다"고 주장했다.[61]

—— 78년도 2만 원이 아니고 84년도, 그러니까 한 10년 정도가 2만 원 줬을 거야. 전두환이가 대통령 할 적에 2만 원이야. …… 지금은 노태

우 대통령이 들어서면서 노태우가 인제 5만 원, 10만 원 막 그렇게 올렸어요. 너무너무 적으니까, 생활이 안 되고 그러니까 막 그러니까. 그래서 올린 기 한— 노태우 대통령이 한 삼십 몇 만 원까지 올려놨었어요. 그래가지고 연차적으로, 공무원들 연금 오르는 대로 맞춰서 올라간 기 지금 74만 4000원이에요. | 박원빈 |

—— 그 광주사탠가 그것 때문에 이게 이렇게 오르고, 차츰차츰 올랐지 오르지두 않았어. | 이동애 |

2 | 전쟁 피해자, 2만 명뿐인가?

일본에서 시행된 유족 연금은 연 1회로 남편의 계급에 따라 차이가 없고, 지급 순위도 남녀의 차이가 없었다. 반면 우리나라 연금 제도는 남편의 계급에 따라 차이가 있으며 지급도 상이군경이 우선순위이다. 그런데 일본의 원호법은 유럽 여러 나라의 원호법에 비해 차별을 낳았다. 곧 일본의 원호법은 전쟁미망인을 구했지만 반면 전쟁에 의한 희생자 간에 불평등을 낳았다. 영국의 경우 전쟁미망인에 대한 연금 지급액도 현실화되었고, 직업 지도 시설이 완비되어 직장이 확보되었다. 지급액의 많고 적음을 떠나, 전쟁 희생자의 보상에 관한 한 유럽 여러 나라의 공통된 특징은 두 가지이다. 첫째는 국민 평등주의로 군인 군속과 민간인을 구별하는 것이 아니고 전쟁 희생자에게 평등한 보상과 대우를 해준다. 두 번째는 내외인 평등주의로 자국민과 외국인을 구별하지 않고 모두 전쟁 희생자로 평등한 보상과 대우를 해주고 있다.[62]

유럽 여러 나라들이 전쟁 피해자로 군경과 민간인을 구분하지 않은 것에 비해, 우리나라의 원호법은 군경, 군속과 민간인을 구별했고 전쟁 피해자인 민간인은 이 범주에서 제외시켰다. 또한 연금을 비롯한 보상을 받는 대상자 면에서도 군경미망인뿐 아니라 군경과 군속의 인원수가 급격히 감소했다. 소수의 군경미망인만 전쟁미망인으로 인정하고 그 외 다수의 전쟁미망인은 전쟁 피해자 대상에서 제외시켰다.

전쟁 피해자를 수적으로 줄이는 방식은 전쟁미망인뿐 아니라 상이군인에도 적용되었다. 다음의 사례를 통해 상이군인의 수가 어떻게 감소되었는지 알 수 있으며, 그 수가 감소함으로써 어떤 결과가 생겼는지 짐작할 수 있다.

| 표-6 | 1950년대 주요 자료에 나타난 상이군인 수[63] (단위: 명)

구분	자료명	연도	상이군인 수
명예제대자 기준	사회행정개요	1954	140,623
	(6·25사변)후방전사: 군수편	1955	126,059
생계 보조자 명부 기준	보건사회행정연보	1959	93,042
중상이자 기준	(6·25사변)후방전사: 군수편	1955	58,211
상이군인 원호 문제		1959	37,637
연금 수급권자 기준	보건사회통계연보	1955	11,257
		1956	13,464
		1957	17,128
	상이군인 원호 문제	1959	20,647

박정희 정권과 군사원호청은 들쑥날쑥한 상이군인의 기준을 정리했다. 군사원호청은 1961년 8월 25일부터 10일간 연금증서 일제 갱신 사업을 벌였다. 그리고 연금증서를 갱신하지 않은 자와 자격 미달인 자의 연금 수급권을 박탈했다. 이때부터 정부간행물과 신문을 비롯한 모든 자료는 연금 수급권을 가진 상이자만을 상이군인이라 부르게 되었는데, 그 수는 1961년에 2만 3468명이었다.

그러나 이때의 상이군인 신체검사는 연금 수급권자의 범위를 넓혀 상이의 종류와 정도의 다양성을 인정하는 방향으로 전개되지 않고 대상자를 축소하고 획일화하는 데 초점이 맞추어져 있었다. 곧 원호 대상 상이군인 수를 최소화하는 선택적 배제를 통해 정책의 효율성을 극대화하고 그 수혜자들을 정치적으로 동원하는 전략이었다.[64]

이러한 방식은 전쟁미망인에게도 적용되었다. 상이군인에 비해 전쟁미망인은 실태 조사조차 이루어져 있지 않았기 때문에 공식적으로 어느 정도인지 짐작할 수도 없지만 일간지나 정부 통계를 살펴보면 다음과 같다.

— 〈서울신문〉 1952년 4월 30일: 사회부 …… 지난 3월 15일 전국적으로 일제히 난민 등록을 실시한 바 있었는데, 구호 대상자 중 4월 15일 현재 각 도로부터 사회부에 보고된 전국 미망인 총수는 29만 3676명이라 하는데 이 중 전쟁으로 인하여 미망인이 된 수는 10만 1845명이며……

〈부산일보〉 1953년 8월 23일: 현재 등록된 전쟁미망인 총수는 29만 3852명이고 이에 딸려 있는 아동 수는 51만 6668명이라고 하는데, 통계는 부분적인 것이므로 실제의 수는 이의 두 배에 달할 것이라고 한다.

〈조선일보〉 1953년 8월 26일: 전쟁미망인의 숫자가 관심사인바 이 숫자에 대하여 사회부는 하등의 기초적인 통계도 가지지 못하고 단지 작년 봄에 동부에서 실시한 〈피난민 등록〉 통계에 나타난 29만 3852명이라는 막연한 숫자에 의거하고 있다. 전쟁미망인과 피납치미망인, 자연 미망인들을 합하면 그 수는 50만 명을 넘을 것이라고 말하고 있으며 이 미망인들이 부양하여야 할 자녀의 숫자까지 합하면 100만 명이나 될 것이라고 당사자들은 말하고 있는데. ……

〈동아일보〉 1954년 6월 6일: 전쟁미망인은 약 30만 명에 달하고 있는데. ……

〈동아일보〉 1956년 6월 17일: 현재 당국에서 말하는 전국 전쟁미망인 수 58만 5000여 명(55년 말 현재 조사).

〈한국일보〉 1956년 12월 13일: 엄동을 맞아 전쟁미망인 약 13만 명에 대한 당국의 따뜻한 시책이 갈망된다.

〈경향신문〉 1958년 8월 1일: 현재 전쟁미망인의 총수는 50만 5000여 명인데 이 중 요구호 대상자는 25만 2000여 명으로 이 중에서 불과 2300여 명만을 수용하고 있고 여기에 따르는 부양가족은 91만여 명에 달하고 있다.

〈경향신문〉 1958년 8월 5일: 未亡人=엄격히 말하면 전쟁미망인이다. 이 역시 6·25전란이 낳은 것이다. 사변 전에는 그렇게 많지 않던(해방 당시 서울시가 최고로 1만 명 정도) 것이 50만 5300여 명의 미망인이 91만 6200여 명의 부양가족을 거느리고 있는 것이다.

〈조선일보〉 1961년 2월 5일: 전국에 무려 50만 명 —전쟁미망인 외에도 그만한 정도의 전재미망인과 납치 인사의 부인들이 있다고 당국이 추산하고 있는 것인데, 전재미망인과 납치 인사 부인들은 전혀 고려의 대상 밖에서 생활에 시달리고 있다. …… 연금을 제외한 구호 사업을 보면 …… 정부의 집계는 군인미망인 4만 8600여 명 경찰미망인 1만여명 도합 5만 8700여 명인데.

〈조선일보〉 1961년 3월 3일: 군인 전쟁미망인 수는 4만 8000여 명, 경찰 전쟁미망인 수는 1만 71명, 일반 전재미망인이 44만 9000명이었다.

〈조선일보〉 1963년 6월 6일: 우리나라에는 현재 50만 4077명의 미망인들이 있다고 한다(1962년 12월 31일 현재 보건사회부 집계). 이를 세부하면 군인이 3만 5374명, 경찰이 8129명, 일반이 46만 1374명으로 전체 수에 비하면 전사자 등의 미망인은 8퍼센트밖에 안 되는 동시에 이들은 모두 원호법에 의하여 국가의 보조를 받게 된 지금은 전에 비하여 살림에 많은 안정을 가져온 셈이다.

국가의 개입은 전쟁미망인을 소수의 군경미망인과 전재미망인으로 구분했다. 1961년 6만 5000여 명가량이던 군경미망인 수도 2년 만에 절반이 넘게 누락되어 1963년 대한민국전몰군경미망인회가 설립되었을 때에는 그 수가 2만 7626명으로 축소되었다.[65] 소수의 군경미망인을 중심으로 대한전몰군경미망인회를 조직하게 하고 국가의 감독과 통제 아래 두었다. 원호법을 통해 어떻게 국민을 위계화했는지 잘 보여주는 사례이다.

군경미망인과 전재미망인의 구분은 국가가 최소한의 관리 대상으로 소수의 군경미망인만을 고려했음을 뜻하며, 전재미망인은 점차 전쟁과 관련 없는 일반미망인으로 불려졌다. 50만 명, 29만 명, 10만 명, 6만 명

따위로 다양했던 전쟁미망인의 수는 1963년 보도에 따르면 "미망인 50만 명에 전쟁미망인은 8퍼센트밖에 안 되며 그들은 모두 구호를 받고 있다"고 정리되고 있다. 전쟁미망인에 대한 위계화는 여성에 대한 전쟁 피해를 최소화시키면서 국가의 책임을 개인에게 떠넘기려는 의도 아래 이루어졌다. 이는 비슷한 처지에 있는 여성들의 힘을 분산시켰을 뿐 아니라 그들이 역사적 주체로 나아가지 못하게 작용했다.

3 | 위계화의 효과

전쟁 피해자 보상과 관련해 유럽의 여러 나라는 군인과 민간인을 구별하지 않고 군인의 계급을 따지지 않고 평등한 보상과 대우(취업 알선, 교육비 지원 따위)를 하고 있다. 전쟁 피해자에 대한 전후 처리는 전쟁 뒤의 사회를 어떻게 건설할 것인가라는 문제와 긴밀히 연관되어 있다. 전쟁 보상과 관련해 신분, 성, 직급에 따른 구분을 없앤 데 반해, 한국 사회는 군인의 직급에 따라 군인과 민간인으로 구별하고 차별을 생산했다.

50만 전쟁미망인 또는 최소 30만 전쟁미망인이라 불렸던 것을 2만 7000여 명의 군경미망인과 나머지 일반미망인으로 구분했다. 전쟁 피해자였던 나머지는 전쟁과 무관한 일반미망인으로 여겨졌다. 전쟁 피해자의 축소는 전쟁미망인들에게 자신의 삶을 운명과 팔자로 돌리게 했다. 다리 폭파나 공중 폭격으로 숨졌던 사람들, 기록되지 않았던 군인과 노무자들, 납북된 사람들 등, 이렇게 전쟁으로 희생된 무수한 사람들 그리고 그들의 아내들은 자신의 기구한 삶을 운명과 팔자로 돌렸다. 더구나 국가의 극단적 폭력으로 인해 남편이 학살당한 피학살자미망인은 '전쟁미망인'이라고 말할 수 없는 처지였다.

—— 그래 그런 이들은 가서 인저 노인네들이라도 모여 있으면 그런 이들은 돈두 흔하게 쓰구 유가족이라구 그—냥 내세우는데, 우리는 이렇게 이렇게 죽었다는 소리를 못 했어유. 못 해보구 그냥 가슴이루만 혼저, "그래 집에 신랑은 어떻게 됐어?", "우리 신랑두 군인 가 죽었어", "연금 타?", "그럼 연금두 타지" 그저 이력하구 지〔냈어요〕. 그럴 적마다두 가슴이 아퍼 죽었지 뭐. 그래두 "보도연맹에 죽었어유" 이라면은 빨갱이 노릇했다 죽었다 해서 전에는 아주 인간이루 치덜 안 했어. | 이선자 |

이선자는 자손들한테도 남한테도 이야기하지 못한 억울한 심정을 하소연할 데가 없다고 했다. 그러면서도 명예 회복이라도 되기를 간절히 바랐고 그것도 욕심이라고 했다.

—— 허무하게 나이 먹구 죽을 생각을 하니께 기는 맥혀두 할 수 없지. 누구한테 하소연을 하겠어유. 내, 지금 잔—뜩 조이고 있다 이렇게 풀어놓는 심정이여, 내 마음이 지금. 뭐 이루, 이루 어따 말을 못 하지 뭐. 그렇다고 해서 자손들한테다 얘기하는 게 있나, 남한테두 얘기두 못 하구. 그저 인저 난 명예 회복이나 좀 하구, 그렇다는 걸 했으면 좋겠더니 사람이라는 게 욕심이 있잖어. 또 뭐 말 타면 종 두고 싶다는 뜻으루,

그런 뜻이 다 있지 뭐. 인간은 욕심 덩어리니께, 욕심 덩어리여. ……
이제 내 몸이 이렇게 아프고 나니께 무슨 다만 조그만 보상이래두 해
서, 그냥 죽으면 괜찮은데 이렇게 죽두 않고 이 모양이잖어. 나이도 먹
구 그랬는데 조금이나만 실낱 같은 기대를 걸지, 설마. |이선자|

—— 그래가지고 이런 지경을 당해가지고 억울하게, 진짜 억울한 죽음
죽었어요. 진짜 분해 죽었어요. 한번 살아보도 못하고 그냥, 그 그냥 젊
은 청년들, 피 한창 끓는 놈들을 갖다 다 죽여가지고 그렇게 해서. ……
억울하게 죽은 거 인제 거시기 해봤자지 뭐. (손 가슴을 침) |박광자|

—— 아니 그러니께네 "이거 억울한 죽음이다" 뭐 이런 걸 갖다가 누구
하나도, 어느 하나도 이걸 인정을 안 해주니까 뭐. 그런 걸 저는 무시
라 하는 거지. 누구 하나도 "참 정말 억울하겠다", "너무 슬픈 일이
다" 하고 우리 유족들 알아주는 사람이 하나 없었으니까. 억울한 마
음으로 살아온 거지. 어디 하소연할 데도 없지 뭐. |이형임|

—— 이 아무것도 모르는 사람들한테 어느 누가 글자 한 자 적어 넣었
다는 말 한마디를 갖고 사람들, 아무 죄두 묻지두 않고 오늘 잡아가서
내일 죽인 사람들로 응, 우리는 그 죽음에 대해서 너무 억울한 거라.
이유라도 알아보자. 그런데 그 유골, 그 어렵게 수습해논 그 유골도
없다. 그 이유도 말해주는 [데가] 없단 말야. 너무 분개하는 거라, 우
리는. |모강숙|

── 명예 회복을 시켜다오. ······ 그리고 국가에서 어떠한 그 민주국가라면 법적인 절차에 의해서 잘잘못을 가려서 해야 되는데 더더군다나 공권력이, 군인하고 경찰이 아무 죄 없는 사람을 갖다 그냥 재판도 않고 그냥 지덜끼리 판단해서 총살해서 죽여놓고, 이제까지 응─ 전쟁 발발한 지 50년 세월이 지나오는데도 한 번도 얘기하지 않다가 인저서 거론하면서, 할려면 똑바로 해라. 안 할라면 하지 말고. 가슴 아픈 거 자꾸 건들지 마라. 그러니까 보상 같은 거 추호도 바라지 않는데 그 사람들 명예 회복 해주구 하다못해 저기 한번 말했듯이 위령탑이라도 맨들어다오. 그래야 우리도 자식들한테 가서 할아버지 이렇게 해서 돌아가셨고 국가에서 인정을 해줘서 저기 해줬으니까 떳떳하게 돌아가셨다고 제사도 거기 가서래도〔지내고〕, 추석 때라도 가고 할 거 아니냐. 당사자인 우리 어머니는 배우자 아니냐, 그 양반 앞으로 살날이 얼마나 남았는지 모르겠는데, 아이 뭐 경찰관 가족들은 경찰병원 있고, 보훈병원 있고 다 그런 거 있는데, 연세가 많으니까 의료비가 솔찮이 들어가요. ······ 자식들한테 그런 부담을 안 지운다는 마음 짐을 덜어줘라. 복지 혜택이라든지 무슨 그 당사자, 나보고 해달라는 게 아니라, 나는 필요 없고 또 우리 자식 때까지 필요 없지만 당사자 본인 아니냐. 생존해 있는 사람은 남은 생이라도 자식들한테 부담〔되지 않게〕 그런 혜택을, 보상금 혜택 주는 것보다 그런 혜택이, 본인도 떳떳할 거고. 그래 강력하게 내가 요구했어요. |이성모|

이들의 요구는 개인마다 조금씩 차이가 있다. 그런 차이에도 불구하고 그들이 분명하게 요구하는 것은 철저한 조사와 명예 회복 그리고 그에 따른 위령제 시행과 위령비 설립이었다. 그리고 대개 나이가 많이 들었기 때문에 의료 혜택을 필요로 했다.

피학살자미망인은 어깨를 펴지 못하고 살아가는 자신의 모습이 평생 이어졌고 그것 때문에 자식들에게도 큰소리를 치지 못하는 상황을 말하면서 억울함을 호소하는 데 반해, 군경미망인은 여전히 자식들에게 떳떳하며 큰소리치고 살아간다. 이는 연금 때문에 가능하다. 물론 그녀들은 연금을 받을 때면 남편에 대한 미안함과 고마움을 동시에 느낀다고 했다.

—— 나를 이렇게, 죽어서라도 이렇게 월급이나 같지. 타러 갈라면 고맙다고 하면서 가네요. 타러 갈람서도 고맙다고 하면서 가. 생각하면 불쌍혀. | 김순래 |

—— 연금 탈 적마다, 나는 그래도 그냥 이렇게 나라에서 돈도 주고, 당신 땜에 그렇게 이렇게 그냥 쓰고 살으니까. | 곽순진 |

—— 너무 이런 좋은 세상에 불쌍한 거야. 그리고 끝까지 책임을 지어주고, 연금을 타게 하니까, 이별 없이 자식들한테도 떳떳하잖아요. 글 안 하면 그것도 없으면 우리가 자식들한테 얻어먹고만 살면 진짜 자신이 없지. 근데 자신을 참 연금이 키워주더라고 그렇게. | 강경순 |

전쟁과 트라우마

'전쟁은 없어야 돼,

한국현대사는 비극의 연속이라 한다. 그래서 우리는 현대사와 멀리하고 싶은지도 모른다. 그리스 고전문학의 정수는 비극이라고 하는데, 희극이 웃음으로 갈등을 정화해 여운을 남기지 않는다면, 비극은 오랜 여운을 남겨 사람들에게 자신과 이웃을 돌아보게 한다. 그런 측면에서 한국현대사는 우리들에게 여운을 남기며 그 여운은 성찰과 다양한 삶의 방식과 차이를 일깨워준다. 한마디로 말하면 한국현대사는 다양한 메시지를 전달해주며 배울 점을 많이 일깨워준다.

한국전쟁은 한국현대사의 비극 가운데 으뜸이라 할 수 있다. 3년간의 짧은 전쟁이었지만 3년 만에 끝난 전쟁이 아니었다. 그 뒤로도 오랫동안 우리의 정체성을 형성했고, 트라우마를 남겼다.

전쟁의 원인, 과정, 결과보다 전쟁을 한 사람들 그리고 전쟁터 안에 살았던 사람들의 이야기를 듣는다는 것은 어떤 것인가? 이는 전쟁의 승패에 관심을 두는 것이 아니라 전쟁을 겪은 사람들의 상처와 고통에 귀를 기울이는 것이다. 전쟁미망인, 전쟁고아, 상이군인, 참전 군인, 피학살자 유가족의 이야기는 전사에는 기록되지 않는 전쟁 이야기와 전후 사회를 파악할 수 있게 해준다.

이들 가운데 전쟁미망인은 전쟁의 한가운데에 위치하면서 전쟁 경험, 국가 폭력, 트라우마, 젠더, 가족, 침묵 따위의 문제를 제기한다. 오늘날 우리가 전쟁미망인의 구술에 귀를 기울여야 하는 까닭은 바로 여기에 있다. 그녀들의 구술이 가치가 있는 것은 지금까지 그녀들이 말하지 못했기 때문이 아니라 위의 문제들(범주)을 제기하기 때문이다. 이 모든 범주들은 일상생활에서 끊임없이 작동하고 있으며 우리 사회를 구성해 왔다.

전쟁과 소녀

군경미망인, 피학살자미망인, 상이군인미망인, 이들 여성들이 전쟁미망인이 된 경로는 다양하다. 그 다양한 경로만큼 그녀들의 전쟁 경험도 한결같지 않다. 군경미망인에게 전쟁이 임신과 출산한 몸이 겪은 경험과 말 한마디 건네지 못하고 보냈던 남편과의 영원한 이별이었다면, 피학살자미망인에게 전쟁은 아무런 예고 없이 학살당한 남편 그리고 학살된 남편을 찾아다니기였다. 한편 상이군인미망인에게 전쟁은 전쟁에 참가한 사람과 평생 살아오면서 일상에서 지속되었다. 전쟁미망인의 한결같지 않은 전쟁 경험에서도 발견된 공통점은 국가 폭력의 문제였다.

남편이 강제징집을 당한 군경미망인의 경우, 남편이 담배 사러 나간 뒤 하루, 이틀, 열흘이 지나도 오지 않았다. 나중에야 함께 끌려갔던 남편 친구가 알려줘서 남편이 강제징집을 당했음을 알 수 있었다. 만약 남편의 친구가 징집을 당했다는 소식을 알려주지 않았다면 그녀의 남편은 행방불명자로 남았을 것이다. 그녀는 그 뒤에도 군인이 되었다는 소식은 접하지 못했다. 전사 통지서가 먼저 오기도 했지만 보증인을 세워 신고하지 않으면 나오지 않는 사례도 많았다. 남편이 노무단으로 간 경우도, 새벽에 찾아온 경찰에게 도민증을 빼앗겨 도민증을 찾으러 갔던 날이 바로 노무단으로 간 날이었고, 그로부터 한 달 뒤에 남편은 전사했다.

피학살자미망인들의 남편도 매한가지였다. "잠시 조사할 사항이 있다"고 데려간 뒤 소식이 없었다. 대개 그녀들의 남편은 곧장 학살당했지만 반 년 또는 10년이 지난 뒤에야 그 소식을 알았다.

—— 15일 날 어머니는 큰놈 손목을 붙잡고 나는 다섯 살 먹은 걸 업구 경찰서 문 앞을 가니까 세상에 버스가 45석 자리가 다섯, 여섯 대가 와 있습디다. 그러니 그걸 거기서 다 집합을 해가지고 태워가지고 가. | 임정기 |

—— 트럭이 몇 대 오더니 사람들 우르르 갖다 막 실어유 그냥. 그러더니 무수첩 엎으듯이 이렇게 탁탁 엎으더니 …… 그 꺼치로 이렇게 사람을 덮어. …… 그걸 경찰서서 그렇게 하니 우리가 어디로 가는 줄 알어. | 박광자 |

남편이 강제징집을 당했든 학살을 당했든 전쟁미망인들이 본 그 뒷모습은 비슷했지만, 전후 사회에서 그녀들에 대한 규정은 군경미망인(전쟁미망인)과 미망인으로 확연하게 구분되었다.

국가는 재건 과정에서 전쟁미망인을 소수의 전쟁미망인(군경미망인)과 미망인으로 구분했고 소수의 전쟁미망인에게 생계비도 안 되는 연금을 지급했다. 연금과 사금은 적은 액수이지만 군경미망인의 일상생활에 도움을 주었다.

── 원호청에서 시골 사람들은 송아지를 사주고 서울 사람들은 재봉
틀을 줬어. 그런데 재봉틀이 엄청 좋더라고요, 정말. …… 그래서 그
걸 가지고 둘을 놓고 했지요. |김숙자|

── 우리 친정에 가서, "오라버님! 나 재봉틀 좀 하나 사주셔유" 그라
니께. 지금은 재봉틀이 싼데 그때는 신다미싱[1]이라는 것이 논 두 마지
기 팔구두 모자라서 소 한 마리를 팔았어요. 송아지를 한 마리 팔아서
라매 신다미싱을 하나 사주시더라구요. |이선자|

김숙자는 재봉틀을 받아 삯바느질을 했지만 이선자는 논 두 마지기와
송아지를 팔아 재봉틀을 마련해 삯바느질로 생활을 꾸렸다. 전쟁미망인
으로 인정받지 못했던 피학살자미망인 이선자의 삶은 굵은 손매듭처럼
훨씬 팍팍했다. 군경미망인이든 피학살자미망인이든 이들 전쟁미망인들
은 전쟁으로 원하지 않았던 상황에 놓였지만, 그 뒤의 일상생활은 국민
과 비국민으로 나뉜 남편의 지위에 따라 달라졌다.

60년이 지나 이제 80대가 되었지만 일상생활에서 삶의 무게는 서로
달랐다. 그녀들에게 사는 기쁨이 무엇이고 세상에서 부러운 것이 무엇이
냐고 물었을 때 아래와 같이 말했다.

── 내가 서울 하늘에서 젤 부러운 기 둘이 걸어가는 게 젤 부럽더라
고. |박원빈|

── 장독 깨끗이 해놓고 사는 집 보면, 아이고 나는 언제나 저런 집을 지

니고 저런 장독 한번 좋게 해놓고 살다 죽을까나? 그것이 그렇게 부럽더라고, 그러고 토방에 가서 남자 신이 있으면 그것이 부럽고. | 김순태 |

—— 애기 키울 때 엄마 아버지가 같이 애기 가운데 손잡고 다니는 거 그게 너무 나이 어려노니까 너무 부러워했어요. 딸이 인자 입학 때, 졸업 때 아버지 없는 거 결혼시킬 때. | 구영선 |

—— 내가 만날 앉아서 눈물 바람으루 이렇게 사는 겨. 그렇게 "내 세상을 어떻게 이렇게 퍽퍽하게, 늙어서도 이렇게 퍽퍽하냐", 내가 한번, 기 한번 못 펴보고 그것들 데리구 살라구 그냥 고생 고생, 이 목구멍이 무길래 그럭하나. 그러니깐디 나두 누구만치 참 기운두 좋다 소리 듣고 그랬는디 헛일이어유. | 박광자 |

군경미망인들은 혼자 살아오면서 부부가 함께 살아온 가족의 일상적 모습을 꿈꾸었던 반면, 피학살자미망인은 '아직도 기를 펴지 못한' 신세임을 한탄하고 있다.

상이군인미망인들은 어떠한가? 상이군인들은 전쟁 경험과 고통에 침묵하면서 반공 국민으로 거듭났다. 반공 국민으로 거듭나기는 했지만 일상에서 생긴 몸과 마음의 상처는 쉽게 아물지 않았다. 상이군인들의 침묵의 대가는 평생을 함께 살았던 여성들에게 전이되었다. 경제적 능력을 상실했지만 가부장이라는 지위는 아내들을 속박하고 폭력을 휘둘렀다.

—— 구술자: 시아재가 하나 있었거든. 시아재가 있는디 넘의 집으로 가면

끝난다고, 말하자면 남원서도 집이 저 내 앞으로 있거든, 찌그러진 집이라도. 그런디 못 살게 해여.

면담자: 그 집에서 못 살게 한다고요. ……

구술자: 거기서 살지 못햐 그냥. 저 일주일이면 잠을 하룻저녁을 잔가 몰라. 쫓겨 댕겨싸서.

면담자: 쫓겨 다녀서. 그럼 어디서 주무셨어요, 그때?

구술자: 인자 넘의 집에 가서 자고 그랬지. …… 물을 퍼다 붜싸서 못 자. |정상호|

정상호는 남편이 죽은 뒤 자신의 이름으로 된 집에서 살지 못하고 다른 집을 전전하며 살았다. 그 까닭은 시동생이 방에 물을 퍼다 붓고 쫓아냈기 때문이다. 한참 뒤에야 그렇게 행패를 부린 시동생도 얼마 살지 못하고 죽었다면서 다음의 이야기를 해주었다.

—— 그런디 그 시아재두 월남 갔다 와갖고 고엽제라고 그래갖고, 그런 병이 있어가지고 그런가봅소. 그래 욕을 하고 뭘 해도 탓도 못 하고 그냥, 그래 넘들한테 구설만 듣지. …… 응, 나만. 동네 본 뜬디(동네 젊은이들이 따라하는데) 저래 놔둔다고. 그때 삼청교육대 …… 보내자고 파출소에서 그러는 놈을, 그래 소장을 써갖고 오라고 하는 놈을 "내가 이렇게 죄가 많은 디 또 죄를 지라고 한다"고 냅뒀지. |정상호|

자신에게 그리고 마을 사람들에게 행패를 부렸던 시동생은 베트남 전쟁에 참여했던 상이군인이었다. 구술자는 고엽제 때문에 그런 행동을 했을 것이라고 짐작했다. 그래서 마을 사람들이 삼청교육대에 넣자고 했을 때 반대했다. 시동생의 경우도 상이군인으로 육체적 고통과 함께 트라우마로 고통을 받았다. 그 고통에 대한 해결책으로 제시된 것은 삼청교육대에 보내거나 파출소에 며칠 보내서 맞고 나오게 하는 정도였다. 그리고 그 모든 책임은 고스란히 구술자인 여성에게로 돌아왔다.

전쟁 트라우마가 하루아침에 치료되기는 힘들었겠지만, 끊임없이 일상에서 반복적으로 약한 자에게 폭력을 가하는 형태로 나타났으며 가족이 그 무게를 짊어져야 했다. 상이군인과 결혼한 여성들이 그 짐을 짊어졌으며 그들은 가족 관계 안에서 가장 약한 자였다. 이들은 평생을 상이군인의 몸에 남아 있는 국가 폭력을 견디면서 생활했다. 이제야 겨우 숨을 쉴 수가 있다고 했다. 그러나 대개 현재 그들은 우울증이나 암 따위로 아픈 몸만 안고 있다.

―― 아! 어떻게 살았나 몰라. 지금 같으면 못 살아. 그래 그런 생각하면 내가 인생을 헛살은 게 억울해 죽겠어. 몸이 내 몸이 아프니께 '아! 내가 인생 헛살았구나'. | 정끝남 |

―― '내가 봐두 멋지게는 살았는데' 인저 혼자 자화자찬을 하는 거여. 그런데두 만날 이놈의 응어리가 한없이 남었어. | 이성원 |

국가 폭력으로 인한 개인의 상처와 고통 그리고 트라우마는 쉽게 잊히지 않는 법이다. '국민'이라고 굳게 믿고 있는 이들에 대한 직접적 국가 폭력은 '왜 그러는지' 생각할 겨를을 주지 않았다. 전쟁으로 갑자기 파괴된 가족 관계, 이웃들 그리고 (억압적) 국가기구들이 개인을 호출하는 곳에서 개인은 무력했다. 개인은 무력했고 그 무력한 곳에 국가가 들어섰지만 국가는 그 모든 피해와 고통, 상처를 개인의 운명과 팔자로 돌렸다. 전쟁으로 인한 경험과 고통이 어떻게 일상생활에서 나타나는지 드러나는 대목이다.

그것을 제공한 국가는 폭력의 문제를 제기하거나 다양한 프로그램을 만들어 자활을 위해 힘쓰거나 개인이 성찰할 수 있는 자원을 제공하지 않았다. 심지어 전쟁 피해 조사도 제대로 이루어지지 않았다.

전쟁 피해에 대한 국가의 대책은 소수의 선택과 다수의 배제였다. 그러나 그 선택 과정은 일체의 논의가 배제된 채 국가 권력에 의해 일방적으로 지시되고 추진되었다. 이러한 폭력적 방식은 이들에게 '낙인과 따따블'이라는 서로 다른 인식과 결과를 가져왔다.

—— 원호청에서 보내서 들어오긴 했지만, 안 받을 수가 없어서 받긴 했지만 보면 낮은 봉급에, 그 봉급보다 훨씬 많은 일을 하고 있잖아요. 내가 보기에는 그게 부당한 거예요. 왜냐하면 제대로 사람 뽑았어도 저만치 일 시켰으면 월급 더 줘야 되는 거 아니냐 그런 생각을 하고 있는 상황인데 …… 그게 어떻게 보면 보통 사람들은 국가가 베풀어주는 그 상당한 특혜로 생각할 수 있지만 실제로 본인들은 곤욕스러운 거거든요. | 임기영의 아들 |

—— 우리 막내딸 실밥 따는 공장에 어디루 추천을 해줬는디 못하겠더라구. 못하겠다구 그냥 나오구. 또 우리 아들을 어딘가 넣어줬다가

"에이 안 되겠다"구 나왔잖유. 차라리 더 지저분하지 않게 지덜이 그 냥 간다구. [그런데] 그게 되여? 안 되지. |정상호|

—— 어느 사람은 원호 대상자구 해서 모든 인센티브를 받구, 한쪽은 그런 인센티브는커녕 박해를 받고 살고 불이익을 받고 사니까 이 갭은 따블이 되는 게 아니라 따따블이 되는 거야. |이성모|

원호 대상자는 '낙인' 때문에, 피학살자 유가족은 연좌제 때문에 곤욕스러운 생활을 했다고 말했다. 선택과 배제는 전쟁 피해자에게 전쟁을 성찰하고 상처를 치유하는 방향으로 전개되지 못했음을 알려준다.

전쟁 경험, 국가 폭력, 트라우마에 대한 치유는 결국 전쟁미망인 자신이 감당해야 할 몫으로 남았다. 침묵과 금기라는 잣대는 전쟁미망인에게 없는 존재처럼 살아오도록 강제했다. 전후 전쟁미망인은 일제 식민지 시기 가부장인 호주의 속박 아래 생활했다. 이들은 시가와 분가하거나 종교에 의지하면서 가부장의 속박에서 벗어났다. 이들의 분가는 자연스럽게 얻어진 것은 아니었다. 한편으로는 하루 종일 노동하여 시가의 재산을 불려놓거나 고분고분하게 시부모에게 순종하여 시가에서 '며느리'의 지위를 인정받았고, 다른 한편으로는 자식 교육을 앞세우며 '나와 내 새끼'라는 가족주의를 내세워 분가를 이루었다.

전쟁미망인이 이룬 가족은 '나와 내 새끼'라는 핵가족이었다. 이들이 이룬 가족은 국민과 비국민이라는 남편의 지위에 따라 '아버지'의 영역이 다르긴 했지만 그래도 가족의 중심은 '어머니'였다. 전쟁미망인의 가족 중심성은 부계주의를 강화시키기보다는 다른 이의 도움 없이 자신이 만들고 키워온 가족(나와 내 새끼들)을 향해 있었다. 곧 구술자들에게 자식은 남편의 피를 이은 자식이 아니라 내 자식이었다.

남을 의식하고 살기, 전쟁미망인임을 드러내지 않고 살기 따위가 철저하게 이웃과 나를 경계 짓는 삶의 방식이었다면, 싸움꾼으로 자처하며 살아가는 방식은 적극적으로 세상과 맞서는 행위였다. 이러한 이미지는 대중문화에서 소비되어왔던 보호와 동정의 대상 또는 성적 대상과 다르다. 그래서 이들은 고집스러우면서도 억척스러운 자아를 완성해 갔다. 이 점이 자식들에게는 부담으로 다가오기도 했다. 60세가 넘은 자식이 지금도 길거리에서 "공부 좀 해"라는 젊은 여성의 목소리를 들으면 깜짝 놀라거나 어머니와의 관계를 '애증'이라고 표현한 점에서 단적으로 드러난다.

가족 관계에서도 국가 폭력, 전쟁 경험, 트라우마가 복잡하게 얽혀 있음을 알 수 있고, 전쟁미망인과 가족들이 왜 "전쟁은 없어야 돼"라고 외치는지 알게 된다.

── 전쟁은 없어야 돼. 진짜 그러지 우리가 1·4후퇴 피난 갈 때 봤는데 여자 혼자 감당할 수가 없어. 애기 둘이니까. 둘이면은 애기 업어야지 하나. 또 뭐 먹을 거 여야지. 또 덮을 거 해야지. 그러니까 애기가 둘이면은 그때 또 남아 선호 사상이 있어가지고 여자애는 내버리고 가야 돼요. | 박원빈 |

── 아이구! 피난 갈 때 …… 아도 이만한 걸, 한 서너 살 먹은 걸, 서너 살도 안 먹었지 한 돌 지냈을까 그런 걸, 눈이 새카만 게 고래 까물

까물거리는 걸 놔두고 내뺐는데. 내 아도 게우 데리고 갔는데 그거 주아 갈 수도 없고, 그런 게 있더라고요. …… 못 데리고 가. 그냥 내버리고 갔는가봐. 내 아도 있는데 그걸 어떻게 데리고 가겠어. 눈이 새카만 게 시방 눈에 아른아른해. | 양희선 |

──── 좌우간에 우리나라고 어느 나라고 간에 다시는 이 세계에 전쟁이 없어야 돼요. 없어야 되고 그 참 전쟁미망인이나 가족들이 살아 나가는 (울먹이며) 이거는 어느 누구도 상상을 못합니다. 그 아픔! 어 우리 어머니 같은 경우야 평생을 한숨이고 원망이고 절망이고 그렇게 살아오셨어요. 참 이 나라 전쟁이 없겠죠, 앞으로. | 이호영의 아들 |

──── 앞으로 그런 전쟁이 없어야죠. 지금 이라크 같은 데 전쟁하는 거 보면 너무 가슴이 아파요. 진짜 그런 거 보면은. '저 고아들이 얼마나 많이 생길까' 그런 거 생각하면은 그런 게 좀 없어져야 되는데. …… 예— 옛날 우리 생각나니까는 그 애들 보면은. 그냥 다리 다치고 팔 부러진 애들 보면은 너무너무 불쌍해, 그런 애들 보면. | 김순영의 딸 |

이들의 구술은 60년 전의 한국전쟁 이야기이지만 이라크, 아프카니스탄, 가자 지구 등 세계 분쟁국에서 들려온 이야기와 큰 차이가 없다. 전쟁미망인과 그 가족들은 전쟁이 소수자와 약자에게 가하는 폭력에 대해 문제를 제기했다. 한국전쟁을 말하면서 이라크 전쟁을 말하는 것은 위의 문제가 그대로 재현될 것이라는 염려 때문이다. 전쟁의 정당성은 항상 약자와 소수자 보호라고 주장되지만, 전쟁의 가장 큰 피해자는 오히려 이들이라는 아이러니를 가져온다. 그래서 전쟁미망인과 그 가족들은 "전쟁은 없어야 돼"라고 외친다.

책을 내면서

1 그 결과물이 〈 '전쟁미망인' 의 전쟁경험과 생계활동〉(《경제와 사회》 제71호, 2006), 〈 '전쟁미망인' 과 가족〉(《동아시아의 전쟁과 사회》, 한울, 2009)이다. 이 책은 위의 논문을 기초로 해서 작성되었고, 내용의 일부를 인용했다.

| 프롤로그 | 한국전쟁과 '전쟁미망인'

1 〈중앙일보〉 1974년 5월 7일.

2 이승만, 〈6 · 25사변 1주년에 제하여 1951년 6월 25일〉, 《대통령이승만박사담화집》, 공보처, 1953, 55~56쪽.

3 박정희, 〈6 · 25 제13주년 기념 담화 1963년 6월 25일〉, 《국가재건최고회의의장대통령권한대행 박정희장군담화문집》, 대통령비서실, 1965, 458~459쪽.

4 이임하, 《여성, 전쟁을 넘어 일어서다》, 서해문집, 2004, 34쪽.

5 〈서울신문〉 1952년 4월 30일.

6 〈조선일보〉 1963년 4월 27일.

7 川口惠美子, 《戰爭未亡人—被害と 加害のはざまで》, ドナス出版, 2003, 9쪽. 패전 뒤에는 '영령의 처' 또는 '군인미망인' 이라는 호칭이 사라지고 '전쟁미망인' 이라는 용어를 사용했다. 패전 뒤 전쟁미망인이라는 호칭에는 잔학 행위를 한 일본군의 유가족이라는 편견도 있었다.

8 함한희, 〈구술사와 문화연구〉, 《한국문화연구의 방법론 모색: 구술사적 접근을 중심으로》, 한국문화인류학회 제6차 워크샵, 1999, 9~10쪽.

9 허영란, 〈구술과 문헌의 경계를 넘어서〉, 《현황과 방법, 구술 구술자료 구술사》, 국사편찬위원회, 2004, 15쪽.

10 김귀옥, 〈지역 조사와 구술사 방법론: 경험과 성찰, 새로운 출발〉, 서울대학교 사회과학연구원, 《한국사회과학》 제22권 제2호, 2000, 4쪽.

11 이용기, 〈구술사의 올바른 자리매김을 위한 제언〉, 《역사비평》 봄호, 2002, 381쪽. 다음의 글에는 구술사와 관련된 최근의 연구사가 정리되어 있다. 〈역사학, 구술사를 만나다〉, 《역사와 현실》 제71권, 2009.

12 한국정신대문제대책협의회 부설 전쟁과여성인권센터 연구팀, 《역사를 만드는 이야기》, 여성과인권, 2004, 15쪽.

13 정희진, 《저는 오늘 꽃을 받았어요》, 또하나의문화, 2001

14 김성례, 〈여성주의 구술사의 방법론적 성찰〉, 《한국문화인류학》 제35권 2, 2002; 김은실, 〈식민지 근대성과 여성의 근대체험—여성경험의 구술과 해석에 관한 방법론적 모색〉, 조순경 외, 《한국의 근대성과 가부장제의 변형》, 이화여자대학교출판부, 2003.

15 이희영, 〈여성주의 연구에서의 구술자료의 재구성〉, 《한국사회학》 제41집 제5호, 2007, 104쪽.

16 윤택림, 《문화와 역사연구를 위한 질적연구 방법론》, 아르케, 2004, 22쪽.

17 한국여성단체협의회, 《여성》 제185호, 1982. 4.

18 이임하, 앞의 책, 2004, 27쪽.

19 〈동아일보〉 1960년 1월 30일.

| **1부** | 전쟁과 집 밖 세상

1 최인욱, 〈면회〉, 《전선문학》 제3집, 1953, 20~24쪽. 《전선문학》은 육군종군작가단의 기관지이다. 문인 집단 가운데 제일 먼저 조직된 육군종군작가단에는 단장 최상덕, 김팔봉, 김송, 박영한, 최태웅, 정비석, 박인환 등이 참가했다(김윤식, 〈6·25전쟁문학〉, 문학사와

비평연구회 편, 《1950년대 문학연구》, 예하, 1991, 17쪽).

2 중앙일보사 편, 《민족의 증언 2》, 1983, 211쪽. 대구시 동북으로부터 영덕으로 이르는 80 킬로미터의 동부전선은 준엄한 산악 지대로, 남북으로 통하는 자동차 길은 동해안 도로 와 안동-의성-영천으로 통하는 도로, 이 두 길밖에 없다. 미8군사에서는 이 두 도로만 제 압하면 적의 부대도 침투할 수 없을 것이라고 생각하고 있었다.

3 병무청, 《병무행정사(상)》, 1985, 268쪽.

4 김기석·이향규, 〈구술사: 무엇을, 왜, 어떻게 할 것인가〉, 서울대학교 한국교육사고, 《구 술사이론 방법 워크샵 자료집》, 2003, 10쪽.

5 병무청, 앞의 책, 274~275쪽.

6 이임하, 〈한국전쟁전후 동원행정의 반민중성〉, 《역사연구》 제12호, 2003, 52쪽.

7 이임하, 앞의 글, 2003, 57쪽.

8 서상덕 의원. 대한민국 국회, 《속기록》 제15회 제62차, 1953년 4월 2일, 25쪽.

9 육군본부 편, 《6·25사변 후방전사: 인사편》, 1956, 49쪽.

10 남정옥, 〈국민방위군〉, 국방부 군사편찬연구소 편, 《한국전쟁사의 새로운 연구》, 2001, 202~203쪽.

11 〈동아일보〉 1950년 12월 20일.

12 김진아, 〈몸주체와 세계〉, 한국여성연구소 지음, 《여성의 몸》, 창비, 2005, 20~42쪽.

13 강성현, 〈한국전쟁기 유엔군의 피난민인식과 정책〉, 《사림》 제33호, 2009, 82쪽.

14 "Standing operating procedure handling of refugees", RG 338, UN Civil Assistance Command, Korea (UNCACK), 1951, Box 17, HIST PROG FILES-WEEKLY ACT RPTS 1951 (2 of 2).

15 〈동아일보〉 1950년 10월 7일; 〈서울신문〉 1951년 4월 19일; 〈서울신문〉 1951년 6월 13 일; RG 554, United Nations Command Adjutant General's Section, UN Civil Assistance Command, Korea (UNCACK) Adjutant General Section, Entry A-1 1303, Team Reports, 1951~1953, Box 78, Team Reports, 1~31 Jan. 53, Seoul City; Kyonggi Do 1953~1953.

16 10월 1일 조사에 따르면, 전쟁 전의 서울시 인구는 169만 3224명으로 서울시 인구는 대 략 24만 명 정도 감소했다고 보도했다(〈동아일보〉 1950년 10월 7일). 〈서울신문〉 1950 년 11월 28일자에는 공보처가 조사한 서울시 인구 피해 상황을 전쟁 전 144만 6019명이

120만 2487명으로 20여만 명의 감소가 있었다고 기술했다.

17 이임하, 〈한국전쟁기 유엔민간원조사령부의 인구조사와 통계〉, 《사림》 제33호, 2009, 54쪽.

18 〈동아일보〉 1951년 5월 1일.

19 〈서울신문〉 1951년 6월 13일.

20 〈서울신문〉 1951년 4월 10일.

21 〈대구매일신문〉 1951년 7월 6일.

22 〈서울신문〉 1952년 7월 28일.

23 이 표는 1952년도의 수치를 제외하고는 조사된 시점이 모두 다르기 때문에 정확하지 않다. 다만 추이 정도를 파악하는 데에는 유용하다(국방부정훈국전사편찬위원회, 앞의 책, D33쪽; 이임하, 앞의 글, 2009에서 재인용).

24 강성현, 앞의 글, 97쪽.

25 제1기병사단장으로 1950년 7월 22일 미24사단을 대신해 영동전선에 배치되었다(강성현, 앞의 글, 98쪽).

26 최상훈 · 찰스 핸리 · 마사 맨도라, 남원준 옮김, 《노근리 다리》, 잉걸, 2003. 196쪽(강성현, 앞의 글, 98쪽에서 재인용).

27 중앙일보사 편, 《민족의 증언 2》, 207~208쪽. 임헌일은 인민군 제2사단포병연대장이었다.

28 〈동아일보〉 1950년 11월 14일.

29 한국전쟁전후 민간인학살 진상규명 범국민위원회, 《한국전쟁전후 민간인학살 실태보고서》, 한울, 2005, 11쪽.

30 김득중, 《'빨갱이'의 탄생》, 선인, 2009, 70쪽.

31 김득중, 앞의 책, 138~139쪽.

32 진실 · 화해를위한과거사정리위원회, 《2008년 상반기 조사보고서 2》, 2008, 898쪽.

33 동아대학교석당학술원, 《피해자현황조사 용역사업결과보고서》, 2007, 581쪽; 진실 · 화해를위한과거사정리위원회, 《2008년 상반기 조사보고서 2》, 924쪽.

34 김기진, 《끝나지 않은 전쟁 국민보도연맹》, 역사비평사, 2002, 154쪽.

35 〈부산일보〉 1960년 5월 29일(김기진, 앞의 책, 295쪽에서 재인용).

36 한국전쟁전후 민간인학살 진상규명 범국민위원회,《한국전쟁전후 민간인학살 실태보고서》, 221쪽.

37 진실·화해를위한과거사정리위원회,《2009년 상반기 조사보고서 3》, 2009, 99쪽.

38 한국전쟁 전후 민간인학살 진상규명 충북대책위원회,《기억여행—탑연리에서 노동리까지》, 2006, 210쪽.

39 진실·화해를위한과거사정리위원회,《2008년 하반기 조사보고서 2》, 2009, 292쪽.

40 진실·화해를위한과거사정리위원회,《상반기 조사보고서》, 2008, 737쪽.

41 진실·화해를위한과거사정리위원회,《상반기 조사보고서》, 2008, 738쪽.

42 김선호,〈국민보도연맹사건의 과정과 성격〉, 경희대학교 대학원 사학과 석사학위 논문, 2002, 17쪽.

43 서중석,《조봉암과 1950년대(하)》, 역사비평사, 1999, 603쪽.

44 진실·화해를위한과거사정리위원회,《2009년 상반기 조사보고서 3》, 160쪽.

45 서중석, 앞의 책, 614쪽.

46 진실·화해를위한과거사정리위원회,《2009년 상반기 조사보고서 3》, 160쪽.

47 강성현,〈국민보도연맹, 전향에서 감시·동원, 그리고 학살로〉,《죽엄으로써 나라를 지키자》, 선인, 2007, 174~175쪽.

48 서중석, 앞의 책, 611쪽.

49 진실·화해를위한과거사정리위원회,《2009년 상반기 조사보고서 3》, 161쪽.

50 진실·화해를위한과거사정리위원회,《2009년 상반기 조사보고서 3》, 167쪽, 179쪽.

51 〈부산일보〉 1951년 3월 10일.

52 〈부산일보〉 1952년 2월 18일.

53 〈경향신문〉 1955년 11월 23일. 국민들에게 거두어들인 군경원호기금을 예물과 예식비 등에 충당했다.

54 〈조선일보〉 1955년 3월 16일.

55 〈사회부 기자가 대역한 직업인사 방담회〉,〈경향신문〉, 1958년 1월 4일.

56 이모님이 적극적으로 이성원을 지지한 것은 남편이 성불구자라서 평생을 청상과부로 늙어야만 했기 때문이다. 그러한 점을 염두에 두고 이성원에게도 그런 곳에서 살지 말라고 하고, 나오면 자신이 맡겠다고 했다.

1 〈동아일보〉 1954년 4월 6일.

2 〈동아일보〉 1957년 5월 4일.

3 〈조선일보〉 1957년 7월 30일.

4 〈동아일보〉 1956년 1월 30일.

5 〈경향신문〉 1955년 12월 2일.

6 김숙자, 《서울시 부녀 직업조사》, 1958, 4~8쪽.

7 이임하, 앞의 책, 2004, 35쪽, 90~91쪽.

8 임병형 · 고경숙, 《서울 부녀자 직업보도소 답사 보고서》, 1959, 9쪽.

9 김주숙, 《한국농촌의 여성과 가족》, 한울, 1994, 464쪽.

10 김주숙, 앞의 책, 464쪽.

11 정영일, 〈한국농업의 현황과 당면과제〉, 《한국농업문제의 새로운 인식》, 돌베개, 1984,
34~35쪽.

12 김주숙, 앞의 책, 428~437쪽.

13 김주숙, 앞의 책, 433~434쪽.

14 윤수종, 〈한국농업생산에서의 노동조직의 변화과정에 관한 연구〉, 서울대 사회학과 박
사학위 논문, 1990, 160~164쪽(김주숙, 앞의 책 434쪽에서 재인용).

15 《전시농민독본》, 황해도, 1943(김미현, 〈조선총독부의 농촌여성노동력 동원 — '옥외노
동' 논리를 중심으로〉, 《역사연구》 제13호, 2003, 142~143쪽에서 재인용).

16 김미현, 앞의 글, 144쪽.

17 김미현, 앞의 글, 143쪽.

18 허영란, 〈여자여 외출하라〉, 국사편찬위원회 편, 《20세기 여성, 전통과 근대의 교차로에
서다》, 두산동아, 2007, 29쪽.

19 허영란, 앞의 책, 31쪽.

20 〈조선일보〉 1954년 2월 10일.

21 〈경향신문〉 1959년 3월 16일. 이임하, 앞의 책, 108쪽에서 재인용.

22 국가보훈처, 《보훈30년사》, 1992, 121쪽. 이 수치 가운데 1963년 상이군인 취업자 수는

2만 6024명이다.

23 필자가 구술 과정에서 만났던 대부분의 군경미망인이 박정희 정권에 대해 우호적이었
는데, 박정희 정권이 실시했던 취업 알선 정책 때문이었다.

24 조형, 〈비공식부문 여성노동〉, 이화여자대학교 한국여성연구소 편, 《한국 여성과 일》,
이화여자대학교출판부, 1990, 142~143쪽.

| **3부** | 가부장과 '아직 죽지 아니한 아내'

1 국사편찬위원회 편, 《혼인과 연애의 풍속도》, 두산동아, 2005, 219쪽.

2 일제강점하강제동원피해진상규명위원회, 《조선여자근로정신대, 그 경험과 기억》, 2008,
10쪽.

3 박부진, 〈한국 농촌 가족의 문화적 의미와 가족관계의 변화에 관한 연구〉, 서울대 인류학
과 박사학위 논문, 1994, 162쪽.

4 〈동아일보〉 1950년 11월 14일.

5 전주 사이의 간격은 50미터로 정해져 있음.

| **4부** | 여성 가장과 새로운 공간의 창출

1 '갈모'를 가리키는 듯. '갈모'는 비올 때 갓 위에 쓰는 고깔모자 형태의 물건으로, 주로
양반들이 사용했다.

2 나금영의 아버지는 초등학교 교장이었으며 해방 후 초대 교육감이기도 했다. 그녀는 서
울사범학교 입학을 준비했는데 할머니의 갑작스러운 사망으로 포기해야 했다.

3 윤택림, 《인류학자의 과거여행—한 빨갱이 마을의 역사를 찾아서》, 역사비평사, 2003,
245~246쪽.

4 윤택림, 앞의 책, 246쪽.

5 곽용자는 문천면에 중학교가 없어 구례중학교를 통학했다. 그녀는 빙강(강이 얼어 있는

상태를 말함)을 넘어서 학교를 다닌 드문 여성이었다.

6 처음에는 실종자로 분류되었다가 1955년 전사한 것으로 확인되었다. 전사 통지서에는 사망일이 1950년 12월 24일로 나와 있다.

7 이에 대한 어머니 이호영의 대답은 이렇다. "아이 난 몰라요. 애들, 아들 참말로 나쁜 길로 나설까봐 참말로. [아들이] 나를 맨날 호랑이라고 그러고. 나한테 조금만 야단맞으면 저 숙모들 집에 쫓겨 가서 거기서 오지도 안 하고. 그러면 인제 그 어른들이 업어다 갖다 놓고."

8 조성숙, 〈모성이데올로기에 관한 연구: 활자매체 자료를 중심으로〉, 이화여자대학교 여성학과 석사학위 논문, 1986, 42쪽.

9 조혜정, 《한국의 여성과 남성》, 문학과지성사, 1988, 91~103쪽.

10 그는 엔지니어로 스카우트되어 이와는 큰 관계가 없었다. 그럼에도 회사의 실적(원호 대상자를 일정 비율 채용해야 하는 의무) 때문에 여러 차례 원호 대상자 특례 입사자로 등록하라는 권유를 받았다. 하지만 그는 이를 받아들이지 않았다.

11 그는 노조위원장을 지낼 정도로 1988년 이래 노동조합 활동을 왕성하게 했는데 여기에도 아버지의 부재가 일부 영향을 미쳤다고 해석했다. "사실은 이제 그런 것들이 아까 그 조합 일 하게 맨든 그것하고 다 관련돼 있죠. 이런 게 있어요."

12 아버지의 산소가 없다는 것이 이성모에게 어떤 의미인지 다음의 언급에서 잘 드러난다. "고비 고비 살다보면 참 어디 가서 의지해야 되는데 의지할 데가 없는 거야. 의지할 수 있다는 것이 적어도 가족이나 친척 중에서 그래도 나를, 나이도 어리고 그러니까, 직장 생활하면서 어리고 그러니까 이걸 컨트롤해주고 뒤에서 보살펴줄 사람이 있어야 되는데 그게 없는 거야. 그래 그게 직장 생활을 하거나 어디 힘들 때 하소연할 데가 없는 거야. 가서 사람이 답답하고 그럴 때는 어디 가서래두 목 놓아 한번 울어서 맺힌 한을 풀어 내야 되는데 그럴 데가 없는 거야. 그래 제가 보기에는 한국 사람의 정서상 그것을 풀어 낼 수 있는 것이 어디냐 하고 제가 가만히 생각을 해봤어요. 그것이 부모님 산소야."

13 진실·화해를위한과거사정리위원회, 충북대학교박물관, 《한국전쟁전후 민간인 집단 희생관련 2007년 유해발굴보고서 제3권》, 2008, 71쪽.

14 두 형제의 나이 차는 열다섯 살 정도였다.

15 민법은 크게 물권편, 채권편, 친족편, 상속편으로 구성되는데 가족 관계와 인간관계를

규정한 친족편과 상속편을 구분하여 친족상속법 또는 가족법이라 칭한다.

16 일제 식민지 시기에는 가족법이 법률로 존재하지 않고 관습과 명령에 따라 조정되었다.

17 한국가정법률상담소, 《百問百答 女性法律相談實記》, 1958.

18 김용한, 〈신분법의 가부장적 구조〉, 《법학》 제4권 제1·2호, 서울대학교출판부, 1962, 88쪽.

19 〈동아일보〉 1958년 7월 12일.

20 〈법률상의〉, 《여원》 1962년 6월호, 367쪽.

21 한국가정법률상담소, 《百問百答 女性法律相談實記》, 1958.

22 〈법률상의〉, 《여원》 1957년 1월호, 196쪽.

23 〈법률상의〉, 《여원》 1959년 7월호, 343쪽.

24 〈법률상의〉, 《여원》 1957년 8월호, 313쪽.

25 오신일, 〈여성사회이면사〉, 《여성계》 1957년 10월호, 47쪽(이임하, 〈광기에 찬 여성들〉, 《일상사로 보는 한국근현대사》, 책과함께, 2006, 261쪽에서 재인용).

26 〈조선일보〉 1967년 7월 3일.

27 〈조선일보〉 1965년 9월 4일.

| **5부** | 봉쇄된 균열

1 전후戰後를 뜻하는 프랑스어 '아프레 겔'에 소녀를 뜻하는 영어 '걸'을 합성하여 만든 말로, 자유분방하고 퇴폐적인 여성을 일컫는다.

2 〈동아일보〉 1951년 9월 29일.

3 〈동아일보〉 1951년 9월 29일.

4 〈동아일보〉 1952년 4월 16일.

5 川口惠美子, 앞의 책, 58쪽.

6 〈부산일보〉 1953년 11월 5일.

7 〈부산일보〉 1953년 10월 28일.

8 한국여성단체협의회, 《여성》 제173호, 1980. 3.

9 〈제4차 삼군합동 추도식 추도사〉,《대통령이승만박사담화집》, 공보처, 1956, 219~220쪽.

10 〈제1회 현충기념일을 마지하여〉,《대통령이승만박사담화집》, 공보처, 1959, 176쪽.

11 〈제4차 삼군합동 추도식에 제하여〉,《대통령이승만박사담화집》, 공보처, 1956, 221쪽.

12 〈경향신문〉 1956년 6월 8일.

13 〈경향신문〉 1956년 6월 11일.

14 〈경향신문〉 1956년 6월 8일.

15 〈한국일보〉 1956년 6월 7일.

16 〈현충일 추도사〉,《대통령이승만박사담화집》, 공보처, 1959, 188~189쪽.

17 〈제11회 현충일 추도사(1966)〉,《박정희대통령연설문집 3》, 대통령비서실 편, 대한공론사, 1973, 131~132쪽.

18 〈제19회 현충일추념사(1974)〉,《박정희대통령연설문집 10》, 대통령비서실, 1974, 162쪽.

19 김기진,《끝나지 않는 전쟁 국민보도연맹》, 281쪽.

20 김기진, 앞의 책, 282쪽.

21 동아일보 주최로 1952년 2월 21일부터 27일까지 진행되었다. 참석자들의 남편은 고위 관리직, 정치, 교육, 언론계에 종사했다. 이 기사 외에도 잡지에서는 수기를 소개했다. 이들 수기는 생활이나 힘겨움보다 끝까지 참고 기다리겠다는 내용(주영숙, 〈납치인사 부인의 수기—참으오리다〉,《여성계》 1954년 1월호), "빨갱이가 무서웠고 이웃이 무서 웠고 친지가 무서워 버들버들 떨던 시기"임을 강조한 내용(이달남, 〈납치된 남편에게 호소〉,《여성계》 1954년 6월, 165쪽) 등을 다루었다. 한국전쟁의 경험을 소개하는 방법 으로 납치 인사 부인이 자주 거론된 것은 가장 비극적인 소재여야 전쟁의 실상을 잘 전 달할 수 있다고 생각했기 때문일 것이다. 납치 인사 부인의 이혼 문제가 세상을 떠들썩 하게 했다. 그 대표적인 사건이 김옥희라는 여성이 제기한 이혼소송이다. 서울지방법원 은 "통일이 될 때까지 기다려라"는 판결을 내려 이혼소송을 받아들이지 않았다. 전쟁미 망인과 다르게 납치 인사 부인의 경우는 남편이 사망한 사실이 확인되지 않았다. 따라 서 전쟁미망인보다 납치 인사 부인의 이혼이나 재혼을 논의하는 것이 훨씬 쉬웠을 것이 다. 넓은 의미에서 이들도 전쟁미망인이기 때문에 결국 전쟁미망인의 재혼을 어떻게 바 라보는지 알 수 있다(장경학, 〈납치인사부인의 이혼문제〉,《여성계》 1954년 9월호).

22 〈동아일보〉 1952년 2월 27일.

23 자식에 대한 언급이 없는 것으로 보아 자식이 없는 듯하다.

24 〈한국일보〉 1954년 9월 7일.

25 〈한국일보〉 1954년 9월 10일.

26 〈동아일보〉 1957년 5월 8일.

27 〈경향신문〉 1955년 5월 13일.

28 〈조선일보〉 1965년 10월 31일.

29 한국여성단체협의회, 《여성》 제221호, 1985.

30 한국여성단체협의회, 《여성》 제221호, 1985.

31 이 규정은 반드시 적용되지는 않았지만 구술자들이 그렇게 기억할 만큼 아들과 성공적 삶이 중요시되었음을 역설하고 있다.

32 〈경향신문〉 1981년 6월 30일.

33 〈조선일보〉 1985년 6월 23일.

34 종군기자 육·해·공군 1인씩 사례를 들어 어떻게 전투를 하고 있는지 설명하면서 후방에 있는 전쟁미망인은 남편을 찾기 위해 북진하는 군인을 따라 눈물을 가다듬고 마음을 가다듬어야 한다고 충고하고 있다(박성환, 〈전쟁미망인에게〉, 《여성계》 1953년 7월호, 88~95쪽).

35 장옥금, 〈자식을 거느리고〉, 《여성계》 1954년 1월호. 전쟁미망인 수기에는 경제적으로 성공한 여성의 수기를 실어 경제적 독립에 대한 중요성(이순복, 〈나는 이렇게 고난을 극복하였다〉, 《여성계》 1957년 4월호), 현실과 맞서 싸워 나가겠다는 결심(전미연, 〈나의 길을 찾고저—젊은 미망인의 고뇌〉, 《여원》 1957년 7월호) 따위의 글이 있다.

36 장옥금, 앞의 글, 115쪽.

37 황애덕, 〈미망인의 생계문제〉, 《여원》 1956년 3월호.

38 장덕조, 〈미망인의 연애문제〉, 《여원》 1956년 3월호.

39 장덕조, 앞의 글, 115~118쪽.

40 석진복, 〈8남매를 이끌고〉, 《여원》 1956년 3월호, 128~130쪽.

41 엄요섭, 〈미망인의 재혼문제〉, 《여원》 1956년 3월호, 122쪽.

42 정충량, 〈전쟁미망인과 생활고와 성문제〉, 《여성계》 1955년 9월호. 정충량은 재혼하기

힘든 사항을 제시하면서 "한국 여성의 모성애야말로 그들 스스로가 자신을 구제하는 유일의 길이 된다. 모성애에 등 대고 사는 한국의 미망인들이야말로 가시밭길을 웃으면서 걷는 존재"라며 후퇴하기도 했다(〈미망인의 유혹 재가 딸린 아이〉, 《여원》 1959년 6월호, 170~172쪽).

43 1946년 2월 연합군총사령부는 전사자에 대한 지급금(전쟁미망인에게는 부조료)의 정지를 명령했다.; 川口惠美子, 앞의 책, 116쪽.

44 〈딱한사정〉, 《여원》 1956년 1월호, 106쪽.

45 〈동아일보〉 1955년 1월 24일.

46 '소설과 현실 미망인을 쓰면서', 〈한국일보〉 1954년 6월 14일.

47 〈한국일보〉 1954년 9월 19일.

48 〈한국일보〉 1954년 11월 27일.

49 〈한국일보〉 1954년 11월 28일.

50 〈한국일보〉 1954년 10월 5일.

51 박경리, 〈흑흑백백〉, 《박경리문학전집 19》, 지식산업사, 1987, 59쪽.

52 박경리, 〈표류도〉, 《박경리문학전집 12》, 1980, 175~178쪽.

53 〈동아일보〉 1957년 7월 6일.

54 김은우, 《한국여성의 애정갈등의 원인연구》, 한국연구총서 제19집, 한국연구원, 1963.

55 〈동아일보〉 1955년 5월 10일.

56 〈동아일보〉 1958년 11월 28일.

57 정부의 공식 기록에 따르면 한국전쟁 기간 군인, 군속, 경찰, 청년단체원으로 죽거나 실종당한 이는 16만 8256명이고, 부상당한 이는 45만 8174명이었다(국방군사연구소, 《한국전쟁피해통계집》, 1996, 33~34쪽, 67~72쪽).

58 한국전쟁 동안 〈군인사망급여금 규정〉(1951년 2월), 〈경찰원호법〉 및 〈시행령〉(1951년 4월), 〈전몰군경 유족과 상이군경 연금법〉 및 〈시행령〉(1952년 9월) 등이 새로 제정되었다.

59 〈군사원호청장 민병권의 담화〉, 〈동아일보〉 1961년 11월 2일.

60 한국여성단체협의회, 《여성》 제272호, 1990. 3.

61 〈조선일보〉 1992년 6월 1일.

62 川口惠美子, 앞의 책, 161쪽.

63 사회부,《(단기4287년) 사회행정개요》, 1954, 17~18쪽; 보건사회부,《(단기4288~90년 합병호) 보건사회통계연보》, 1957, 427~427쪽; 보건사회부,《(단기4294년도) 보건사회행정연보》, 1959, 179쪽; 육군본부 편찬,《(6·25사변) 후방전사: 군수편》, 1955, 442~450쪽·458쪽; 이두성,《상이군인 원호문제》, 대한군경원호회, 1960, 19쪽.

64 이에 대해서는 다음의 글을 참조할 것. 이임하, 〈상이군인들의 한국전쟁 기억〉,《사림》제27호, 2007, 211~219쪽.

65 한국여성단체협의회,《여성》제173호, 1980. 3.

| **에필로그** | 전쟁과 트라우마 — '전쟁은 없어야 돼'

1 싱거미싱. 미국 뉴욕에 본사를 두고 19세기 초부터 미싱을 생산한 SINGER 사의 미싱.

신문과 잡지

국사편찬위원회, 《자료대한민국사》

〈경향신문〉

〈대구매일신문〉

〈동아일보〉

〈부산일보〉

〈서울신문〉

〈조선일보〉

〈중앙일보〉

〈한국일보〉

《여성》(한국여성단체협의회)

《여성계》

《여원》

논문과 단행본

강성현, 〈국민보도연맹, 전향에서 감시 · 동원, 그리고 학살로〉, 《죽엄으로써 나라를 지키
　　　자》, 선인, 2007.

강성현, 〈한국전쟁기 유엔군의 피난민인식과 정책〉, 《사림》 제33호, 2009.

공보처, 《대통령이승만박사담화집》 제1집(1953), 제2집(1956), 제3집(1959).

국가보훈처, 《보훈30년사》, 1992.

국사편찬위원회 편,《혼인과 연애의 풍속도》, 두산동아, 2005.

국방군사연구소,《한국전쟁피해통계집》, 1996.

권보드래,《아프레걸 사상계를 읽다》, 동국대학교출판부, 2009.

김귀옥,〈지역 조사와 구술사 방법론: 경험과 성찰, 새로운 출발〉, 서울대학교 사회과학연
　　　구원,《한국사회과학》 제22권 제2호, 2000.

김귀옥 외,《전쟁의 기억 냉전의 구술》, 선인, 2008.

김귀옥 외,《동아시아의 전쟁과 사회》, 한울, 2009.

김기석 · 이향규,〈구술사: 무엇을, 왜, 어떻게 할 것인가〉, 서울대학교 한국교육사고,《구술
　　　사이론 방법 워크샵 자료집》, 2003.

김기진,《끝나지 않은 전쟁 국민보도연맹》, 역사비평사, 2002.

김진아,〈몸주체와 세계〉, 한국여성연구소지음,《여성의 몸》, 창비, 2005.

김동춘,《전쟁과 사회》, 돌베개, 2000.

김득중,《'빨갱이' 의 탄생》, 선인, 2009.

김미현,〈조선총독부의 농촌여성노동력 동원— '옥외노동' 논리를 중심으로〉,《역사연구》
　　　제13호, 2003.

김선호,〈국민보도연맹사건의 과정과 성격〉, 경희대학교 대학원 사학과 석사학위 논문,
　　　2002.

김성례,〈여성주의 구술사의 방법론적 성찰〉,《한국문화인류학》 제35권 2, 2002.

김숙자,《서울시 부녀 직업조사》, 1958.

김원일,《마당깊은 집》, 문학과지성사, 1998.

김윤식,〈6 · 25전쟁문학〉, 문학사와 비평연구회 편,《1950년대 문학연구》, 예하, 1991.

김은경,〈1950년대 가족론과 여성〉, 숙명여자대학교 사학과 박사학위 논문, 2007.

김은실,〈식민지 근대성과 여성의 근대체험—여성경험의 구술과 해석에 관한 방법론적 모
　　　색〉, 조순경 외,《한국의 근대성과 가부장제의 변형》, 이화여자대학교출판부, 2003.

김은우,《한국여성의 애정갈등의 원인연구》, 한국연구원, 1963.

김용한,〈신분법의 가부장적 구조〉,《법학》 제4권 제1 · 2호, 서울대학출판부, 1962.

김주숙,《한국농촌의 여성과 가족》, 한울, 1994 .

남정옥,〈국민방위군〉, 국방부 군사편찬연구소 편,《한국전쟁사의 새로운 연구》, 2001.

대통령비서실,《국가재건최고회의의장대통령권한대행 박정희장군담화문집》, 1965.

대통령비서실,《박정희대통령연설문집 3》, 대한공론사, 1973.

대통령비서실,《박정희대통령연설문집 10》, 1974.

대한민국 국회,《속기록》.

동아대학교석당학술원,《피해자현황조사 용 역사업결과보고서》, 2007 .

박경리,〈혹흑백백〉(1956년 발표),《박경리문학전집 19》, 지식산업사, 1987.

박경리,〈표류도〉(1959년 발표),《박경리문학전집 12》, 1980.

박서림,〈장마루촌의 이발사〉,《방송과 함께 반세기》, KG미디어, 2008.

박부진,〈한국 농촌 가족의 문화적 의미와 가족관계의 변화에 관한 연구〉, 서울대 인류학과
　　　　박사학위 논문, 1994.

병무청,《병무행정사(상)》, 1985.

보건사회부,《(단기4288~90년 합병호) 보건사회통계연보》, 1957.

보건사회부,《(단기4294년도) 보건사회행정연보》, 1959.

사회부,《(단기4287년) 사회행정개요》, 1954.

서중석,《조봉암과 1950년대(하)》, 역사비평사, 1999.

서중석 외,《전장과 사람들》, 선인, 2010.

육군본부 편찬,《(6·25사변) 후방전사: 인사편》, 1956.

육군본부 편찬,《(6·25사변) 후방전사: 군수편》, 1955.

윤정란,〈한국전쟁과 장사에 나선 여성들의 삶〉,《여성과 역사》 제7집, 2007.

윤택림,《인류학자의 과거여행—한 빨갱이 마을의 역사를 찾아서》, 역사비평사, 2003.

윤택림,《문화와 역사연구를 위한 질적연구 방법론》, 아르케, 2004.

염상섭,《미망인》,〈한국일보〉1954년 6월 16일~1954년 11월 28일.

오유권,〈젊은 홀어미들〉(1959년 발표),《정통한국문학대계》, 어문각, 1992.

이두성,《상이군인 원호문제》, 대한군경원호회, 1960.

이용기,〈구술사의 올바른 자리매김을 위한 제언〉,《역사비평》 봄호, 2002.

이용기,〈마을에서의 한국전쟁경험과 그 기억—경기도의 한 모스크바 마을 사례를 중심으
　　　　로〉, 역사문제연구소,《역사문제연구》 제6호, 2001.

이용기,〈역사학, 구술사를 만나다〉,《역사와 현실》 제71권, 2009.

이용찬, 〈모자〉(1958년 발표), 《이용찬희곡집》, 푸른사상, 2005.

이임하, 〈한국전쟁전후 동원행정의 반민중성〉, 《역사연구》 제12호, 2003.

이임하, 《여성, 전쟁을 넘어 일어서다》, 서해문집, 2004.

이임하, 〈광기에 찬 여성들〉, 《일상사로 보는 한국근현대사》, 책과함께, 2006.

이임하, 〈'전쟁미망인'의 전쟁경험과 생계활동〉, 《경제와사회》 제71호, 2006.

이임하, 〈상이군인들의 한국전쟁 기억〉, 《사림》 제27호, 2007.

이임하, 〈한국전쟁기 유엔민간원조사령부의 인구조사와 통계〉, 《사림》 제33호, 2009.

이종구 외, 《1950년대 한국노동자의 생활세계》, 한울, 2010.

이희영, 〈여성주의 연구에서의 구술자료의 재구성〉, 《한국사회학》 제41집 제5호., 2007.

일제강점하강제동원피해진상규명위원회, 《조선여자근로정신대, 그 경험과 기억》, 2008.

임병형 · 고경숙, 《서울 부녀자 직업보도소 답사 보고서》, 1959.

정희진, 《저는 오늘 꽃을 받았어요》, 또하나의문화, 2001.

정영일, 〈한국농업의 현황과 당면과제〉, 《한국농업문제의 새로운 인식》, 돌베개, 1984.

조성숙, 〈모성이데올로기에 관한 연구: 활자매체 자료를 중심으로〉, 이화여자대학교 여성
　　　학과 석사학위 논문, 1986.

조은, 《침묵으로 지은 집》, 문학동네, 2003.

조은, 〈분단사회의 '국민되기'와 가족〉, 《경제와사회》 제71호, 2006.

조형, 〈비공식부문 여성노동〉, 이화여자대학교 한국여성연구소 편, 《한국 여성과 일》, 이화
　　　여자대학교출판부, 1990.

조혜정, 《한국의 여성과 남성》, 문학과지성사, 1988.

중앙일보사 편, 《민족의 증언 2》, 1983.

진실 · 화해를위한과거사정리위원회, 충북대학교박물관, 《한국전쟁전후 민간인 집단희생
　　　관련 2007년 유해발굴보고서 제3권》, 2008.

진실 · 화해를위한과거사정리위원회, 《2008년 상반기 조사보고서 2》, 2008.

진실 · 화해를위한과거사정리위원회, 《2008년 하반기 조사보고서 2》, 2009.

진실 · 화해를위한과거사정리위원회, 《2009년 상반기 조사보고서 3》, 2009.

최상훈 · 찰스 핸리 · 마사 맨도라, 남원준 옮김, 《노근리 다리》, 잉걸, 2003.

최인욱, 〈면회〉, 《전선문학》 제3집, 1953.

표인주 외, 《전쟁과 사람들: 아래로부터의 한국전쟁연구》, 한울, 2003.

허영란, 〈구술과 문헌의 경계를 넘어서〉, 《현황과 방법, 구술 구술자료 구술사》, 국사편찬
　　위원회, 2004.

허영란, 〈여자여 외출하라〉, 국사편찬위원회 편, 《20세기 여성, 전통과 근대의 교차로에 서
　　다》, 두산동아, 2007.

한국가정법률상담소, 《百問百答 女性法律相談實記》, 1958.

한국전쟁전후 민간인학살 진상규명 범국민위원회, 《한국전쟁전후 민간인학살 실태보고
　　서》, 한울, 2005.

한국전쟁전후 민간인학살 진상규명 충북대책위원회, 《기억여행─탑연리에서 노동리까
　　지》, 2006.

한국정신대문제대책협의회 부설 전쟁과여성인권센터 연구팀, 《역사를 만드는 이야기》, 여
　　성과인권, 2004.

한국문화인류학회, 《한국문화연구의 방법론 모색: 구술사적 접근을 중심으로》 한국문화인
　　류학회 제6차 워크샵, 1999.

川口惠美子, 《戰爭未亡人 ─ 被害と加害のはざまで》, ドナス出版, 2003.

사진 출처

MacArthur Library, RG 6.

HARA, RG 111-SC; RG 80-G; RG 306-PS-D.

김기진, 《끝나지 않은 전쟁 국민보도연맹》, 역사비평사, 2002.

＊사진 캡션의 ⓒ는 이임하 촬영 사진

전쟁미망인,
한국현대사의 침묵을 깨다
: 구술로 풀어 쓴 한국전쟁과 전후 사회

1판 1쇄 2010년 6월 25일

지은이 | 이임하
펴낸이 | 류종필

기획위원 | 박은봉
편집 | 강창훈, 양윤주
마케팅 | 김연일, 김문엽
경영관리 | 장지영

디자인 | 이석운, 김미연

펴낸곳 | 도서출판 책과함께
주소 | 서울시 마포구 서교동 395-178 영산빌딩 201호
전화 | 335-1982~3
팩스 | 335-1316
전자우편 | prpub@hanmail.net
블로그 | blog.naver.com/prpub
등록 | 2003년 4월 3일 제6-654호

ISBN 978-89-91221-64-2 03910

이 도서의 국립중앙도서관 출판시도서목록(CIP)은
e-CIP 홈페이지(http://www.nl.go.kr/ecip)에서 이용하실 수 있습니다.(CIP제어번호: CIP2010002024)